KB038756

다시
김구를
부르다

다시 김구를 부르다

남북협상 70주년

유기홍 지음

| 통일은 우리에게 어떤 의미이며 어떻게 준비할 것인가? |

와이즈베리
WISEBERRY

남북협상 70주년, 다시 김구를 부르다

4.27판문점선언에서 김구를 보다

지난 4월 27일 판문점에서 역사적인 제3차 남북정상회담이 열렸다. 오전 9시 30분 정각 판문각을 나선 김정은 국무위원장과 군사분계선 앞에서 기다리고 있던 문재인 대통령이 손을 맞잡았다. 두 정상이 손을 잡은 채 예정에 없이 깜짝 월경(越境)하는 광경은 생중계를 통해 전 세계의 이목을 집중시켰다. 전쟁과 분단의 어두운 그림자가 드리워져 있던 판문점이 평화와 화해 협력의 상징으로 주목을 받았다.

이 광경을 보면서 나는 하나의 장면이 머릿속에 떠올랐다. 1948년 남북협상을 위해 38선을 넘던 백범 김구의 모습이다.

김구는 "통일된 조국을 건설하려다가 38선을 베고 쓰러질지언정 일신의 구차한 안일을 위하여 단독정부를 세우는 데는 협력하지 아니하겠다"라고 피를 토하는 심정으로 소회를 밝혔고, 김규식은 38선 푯말을 붙잡고 "이제 내가 짚고 있는 푯말을 뽑아버려야만 하겠소. 그러나 나 혼자의 힘만으로는 되는 것이 아니고 온 겨레가 합심만 한다면 곧 뽑아버릴 수가 있을 줄 아오"라고 심경을 토로했다.

당시의 38선과 지금의 군사분계선이 다르고, 70년이라는 시간의 간격이 있지만, 70년 전 김구가 분단을 막기 위해 절박하고도 결연한 마음으로 넘었던 분단선은 이제 철거될 가능성이 어느 때보다도 높아진 것이 아닐까?

올해는 1948년 남북협상 70주년이 되는 해다. 판문점에서 정상회담이 열리기 꼭 70년 전인 1948년 4월 27일에는 김구·김규식·김일성·김두봉 등 남북의 지도자들이 이른바 4김회담을 통해 성과를 내기 위한 막바지 노력을 기울이던 무렵이다. 당시 김구를 비롯한 4김은 4월 19일부터 4월 30일까지 평양에서 남북분단을 막고 통일된 민족국가 수립을 위한 마지막 노력을 기울이는 중이었다. 그로부터 꼭 70년 뒤, 문재인 대통령과 김정은 국무위원장이 일부러 그 날짜에 맞추어 만난 것도 아닐 텐데 참으로 공교로운 일이다.

1948년의 남북협상은 결국 분단을 막아내지 못한 채 실패와 좌절로 끝나고 말았지만, 꼭 70년 후에 열린 4.27남북정상회담을 통해 그 정신이 되살아나고 있다고 생각한다. 저자는 1948년 남북협상이 외세에 의한 분단에 반대하는 민족자주성을 견지했으며, 분단 문제의 평화적 해결을 모색하고, 사상·이념의 차이를 뛰어넘어 민족적 단결을 시도하는 등 자주·평화·민족대단결의 원칙을 수립했으며, 이 3대 원칙이야말로 이후 남북관계를 관통하는 정신이 되었다고 생각한다.

되돌아보면 1948년 남북협상 이후 우리 역사는 남북 각각의 분단 정권 수립, 민족상잔의 비극이었던 6.25전쟁과 냉전적 대결, 이념적 대립 등 굴곡을 겪어 왔다. 헤아리기 힘들 정도로 많은 사람이 목숨을 잃었으며 수많은 이산가족이 아직 생사조차 확인하지 못하고 있다. 여전히 우리는 세계 유일의 분단국으로 남아 있고, 전쟁을 잠시 멈춘다는 정전체제는 60년 넘게 현재진행형이다. 따라서 1948년 남북협상에 대해서도 긍정과 부정의 엇갈린 평가가 있어 왔던 것이 사실이다.

그러나 분단을 넘어 평화와 통일을 이루기 위한 남북협상의 정신은 이후 남과 북 사이의 여러 만남 속에서 되살아났다. 1972년 7.4남북공동성명, 1991년 남북기본합의서 채택, 2000년 6.15남북공동선언, 2007년 10.4남북정상선언 등이 그것이며, 남북협상 70주년이 되는 올해, 마치 하나의 상징처럼 남북관계가 극적으로 개선되었다. 평창올림픽 공동 입장과 단일팀 구성, 특사단과 예술단 교환이 이루어졌으며, 마침내 역사적인 4.27남북정상회담이 개최되고 판문점선언이 채택되어 이제 평화와 통일의 길로 한 걸음 더 나아가는 계기가 마련된 것이다.

그뿐만 아니라 4.27남북정상회담을 계기로 북미관계도 급속히 진전되었다. 마치 롤러코스터와도 같은 우여곡절은 있었지만 마침내 북미정상회담이 개최되어 한반도 비핵화 문제에 대한 합의를 이뤄내기에 이르렀다. 나아가 60년 넘게 이어져 온 정전체제를 해체하고 한반도의 항구적 평화체제 구축을 위한 큰 그림에도 뜻을 모았으니 무너지고 일그러졌던 우리 역사가 이제 제자리를 찾아가고 있는 듯하다.

나는 여기서 다시 38선 위에 외롭게 서 있는 김구의 모습을 떠올린다. 나는 이제 '화해협력과 평화를 통한 분단체제의 해체'라는 대단원을 향해 치닫는 역동적인 이 역사의 시작점에 외롭지만 결연하게 서 있는 김구의 모습을 발견한다. 그래서 남북협상 70주년이 되는 지금, 다시 김구를 목놓아 불러본다.

통일로 가는 유일한 길, 협상을 통한 통일

많이 알려지지 않은 이야기지만, 1948년 4김회담과 함께 열린 남북지도자협의회에서는 4개항의 공동성명을 채택했다. 이 가운데 제③항은 통일 방안과 경로에 대한 합의였다. 분단의 위기를 턱밑에 둔 절박한 순간에도, '단선(單選)·단정(單政) 반대'만 외친 것이 아니라 통일 방안에 대한 합의까지 이끌어낸 것은 참으로 놀라운 일이 아닐 수 없으며, 김구를 비롯한 남북협상 주역들의 혜안에 감탄할 따름이다.

2000년 6.15남북공동선언 제②항에서 "남측의 연합제 안과 북측의 낮은 단계의 연방제 안이 서로 공통성이 있다고 인정하고 앞으로 이 방향에서 통일을 지향시켜 나가기로 하였다"는 합의가 있었으며, 이번 4.27남북정상회담과 북미정상회담 이후 어떻게 통일을 이룰 것인가에 대한 논의가 본격화할 것으로 예상한다.

역사적으로 보아 분단에서 통일로 나아가는 데는 크게 세 가지 길이 있다고 할 수 있다.

첫째는 비평화적 방법을 통한 길이다. 역사적으로나 국제적으로 많은 경우 전쟁과 침략을 통한 통일 시도가 있었다. 이 길은 파괴와 살상의 길이 될 수밖에 없다. 과거 남측의 북진통일론이나 북측의 혁명전쟁론이 그것인데, 이제는 시대착오적인 주장이 되었다. 재래식 무기만이 아니라 핵과 미사일, 주변 강대국 전략무기의 위력을 생각해볼 때 비평화적 방법은 남북의 공멸과 한반도의 초토화를 가져올 뿐이다.

두 번째는 흡수통일의 길이다. 어느 한쪽이 다른 한쪽을 정치·경제·군사적으로 흡수하는 방법이다. 이 길은 우리보다 국력이 월등했던 서독이 동독을 흡수통일한 이후 겪었던 경제적 고통과 사회적 갈등을 생각하면 재앙이 될 것이다.

다행스럽게도 남과 북은 끊임없이 '평화'를 주장하고 합의해 왔으며, '흡수통일 배격' 원칙에서도 뜻을 같이해 왔다.

전쟁과 흡수통일을 제외하면 사실상 유일한 길은 바로 협상을 통한 통일의 길이다. 남북의 화해 협력을 통해 한반도 평화체제를 구축하여 공존공영하면서 궁극적으로 협상을 통한 통일을 이루자는 것이다.

이미 우리에게는 1972년 7.4남북공동성명과 1991년의 남북기본합의서, 1992년 부속합의서, 2000년 6.15남북공동선언과 2007년 10.4남북정상선언의 합의 정신과 다양한 사회·문화 교류와 경제협력의 경험이 축적되어 있다.

저자는 이 책에서 통일에 이르는 유일한 길은 협상을 통한 통일이라는 전제하에. 1948년 남북협상이야말로 협상에 의한 통일을 추구하는 노력의 역사적 원형이라고 주장한다. 이것이 바로 평화와 통일로 가는 이 중요한 시기에 우리가 다시 1948년 남북협상을 되돌아보고, 그래서 다시 김구를 소리쳐 부르는 이유다.

이 책은 저자의 2017년 북한대학원대학교 박사학위 논문인 〈김구의 남북협상과 민족자주통일론 연구〉(《38선 위의 김구》라는 제목으로 출간(비매품))를 보다 많은 분이 쉽게 읽을 수 있도록 새롭게 작업한 것이다. 그리하여 지금으로부터 70년 전 김구를 비롯한 민족지도자의 생각과 결단 속에서 교훈을 얻고자 함이다. 이 책을 통해 많은 분이 김구를 더욱 친숙하게 만날 수 있었으면 한다.

나는 이 책을 1950년 2대 국회의원으로 당선된 이후 6.25전쟁 과정에서 납북되어 1986년 평양에서 돌아가신 할아버지께 바치고자 한다. 분단과 전쟁의 최대 피해자 중 한 사람인 할아버지의 묘소는 아무 연고도 없는 평양 룡성구역에 있고, 평생 할아버지를 그리워하시다 1994년 돌아가신 할머니의 묘소는 경기도 용인 선산에 모셔져 있다. 두 분을 한데 모셔 합장하는 날이 바로 통일의 날일 텐데 곧 그날이 올 것을 기대해도 되지 않을까 싶다.

이 책이 출간되기까지 큰 영감을 주신 여러 선학(先學)과 수고해 주신 여러 와이즈베리 관계자께도 감사드린다. 또 투덜투덜 하면서도 바쁜 틈을 쪼개 오탈자를 잡아내고 문장을 다듬어준 아내 양애경에게도 고마운 마음을 전한다.

2018년 6월 통일의 문이 열리는 길목에서

유기홍

차례

3장

38선 위의 김구

4장

끊임없는 소환-통일운동과 김구

1장

왜 다시 김구인가

1

우리의 출발점-38선 위의 김구

칼날 같은 38선 위에 서다

눈앞에 '38선'을 표시한 팻말이 보였다. 김구는 잠시 눈을 지그시 감았다. 38선에 이르렀다는 안도감과 함께 이제부터 진짜 시작이라는 마음에 긴장감이 교차했다.

경교장(京橋莊)에서 오후 2시에 출발해서 지금이 사방이 어둑해질 무렵이니 여기까지 너덧 시간이 걸렸다. 하지만 김구에게는 그 시간이 한 달은 되는 듯이 길게 느껴졌다. 4일 전인 1948년 4월 15일, 김구가 북행을 선언한 뒤부터 경교장 앞에는 400~500명이나 되는 청년과 학생들이 몰려와 반대하는 시위를 벌여서 소란스러웠다. 그중에는 순수한 마음으로 김구의 북행이 이용만 당하지 않을까 하는 걱정으로 온 사람도 있었지만 서북청년단 등 정치적 목적으로 온 사람도 많았다. 김구는 그들에게 "평양에 가지 않아도 좋을 만한 현책(賢策)이라도 있으면 말해보라" 하면서 설득해 보았지만 아무 소용이 없었다.

급기야 오늘 아침, 김구가 마침내 북으로 출발하려 하자 한 무리의 젊은이들이 차 앞에 드러누워 차를 막아서기까지 했다.

"선생님, 정 가시려거든 우리 위로 차를 몰아가십시오!"

김구가 탄 차가 경적을 아무리 눌러도 어느 한 사람 꿈쩍도 않고 울부짖기만 했다. 경적 소리와 군중의 절규가 뒤범벅이 되어 경교장 주변은 순식간에 아수라장이 되었다. 자동차는 한 바퀴도 굴러가지를 못했다. 한참 동안 굳은 표정으로 앉아 있던 김구는 결국 차에서 내렸다. 구호를 외치며 소란스럽던 시위대가 일순간 고요해졌다. 수백 수천 개의 눈과 귀가 일시에 김구를 향했다. 김구가 찬찬히 입을 열었다.

"나는 독립운동으로 내 나이 칠십유여 년이 되었소. 더 살면 얼마나 더 살겠소? 여러분이 나에게 마지막 독립운동을 허락해 주시오. 이대로 가면 한국은 분단될 것이고 서로 피를 흘리게 될 것이오."

김구의 목소리는 낮지만 힘이 있었다. 내면의 깊은 곳에서 용암처럼 뜨겁게 뿜어져 나오는 진심의 울림이었다. 이국땅에서 풍찬노숙을 하며 꿈에도 그리던 조국의 완전한 자주독립이 아니던가. 겨우 광복을 찾았다는 기쁨을 채 누리기도 전에 찾아온 남북분단, 그리고 분단 고착화의 불길한 조짐. 동족상잔이라는 위태로운 민족의 현실 앞에서 더 머뭇거릴 수는 없었다. 군중이 아니라 총칼이 막더라도 가야만 하는 길이라고 굳게 믿었다.

"나는 이 길이 마지막이 될지 어떻게 될지 몰라도 이북의 우리 동포들을 뜨겁게 만나봐야 하오. 분열이냐 통일이냐, 자주냐 예속이냐의 이러한 중대 시기에 일신의 안위를 위하여 주저할 수 있겠소? 민족의 정의와 통일을 위해서는 전 남조선 2,000만 동포가 억제하여도 나의 결의대로 가겠소이다."*

김구는 조국과 민족이 내려준 무거운 역사적 책임을 온몸으로 느끼며 준엄하게 군중을 꾸짖기도 하고 설득도 해보았다. 하지만 아무 소용이 없었다. 군중은 김구의 말이 채 끝나기도 전에 다시 같은 주장만 외치며 소란을 피웠다. 길을 터주기는커녕 김구가 탄 자동차 바퀴의 공기를 뽑아버려 아예 차가 움직이지 못하는 지경으로 만들었다.

김구와 군중의 대치는 점심때가 지나도 여전히 계속되었다. 더 시간을 끌다가는 4월 20일부터 시작하는 남북연석회의에 늦을 수도 있다고 판단한 김구는 결국 비서인 선우진과 아들 김신과 함께 오후 2시쯤에 경교장 뒷집인 석물공장을 통해 빠져나가 간신히 북행길에 오를 수 있었다. 김구의 뒤를 몇몇 기자가 따라 왔다.

38선에 이르러 잠시 눈을 감고 상념에 잠긴 김구는 이윽고 눈을 떴다. 4월 중순의 저녁, 인적이 드문 38선 주변은 아직 쌀쌀하고 을씨년스러웠다. 분단된 조국의 현실도 이처럼 앞이 어둡고 황량하다는 생각에 김구의 표정이 금세 굳어졌다. 그는 무거운 마음으로 차문을 열고 내렸다. 그리고 비서와 아들과 함께 38선 표지 아래에 섰다. 기념사진을 찍기 위해서였다. 이번 북행을 계기로 저주스러운 38선 팻말이 영영 사라져 버린다면 38선은 사진 속에서나 존재하게 될 것이다. 38선

---

* 선우진, 《백범 선생과 함께한 나날들》, pp.124-125.; 〈서울신문〉 1948년 4월 20일.

을 배경으로 찍은 사진은 이것이 처음이자 마지막이 되라고 김구는 마음속으로 간절히 빌었다.

사진 촬영이 끝나자 기자들이 다가와 즉석 회견이 이루어졌다.

"선생님, 이번 길이 성공하리라고 보십니까?"

"첫술에 배부를 수야 있겠소. 동족상잔을 피하기 위해서는 어떻게든 만나서 얘기를 해봐야 되지 않겠소."

"어떤 복안을 가지고 가십니까?"

"복안이야 내가 주장한 남북통일이지."*

즉석 회견은 5분 만에 끝났다. 말을 마친 김구의 입매는 다시 한 번 굳은 한일자를 그렸다. 김구 일행은 다시 차에 올라 38선을 넘었고, 평양에서 보내온 차량으로 바꾸어 탔다. 평양에 도착한 것은 이튿날 오후 2시가 되어서였다.

시위대 때문에 김구의 북행이 방해를 받기는 했지만, 사실 북행의 가장 큰 장애는 시위대가 아니었다. 우선 미군정이 일찍부터 반대 입장을 명확하게 밝혔다. 미군정은 김구가 김규식과 함께 남북협상을 제의하고 북한의 남북조선제정당사회단체대표자연석회의(이하 '남북연석회의') 초청을 받아들인 이유가 "남한 정계와 대중 사이에서 자기들의 입지가 빈약하다는 현실 인식과 그로 인한 선거 기피 심리" 때문이라고 보았다.** 당시 미군정청 사령관 존 리드 하지John Reed Hodge의 정치고문 제이콥스Josehp E. Jacobs는 본국에 이렇게 보고했다.

---

* 선우진, 앞의 책, pp.13-18.

** 이러한 미국의 판단은 FRUS(1948) Vol. 6, pp.1177에 기술되어 있다.

김구가 38선 팻말 앞에서 비서 선우진(왼쪽 끝), 김구, 김신(오른쪽 두 번째), 〈조선통신〉 유중열 기자(오른쪽 끝)와 기념촬영을 했다.

"김구와 김규식은 표면적으로는 '통일 한국'을 부르짖지만, 남북연석회의를 제안하고 평양회담을 받아들인 이유는 그들의 지지가 보잘것없으며 선거에 당선되는 것조차 불투명하자, 경기가 시작되길 바라지 않기 때문이다."*

김구가 북행을 동족상잔이라는 절체절명의 민족적 위기를 막기 위한 고뇌에 찬 결단으로 믿은 것에 비하면 미군정청의 시선은 싸늘하다 못해 비웃는 분위기였다. 김구의 북행을 비웃은 것은 미군정청뿐만이 아니었다. 남한 우익진영은 김구를 소련의 앞잡이라고 비난했다. 한국

* "주한 정치고문(제이콥스)이 국무장관에게," 1948.4.9., FRUS(1948), Vol. 6, pp.1177-1178.

민주당이 중심이 된 한국독립정부수립대책협의회는 "김구를 조선 민족의 지도자로는 보지 못할 것이고 크레믈린궁의 한 신자라고 규정하지 아니할 수 없음을 유감으로 생각한다"라고 비난했다.*

이승만은 초반에는 공개적으로 김구를 비난하지는 않고 김구를 설득하려는 시도를 하기도 했지만, 기본적으로는 남북협상을 '어리석은' 일로 보았다. 이승만은 소련이 한반도 전체를 공산화하기 위한 시간을 벌려고 남북회담안을 내놓았고, 남북회담에 응하는 것은 소련의 그러한 목적을 돕는 것에 지나지 않는다는 분석하에 "남북회담 문제는, 세계에서 소련 정책을 아는 사람은 모두 시간 연장으로 공산화하자는 계획에 불과한 것으로 간파하고 있는데 한국 지도자 중에서 홀로 이를 모르고 요인 회담을 지금도 주장한다면 대세에 몽매하다는 조소를 면치 못할 것"이라고 주장했다.

이처럼 미군정청과 우익진영을 비롯한 대부분이 김구의 북행을 반대하고 나섰다. 사실 김구 스스로도 처음에는 북행에 부정적이었고 이승만의 정부수립 노선을 지지하기도 했다. 하지만 1947년 말부터 이런 인식에 변화가 생겼다. 무슨 일이 있어도 단독선거를 통한 단독정부 수립은 국토를 양분하는 비극이라는 이유를 들어 남북협상을 지지하는 입장으로 돌아선 것이다. 그리고 여러 달에 걸친 준비와 고민 끝에 마침내 북행을 결심했다.

"38선을 베고 쓰러질지언정" 단독정부 수립에 협조하지 않겠다는

* 〈동아일보〉, 1948년 1월 31일.

굳은 결의로 남북협상에 나섰다가 얼마 후 암살되었기에 김구는 정교한 통일론을 남기지는 못했다. 그러나 그가 몸으로 쓴 통일론은 4월혁명이나 6월항쟁같이 한국 사회가 정치적으로 격변을 겪을 때 꼭 되살아나 주목을 받았다. 분단의 엄혹한 현실 속에서 통일을 모색하는 사람들은 왜 끊임없이 김구를 다시 불러내야 하는 것일까? 임시정부를 이끌며 김구가 꿈꾸었던 나라와 오늘의 현실은 얼마나 거리가 있는 것일까? 남북관계는 꽉 막혀 있고, 젊은이들은 암울한 미래에 대해 탄식하는 이 상황에서 근 70년 전 세상을 뜬, 흔히 '실패'한 통일운동가로 규정되는 김구를 다시 돌아보아야 하는 이유는 어디에 있을까?

꽉 막힌 문제를 풀기 위해서는 처음으로 돌아가보는 것은 어떨까? 그렇다면 숱한 비난과 반대, 심지어는 비웃음과 조롱에도 불구하고 김구가 끝내 북행을 감행한 이유와 그 의의와 시사점부터 시작하는 것이 좋지 않을까? 김구의 뜻은 결국 꺾이고 말았지만, 분단이 점점 고착되어 가는 안타까운 현실 앞에서 우리마저 남북통일이라는 민족과제 해결의 뜻을 꺾을 수는 없다. 오히려 70년 전 칼날 같은 38선 위에 맨몸뚱이로 우뚝 서야 했던 김구의 정신이 더욱 절실한 시점이라고 할 수 있다. 1948년 남북협상과 김구의 통일론과 통일운동에 대한 재평가는 향후 통일 과정을 설계하는 과제뿐만 아니라 한국 근현대사를 바로 보기 위해서도 꼭 필요한 일이 될 것이다.

이 책의 출발점은 바로 여기에 있다.

2 우리에게 김구는 누구인가

건국 100주년과 김구

2019년은 1919년 임시정부가 수립된 지 100주년이자 건국 100주년이 되는 해다. 현재 우리나라 헌법 전문에는 임시정부의 법통을 계승한다는 문구가 똑똑히 명시되어 있다. 이는 대한민국의 정통성이 임시정부에 있음을 분명히 한 것이다. 따라서 임시정부를 상징하는 인물인 김구는 일제강점기 독립운동부터 해방과 대한민국 정부수립으로 이어지는 한국 근현대사를 만들어간 수많은 인물 중 오늘날까지 가장 많이 회자되고, 또 가장 다양하게 평가되는 인물이다. 임시정부 시절의 김구, 환국 후 반탁운동을 이끌던 김구, 그리고 남북협상을 추진하고 이후 남북협상 1년 만에 암살된 김구의 행보는 이후 이승만 정부, 박정희 정부를 거쳐 최근의 이명박 정부와 박근혜 정부에 이르기까지 그때그때의 정치적 필요에 따라 다른 모습으로 표상되고 이용되었다.

이렇게 정치적 필요에 따라 단편적인 모습으로만 조명되면서 김구에 대한 기록과 해석은 단절되고 분열되어 왔다.

역사적 사실에 대한 재해석은 그 시대의 정치적 상황과 밀접하게 맞물려 있다. 역사 속 인물에 대한 평가와 해석은 더욱 그러하다. 당대의 정치적 이해관계에 따라 김구와 김구의 활동에 대한 평가가 달라지는 모습은 지금도 현재진행형이다. 역사 교과서 국정화를 둘러싼 논란 과정에서 이승만을 중심으로 일제강점기 독립운동과 항일운동, 정부수립에 대한 상대적 강조와 동시에 김구의 역할과 의의를 축소·폄하하는 등 김구에 대한 재평가가 시도되었던 점은 그 한 예다. 2008년 대한민국 건국 60주년을 대대적으로 기념하는 데서부터 시작된 '해방'과 '건국'에 대한 논쟁도 같은 맥락에서 살펴볼 수 있다. 2016년 광복 71주년 축사에서 박근혜 전 대통령도 "건국 68년"이라는 표현을 사용했다. 1948년 8월 15일을 '건국절'로 삼아야 한다고 주장하는 사람들, 즉 남한 단독정부 수립을 대한민국 건국이라 주장하는 사람들에게 이승만의 단독정부 구상에 반대하여 남북협상을 추진했던 김구는 '반대한민국' 세력으로 표상될 뿐이었다.

1945년 일제로부터의 해방보다 1948년 건국을 강조하는 입장은 김구로 대표되는 임시정부의 정통성과 의의보다 1948년 대한민국 정부를 수립하고 초대 대통령이 되었던 이승만의 긍정적인 측면을 부각하는 것으로 받아들여진다. 임시정부 중심의 독립운동 역사마저 그 의의가 축소되는 상황에서 1948년 초, 남한에서는 유엔에 의해 남한만의 단독선거와 단독정부가 추진되고, 북한에서는 북한대로 소련이 공산정부 수립을 위한 절차를 차근차근 밟아나가고 있던 그 긴박한 시기에 김구가 어떤 심정으로 어떤 목적으로 남북협상을 추진했는지, 남북협상이 갖는 의미와 성과는 어떤 것이었는지는 더더욱 경시되고 있다.

건국절 논쟁이 벌어지던 같은 시기, 10만원권 지폐 발행 보류의 배경을 둘러싼 논쟁이 벌어지기도 했다. 신사임당의 초상이 들어간 5만원권 지폐와 김구의 초상이 들어간 10만원권 지폐 발행이 추진되던 중 2008년 11월 갑자기 한국은행과 기획재정부가 "정부의 요청"으로 10만원권 발행을 유보한다고 발표한 것이다. 표면적인 이유는 10만원권 지폐 뒷면에 들어가는 대동여지도에 독도가 빠졌기 때문이라고 했지만, 독도는 핑계이고 진짜 이유는 김구의 초상이 들어가는 것에 대한 정부 및 보수세력의 반발 때문이라는 의혹이 제기되었다.*

김구의 남북협상 평가, 시대에 따라 달라져

백범 김구와 그의 남북협상에 대한 재평가는 이승만 남한 단독정부 수립 직후부터 다양한 모습으로 진행되었다. 남한 단독선거와 단독정부 수립을 주장했던 이승만에 맞서 남북을 아우르는 총선거를 통한 통일정부를 구상했던 김구는 1949년 안두희에 의해 암살되는 비극적 최후를 맞고 말았다. 이승만 정부는 그를 이른바 '용공'으로 몰아 안두희의 김구 암살에 정당성을 부여했으며, 김구 서거 후에도 그의 묘를

* 〈한겨레신문〉, '10만원권 보류 진짜 이유? '빨갱이 김구가 싫어', 2008년, 11월, 13일, http://www.hani.co.kr/arti/specialsection/newspickup_section/321747.html

찾는 방문객까지 감시할 정도로 김구를 경계했다. 1960년 4.19혁명 직후 전국을 휩쓴 통일 열기 속에서 통일민족국가를 꿈꾸었던 김구의 삶과 사상이 반짝 재조명되고, 암살의 진상을 밝히려는 움직임이 활발해졌으나, 5.16쿠데타로 정권을 잡은 박정희는 김구에게서 이승만의 정적이자 상해 임시정부를 중심으로 한 독립운동의 표상이라는 성격만 남기고 의도적으로 통일운동과 남북협상의 성격을 지워버렸다. 국회 차원에서 김구 암살에 대한 진상조사가 이루어진 것은 그로부터 30년도 더 지난 후인 1990년대 중반에 이르러서였다.

1948년 분단정권 수립을 저지하고 통일을 모색하기 위해 남북협상에 나섰던 김구가 박정희 정권에서 새롭게 복권된 것은 역설적으로 남북의 군사적 갈등이 심화되던 시기였다. 1969년 김구 동상이 건립되고 백범광장이 조성되었으며, 1976년 8월 28일에는 김구 탄신 100주년 기념식이 대대적으로 거행되었다. 류근창 원호처장이 대독한 최규하 국무총리의 치사에서 김구는 "일평생을 광복을 위해 헌신하고, 통일을 위해 희생하신 구국 독립운동의 화신"으로 규정되었다.

이승만을 부정하는 동시에 북한과의 대립관계에서 대한민국 정부의 정통성을 주장해야 하는 두 가지 과제를 가지고 있던 박정희 정권에게 김구와 임시정부는 반드시 필요한 상징이었다. 임시정부와 김구가 "대한민국 정부의 정통성을 주장할 수 있는 거의 유일한 우파 계열 독립운동 세력"으로 표상되었던 것이다.

그렇기에 1960~1970년대 김구의 복권은 "5.16군정이 김구를 체제(국가)화하는 과정의 산물"이었다. "48년 체제로 불리는 이른바 두

지역 정체(남과 북)의 인정 여부를 둘러싸고 첨예하게 대치했던" 김구의 특정한 역할과 위상을 지움으로써 김구를 애국선열로 기념하며 '건국' 선조로 재정의했던 것이다. 흥미로운 점은 김구를 정적으로 여겨 탄압했던 이승만 정부나 김구를 민족의 영웅으로 치켜세운 박정희 정부 모두 우익 민족주의자로서의 김구만을 인정하고 있다는 것이다. 이런 분위기 속에서 1972년 7.4남북공동성명과 1973년 6.23평화통일외교정책선언으로 박정희 정부를 중심으로 남북 화해 분위기가 조성되는 것과 동시에 1972년 유신헌법이 선포되었고, 한편으로는 '우익 민족주의자'로서 김구를 우상화하면서 다른 한편으로는 김구가 지향했던 남북협상을 통한 통일론을 주창했다. 하지만 유신에 반대하던 장준하 등 통일운동 세력에 대한 탄압도 동시에 진행되었다.

이렇게 이승만에서 박정희로 이어지는 시기, 자신들의 정권 정통성 확보를 위한 의도적 왜곡과 정치적 서사의 산물로서 '우익 민족주의자'의 표상으로 굳어졌던 김구의 남북협상과 통일 노력이 재조명되기 시작한 것은 김구 사후 30여 년이 지난 1980년대에 들어오면서부터였다. 이 시기 좌파, 공산 진영의 항일 무장투쟁을 비롯해 임시정부 중심이 아닌 다른 항일운동에 대한 역사적 재조명과 임시정부에 대한 재평가와 맞물려 김구는 좌와 우를 아우르는 통일운동가로서 표상되기 시작했다. 군부독재 반대, 민주화운동의 흐름 속에서 나타난 김구의 좌우합작 노력에 대한 재평가 과정은 한편으로 이른바 '김구 포비아'라고 불릴 정도로 극단적인 우익 진영의 김구에 대한 반감이 형성되는 과정이기도 했다.

김구 재평가는, 일찍이는 1967년 백기완과 장준하가 세운 백범사상연구소 활동에서부터 시작하여 1986년 정경모의 저서 《찢겨진 산하》 발간, 1993년부터 1995년까지 국회 차원에서 이루어진 김구 암살 진상 규명 조사와 1995년 국회 법제사법위원회의 〈백범 김구 선생 암살 진상 조사보고서〉 등 1980년대 이후 다각적으로 이루어졌다.

그런가 하면 최근 들어서는 이른바 진보 진영에서 김구에 대한 비판이 제기되기도 했다. 김상구가 2014년 내놓은 《김구 청문회》(매직하우스, 2014)가 대표적이다. 《김구 청문회》의 부제는 '친일파가 만든 독립영웅'이다. 예컨대 이 주장의 핵심은 박정희 정부로 대표되는 친일파의 정치적 이해관계로 김구가 과대 포장되었다는 것이다. 이 책에서 근거로 들고 있는 것은 김구의 아들 김신의 행보다. 김신이 박정희와 함께 5.16쿠데타를 주도하고 유신독재 시절 박정희 곁에 함께 있으면서 타이완 주재 대사(1962~1970), 교통부장관(1971~1974), 유신정우회 소속 국회의원을 지내는 등 박정희에게 일조했다는 것이다. 그 덕분에 박정희가 김구를 기려 건국공로훈장 중장(현 대한민국장, 건국훈장 1등급) 수여(1962), 남산 백범광장 조성(1969) 등 적극적으로 백범 김구를 민족의 영웅으로 만드는 데 앞장섰다는 주장이다.

김상구는 또한 김구가 남북협상에 나서게 된 이유를 일신의 정치적 위기 모면을 위한 것이었다고 평가함으로써 남북협상의 의의를 평가절하했다. 당시 장덕수 암살 사건의 배후로 몰리면서 한국독립당이 민중으로부터 고립되었고, 김구는 '정치적 식물인간'이나 다름없는 처지로 몰락하면서 이러한 정치적 위기를 타개하기 위해 북으로 향했다는 것이다. 예컨대 진보 진영에서 제기된 김구에 대한 비판은 "손댈 수 없는 신화 그 자체"* 로 여겨졌던 김구가 사실은 독립운동이나 통일운동에서 그 역할이 미미했거나 오히려 분단정부 수립에 기여하는 역할을 했다는 시각인 것이다.

이처럼 보수 진영에서는 김구가 '좌익'이었다고 비판의 칼날을 세우는 반면, 진보 진영에서는 김구가 자신의 개인적 정치적 야심만 내세운 '우익'이었다고 비난한다. 또한 보수 진영에서는 김구가 남북협상을 추진하는 과정에서 북에 이용되었다고 말하고, 일부 진보 진영에서도 김구에게 좌우 대립과 남북 분단을 가속화한 책임을 묻는다.

통일에 관한 김구의 일관된 신념을 올바로 평가해야

이렇게 김구가 살아서 활동했던 시절뿐만 아니라 사후에까지 타자의 정치적 이해관계에 따라 다른 모습으로 소구되고 이용되면서 김구는 우익과 좌익 모두에게서 비난받는, 일관성이 결여된 모습으로 평가되고 있다. 그러나 김구가 걸어온 길을 살펴보면 그는 '완전한 자주독립국가의 실현'이라는 상당히 일관된 목표를 일생 동안 추진해 왔다. 김구는 정교한 사상가도, 세련된 정치인도 아니었다. 복잡하게 이해관계를 따지고 행보를 결정하기보다 우직하리만큼 한길을 걸었던 운동가였다. 이런 점에서 복잡한 국제정세에 다소 어두워서 잘못된 판단을 하거나 때로는 우유부단함으로, 때로는 외골수적인 고집으로 엇갈린

* 박노자, '김구, 한국사의 최대의 성역', 김상구, 《김구 청문회》(서울: 매직하우스, 2014).

행보를 보였던 점에 대한 비판과는 별개로 일신의 안위나 영달이 아니라 민족의 독립과 평화, 통일을 위한 신념으로 살았던 김구의 일관성에 대한 올바른 평가가 필요하다.

김구 서거 직후 발표된 홍명희의 성명에 잘 표현되었듯 김구는 "일생을 두고 조국 독립을 위하여 분투"한 사람이었고 "비록 그가 민주주의적 자주독립 방향에 대하여는 반민주주의적, 철저하지 못한 견해가 있었으나 (…) 미군 주둔을 반대하고 조국의 평화통일을 주장하는 인사"* 였다.

물론 1947년 김구가 발표한 글 〈나의 소원〉에서 분명하게 알 수 있듯 김구가 본질적으로 소련식 공산주의에 거부감을 가지고 반대했던 것은 사실이다. 그러나 김구에게 있어서 이러한 사상의 차이는 전 민족의 염원인 '완전한 자주독립통일국가' 수립이라는 목표를 위한 단결의 걸림돌이 되지 않았다.

> 나는 우리나라가 독재의 나라가 되기를 원치 아니한다. 독재의 나라에서는 정권에 참여하는 계급 하나를 제외하고는 다른 국민은 노예가 되고 마는 것이다. 독재 중에서 가장 무서운 독재는 어떤 주의, 즉 철학을 기초로 하는 계급독재다. 군주나 기타 개인 독재자의 독재는 그 개인만 제거되면 그만이어니와, 다수의 개인으로 조직된 한 계급이 독재의 주체일 때에는 이것을 제거하기는 심히 어려운 것이니, 이러한 독재는 그보다도 큰

---

* 〈노동신문〉, 1949년 6월 28일.

조직의 힘이거나 국제적 압력이 아니고는 깨뜨리기 어려운 것이다.*

1945년 8월 15일 해방은 되었지만, 그것이 독립운동의 끝은 아니었다. 임시정부의 정통성이 부정된 채 남과 북으로 나뉘어 미국과 소련의 군정하에 놓인 한반도는 아직 완전한 자주독립을 이룬 것이 아니었다.

김구는 카이로선언이 발표된 직후인 1943년 12월 "만일 연합국이 제2차 세계대전 끝에 '일본이 붕괴될 그 시간에' 한국의 무조건 자유독립을 부여하지 않고 '적당한 시기' 운운하여 국제공관의 신탁통치를 실시하려 할 때는 그것이 연합국일지라도 침략자로 간주하여 역사적인 독립투쟁을 계속할 것"이라고 경고했다. 해방 전 '국제공관론(國際共管論)'에 대한 반대는 그대로 해방 후 신탁통치에 대한 반대로 이어졌다.

"국토와 인민이 해방된 이 기초 위에서, 우리의 독립 주권을 창조"하는 "무엇보다도 긴급하고 중대한 임무"를 달성하기 위해서는 "남과 북의 동포가 단결해야 하고, 좌파와 우파가 단결해야 하고, 남녀노소가 다 단결해야 한다"라는 신념, "극소수 친일파 민족반역자를 제외한 모든 한국 동포는 마치 한 사람같이 굳게 단결해야 한다"라는 것이 해방 전후의 격동기에 걸쳐 일관되게 추진한 김구의 신념이었다.

다시 말해 김구와 임시정부의 좌우합작 노력은 1948년 남북협상

---

* 김구, '나의 소원', 김구·도진순 주해,《백범어록- 평화통일의 첫걸음, 백범의 마지막 말과 글》(서울: 돌베개, 2007), p.427.

추진 때만 '정치적 위기 타개를 위해' 일시적으로 취한 정책이 아니었다. 1920년대 유일당운동, 1930년대 7당 통일회의, 5당 통일회의 등 임시정부는 다양한 수위와 형태로 좌우합작을 계속 추진했으며 마침내 1942년 민족혁명당이 임시정부에 합류함으로써 이미 좌우합작을 이루어낸 바 있다.

1941년 11월 임시정부와 한국독립당은 '대한민국건국강령'을 발표했다. 총강·복국·건국의 3장 24개 항으로 구성된 이 건국강령은 광복 후에 정치·경제·교육의 균등을 기초로 한 신민주국가 건설을 지향하고 있다. 여기에서 신민주국가는 "민중을 우롱하는 '자본주의 데모크라시'도 아니며, 무산자독재를 표방하는 '사회주의 데모크라시'도 아니"며 "범한민족을 지반으로 하고 범한국국민을 단위로 한 전민적 데모크라시"라고 설명되어 있다.* 예컨대 독재와 제국주의에 저항하는 반독재·반제투쟁을 천명하고, 자유와 평등 및 국민의 기본권을 보장하는 정치적 특성과 토지와 대생산기관의 국유화를 내세운 사회주의적 경제정책을 표명한 것으로, 이렇게 정치·경제·교육의 균등을 바탕으로 하는 삼균주의의 골격은 당시 좌파적 성향을 대표하던 민족혁명당이 표방하던 강령과 거의 동일한 것이었다.

남북협상은 완전한 자주독립통일국가 실현의 마지막 시도

김구는 완전한 독립자주의 통일된 조국의 건설, 정치·경제·교육

* 삼균학회, '한국독립당 당의(黨義) 해석', 《소앙 선생 문집》 上(1979), p.218.

의 균등을 기초로 한 새로운 민주국가 건설, 세계 평화 유지와 인류 행복 증진을 위한 민족과 민족, 국가와 국가 간 평등을 토대로 하는 세계적 대가정 건립, 우리 국가의 질서와 세계의 평화를 지지하기 위한 강력한 국방군 건립*을 대원칙으로 내세웠다. 이처럼 김구가 목표로 한 완전한 자주독립통일국가는 당시는 물론 현재에도 우익과 좌익이라는 이분법적 틀로 규정할 수 없는 것이었다. 국제공관론이든, 위임통치든, 신탁통치든, 명칭에 관계없이 외세의 지배를 거부하고 완전한 자주독립통일국가를 실현하겠다는 노력의 마지막 시도가 바로 1948년 남북협상이었다.

혹자는 여운형과 김규식을 중심으로 추진되었던 1946년 좌우합작운동에 김구가 참여하지 않았던 점을 들어 남북협상에 대한 김구의 진의를 의심하기도 한다. 그러나 김구는 1946년 10월 7일 좌우합작위원회가 '좌우합작 7원칙'을 발표했을 때 "좌우합작의 목적은 민족 통일에 있고 민족 통일의 목적은 자주독립의 정권을 신속히 수립함에 있는 것이다"라면서 개인 자격으로 지지 담화를 발표했다. 또한 한 인터뷰에서 좌우합작위원회에 결합하지 않은 이유를 좌우합작을 지지하지 않아서가 아니라 이것이 '외국에 의해 주도된 것'이었기 때문이라고 밝히고 있다. 이런 점에서 볼 때 1946년 좌우합작과 1948년 남북협상에 대해 김구가 다른 입장을 취했던 이유는 좌우합작 노력 자체에 대한 일관된 입장이 없어서가 아니라 모든 외세의 간섭을 거부한다는 일

* '김구 연설문(1945. 12. 27)', 김구·도진순 주해,《백범어록》, pp.60-63.

관된 신념에 따른 것으로 해석할 수 있다.

한편 1948년 남북협상으로 정점을 이룬 김구를 비롯한 이른바 우익 민족주의자들의 통일운동에 대한 부정적인 평가는 대부분 남북협상이 실패할 수밖에 없는 노선이었으며 결국 '실패'했다는 데 초점이 맞추어져 있다. 남북협상을 통한 남북 단독정부 수립 저지라는 목표가 비현실적이었기 때문에 남북협상 시도는 무의미한 것이었고, 오히려 북한에 이용당하는 결과만 가져왔다는 시각이다.

그러나 동학농민전쟁, 의병운동, 임시정부 참여에서부터 분단정부 수립 반대운동에 이르기까지 김구가 평생에 걸쳐 해왔던 활동 중 "현실적으로 실현 가능성이 있었던 것은 거의 없었"으며 김구가 추진한 목표가 "단기적으로 실현된 예는 단 하나도 찾을 수 없다."* 그렇다고 하여 동학농민전쟁, 의병운동, 임시정부 활동의 역사적 의의가 희석되는 것은 아니다. 마찬가지로 해방 후 우익 민족주의자들의 통일운동을 제대로 평가하기 위해서는 "그것이 통일을 성취하였는가?"를 물을 것이 아니라 "그러한 운동이 그 후 어떻게 계승 발전하였는가?"**를 물어야 한다. 역사의 가정은 무용하다지만, 남북협상에서 돌아온 지 1년 만에 김구가 그렇게 안두희의 총탄에 쓰러져 가지 않았다면 남북협상으로 대표되는 김구의 통일 노력이 지금처럼 '실패'로만 규정되지는 않았을지도 모른다.

---

* 박태균, '서거 60주년에 다시 보는 백범 김구,' 〈역사비평〉(2009. 5.), p.220.

** 도진순, 《한국 민족주의와 남북관계-이승만·김구 시대의 정치사》(서울: 서울대출판부, 1997), p.358.

끊임없이 소환된 김구의 남북협상 정신

김구는 해방된 지 4년, 단독정부를 수립한 지 1년 만에 암살당했기 때문에 현실 정치에서 패배했을지는 모른다. 그렇다고 그가 '실패'했다고 단정 지을 수는 없다. 1950년 5월 30일 거행된 2대 국회의원 선거에서 무소속 의원들이 대거 진출한 것이나, 남북협상에 참여했던 조소앙이 미군정 경무부장 출신으로 경찰의 전폭적인 지원을 받은 조병옥을 상대로 전국 최다 득표로 압승한 것만 보더라도 당시 남북협상에 대한 대중적 지지가 상당했음을 알 수 있다. 당시 헌법대로 2대 국회에서 대통령 선거를 하게 될 경우 이승만의 재선 가능성은 결코 높지 않았다. 김구와 김구의 정책이 정말 '실패'한 것이었다면, 김구의 암살은 일어나지 않았을지도 모른다.

실질적으로 남과 북에 각각 단독정부가 들어서는 것을 막을 수 있는 구체적인 결과물을 가지고 돌아오지는 못했지만 협상을 통한 분단 극복이라는 희망을 놓지 않았던 김구의 귀환을 정말 '빈손의 귀환'으로 만든 것은 김구의 죽음과 6.25전쟁 발발이었다. 김구가 암살되고 꼭 1년 뒤에 발발한 6.25전쟁은 김구의 지지 세력을 와해시켰다. 김규식, 조소앙, 조완구, 최동오, 유동렬, 윤기섭, 엄항섭, 김붕준, 김의한 등 김구의 오랜 동지들이나 안재홍, 정인보 등 민족주의자들의 납북으로 전후 한국의 보수우익 진영은 황폐화되었다. 합리적 보수우익의 자리가 비어 있는 가운데 남북협상을 추진했던 김구의 암살을 시작으로, 평화통일을 주장한 진보당 조봉암이 사형을 당했고, 〈민족일보〉의 조용수와 사회당의 최백근이 사형을 당하는 등 민족적 관점에서 통일을 추구하는 사람들은 계속 역사의 제물로 희생되어 왔다.

이 책에서는 이러한 문제 인식을 바탕으로 김구의 민족자주 통일론의 핵심과, 그것이 어떻게 형성되고 변모되는지 살펴보고자 한다. 즉 김구가 임시정부 독립운동 시절부터 해방 후 분단이 가속화·공고화되는 긴박한 시기에 어떤 철학과 사상으로 당면 과제들을 대처해 나갔는지를 종합적으로 분석한다. 나아가 1948년 남북협상의 의의를 남북협상 자체의 성공이나 실패에서 찾기보다 김구의 통일론이 이후의 정권과 정치인을 비롯한 한국 사회의 통일론에 어떻게 계승·발전되었는지에 대해서도 면면을 고찰한다. 아울러 오늘의 백척간두 같은 남북문제 현실에 비추어 김구의 통일론이 어떤 의미가 있으며, 미래의 발전적인 남북관계와 통일문제를 풀어나가는 데 어떤 실마리를 던져주는지 알아보도록 한다.

2장

해방공간, 혼돈과 좌절을 넘어

1

환국-또 다른 험난한 투쟁의 시작

초라한 환국

1945년 11월 23일, 광복이 된 지 약 100일이 지난 뒤였다. 중국 상하이에서 출발한 미군 소속 쌍발 C-47기에 김구와 임시정부 요인 1진 15명이 타고 있었다. 전날 밤, 임시정부 청사에서는 국무위원들 사이에서는 고국에 서로 먼저 가겠다고 소란이 일어나기도 했다. 꿈에서도 그리던 광복이 되고 몇 달이 지났는데도 고국의 땅을 밟지 못하니 안달이 날 만도 했다.

의논 끝에 먼저 환국할 1진 15명이 결정되었다. 김구 주석과 국무위원들은 비행기 앞쪽에 탔고, 뒤쪽에는 나중에 김구의 비서 역할을 맡게 된 선우진과, 훗날 김구의 후계자를 자임한 장준하 등 수행원이 동행했다.

상하이를 이륙한 지 2시간쯤 지나자 창문 밖으로 해안선이 나타났다. 이들을 인솔한 미군 대령이 그 해안선이 한반도라고 알려주었다. 그러자 누가 먼저랄 것도 없이 모두 일어서서 노래를 불렀다.

"동해물과 백두산이 마르고 닳도록 하느님이 보우하사 우리나라 만세…."

프로펠러 소리로 시끄러운 작은 기내에 애국가가 울려 퍼졌다.* 맨 앞에 선 김구의 목소리는 떨렸다. 무뚝뚝한 표정의 그의 얼굴도 한 줄기 비감이 흐르면서 살짝 일그러졌다. 무려 27년 만에 돌아가는 고국이었다.

마침내 비행기가 여의도공항에 도착했다. 고국은 늦가을의 황량한 풍경이었다. 장준하는 이날의 풍경을 이렇게 전했다.

"시야에 들어온 것은 벌판뿐 조국의 11월 바람은 퍽 쌀쌀하였고, 하늘도 청명하지 않았다."**

양복 차림의 김구와 임시정부 요인 1진 15명은 비행기에서 내리자마자 크게 실망을 했다. 환영 인파로 가득할 줄 알았는데, 공항에 마중 나온 사람이라곤 미군 병사 몇 명뿐이었다. 김구는 임시정부의 주석이 아닌, 일개 개인 자격으로 입국하기는 했지만 이 정도로 분위기가 싸늘할 줄은 몰랐다. 사실 김구가 환국한다는 사실조차도 미리 알려지지 않았다. '임시정부 환영준비위원회'도 그가 돌아온다는 사실을 몰랐을 정도다.

미군정 당국은 백범의 환국을 냉대했다. 두 달 전 이승만의 환국 때

---

* 〈조선일보〉, '백범 비서' 선우진 씨가 말하는 김구 환국과 남북협상, 2005년 8월 12일.

** 장준하, 《돌베개》(세계사, 2007).

는 미국 태평양 사령관 맥아더 장군이 비행기를 주선해 주었고, 이승만이 도쿄에 머물 때는 하지J. R. Hodge 주한미군 사령관이 도쿄까지 가서 회담을 하고 서울에서 귀국환영대회를 열어준 것과는 천양지차의 대접이었다. 이날 오후 방송에서는 김구의 귀국이 간단히 보도되었을 뿐이다.

꿈에도 그리던 조국의 광복이 아니던가? 무려 한 세대 가까운 세월 동안 그토록 고대하던 고국의 땅을 다시 밟았건만 김구의 마음은 어두웠다. 이미 미·소 양국에 의한 한반도 신탁통치의 그림자가 드리워지고 있었다. 조국의 완전한 자주독립을 이상으로 삼았던 김구로서는 도저히 받아들일 수 없는 상황이었다. 이런 김구에 대해 미국은 미심쩍은 시선을 거두지 않았다.

이날 저녁 엄항섭을 통해 발표한 환국성명에는 이런저런 전후 사정에 대한 김구의 복잡한 심경이 드러나 있다.

> 27년간 꿈에도 잊지 못하던 조국 강산을 다시 밟을 때 나의 흥분되는 정서는 형용해서 말할 수 없습니다. (…) 나와 나의 동료는 모두 일개 시민의 자격으로 귀국했습니다. 동포 여러분의 부탁을 받아 가지고 노력했으나 결국 이와 같이 대면하게 되니 대단히 죄송합니다. 그럼에도 여러분은 나에게 벌을 주지 아니하시고 도리어 열렬하게 환영해 주시니 감격의 눈물이 흐를 뿐입니다. 나와 나의 동료는 오직 완전히 통일된 독립자주의 민주국가를 완성하기 위하여 여생을 바칠 결심으로 귀국했습니다. 여러분은 조금이라도 거리낌 없이 심부름을 시켜주시기 바랍니다. 조국의

1945년 11월 23일 김구를 비롯한 임시정부 1진 요인들이 환국하는 모습이다.

통일과 독립을 위하여 유익한 일이라면 불 속이나 물속이라도 들어가겠습니다. 우리는 미국과 중국의 도움으로 여러분과 기쁘게 대면하게 되었습니다. 곧 소련의 도움으로 북쪽의 동포도 기쁘게 대면할 것으로 확신합니다. 여러분도 함께 이날을 기다리십시다. 그리고 완전히 독립자주 할 통일된 새로운 민주국가를 건설하기 위하여 공동 분투합시다.

김구에게 27년 만의 환국은 광복을 맞은 영광된 조국으로의 금의환향이 아니라 또 다른 험난한 투쟁의 시작일 뿐이었다. 조국의 완전한 자주독립과 분단 위기를 막는 과제가 이제 칠순을 맞은 늙은 독립운동가의 어깨를 숨 돌릴 새도 없이 무겁게 짓누르고 있었다.

미군정, 임시정부를 인정하지 않아

김구를 비롯한 임시정부 요인들은 왜 개인 자격으로 초라하게 환국할 수밖에 없었을까?

해방 직후 우익 진영에서는 "중경 임시정부가 이미 연합국 5개국의 승인을 받았고 10만의 독립군을 거느리고 있어, 서울에 들어와 호령만 하면 '대중은 바람에 쓸리는 수양버들같이 따라올 것'"으로 과대평가되고 있었다. 그러나 미군정의 임시정부에 대한 정책과 계획은 임시정부의 기대나 우익 진영을 비롯한 한국인의 기대와는 전혀 달랐다. 해방 직후 미군정은 급박하게 돌아가는 한국민주당 등 국내 보수주의자들과 더불어 한국의 정치 정세를 안정시킬 수 있는 가용한 인적자원의 하나로서만 임시정부를 상정하고 있었다. 하지 사령관이 1945년 10월 5일 김성수 등 한국민주당 관계자 9명으로 군정장관 고문단을 구성하면서 임시정부 요인을 이에 포함시키는 방안을 미 국무부와 맥아더 사령부에 건의한 것도 이러한 연장선상에서였다. 그러나 이미 국무부 주도의 3부조정위원회SWNOC를 통해 한국에 대한 신탁통치안을 마련하고 있던 미국은 이러한 하지 사령관의 건의에 대해서조차도 부정적인 반응을 보였다.

하지 사령관은 김구의 환국 직전인 1945년 11월에도 임시정부의 인정이 아닌 이승만과 김구라는 임시정부의 개인들을 활용하여 별개의 '과도적 임시 한국행정부'를 설치할 계획을 전달했다.

> ① 한국에 이승만이 등장한 것은 다양한 정당의 통합과 사상적 통일에 바람직한 영향을 미치고 있습니다. (…) 김구도 도착하는 대로 이승만 박사와 협조하리라 예상됩니다.(…) 본관은 이승만과 김구의 도움을 활용하여 (…) 보다 대의적이고 확충된 통합자문회의를 설치하여 정부기구를

쇄신하고 (…) 책임 있는 정부의 실무진이나 명예직에 적절한 한국인을 임명할 것입니다.(…)

② 만일 이러한 일이 효율적으로 이루어질 수 있다면 우리의 감독하에 대다수 한국인이 만족할 만한 과도적 임시 한국 행정부를 시험적으로 설치하고, 적당한 시간이 흐른 뒤 총선거를 통해 대의정부를 선출할 수 있을 것입니다.*

임시정부는 1945년 9월 3일 선포한 당면 과제에 따라 1단계 임시정부의 정권 접수, 2단계 민족영수회의를 통한 과도정부 수립, 3단계 전국적 보통선거에 의한 정식 정부 수립이라는 3단계를 밟아나가기 위해서 먼저 정부로서 승인을 받아야 했다.

그러나 미국은 임시정부를 인정하지 않았다. 심지어 김구를 비롯한 임시정부 요인이 환국한 이후인 1945년 12월 5일 주한미군 사령부는 산하 군정기관에 "김구와 임시정부에 대해 일반적으로 오해가 있는 듯하다. 이들은 더 이상 정부로 인정되지 않는다. 그들은 개인 자격으로 이곳에 들어왔으며 연합국으로부터 정부로 인정될 어떠한 언질도 받은 적 없다. 장차 한국 정부는 전적으로 새로 만들어질 것이다"라는 메시지를 전달하기까지 했다.

'대한민국 임시정부'는 "'임시정부'의 독립전선에 대한 통합력이 아무리 제한된 것이었다 할지라도 여전히 가장 강력한 분파"였고 "충분

* '맥아더 육군 대장이 참모총장(마샬)에게', 1945. 11. 5, FRUS, vol. 6, p.1112.

한 실적과 맥락을 가진 정치 단체"였지만 1945년 8월 15일에 그러한 지위를 획득하지 못했다. 미국 역시 '임시정부'를 한국 민족의 정치적 대표자로 인정하지 않았다. 어쩌면 "'임정'의 '정부'로서의 환국을 거부하고 '개인' 자격으로서의 환국만을 인정했을 때" 이미 "해방 직후의 정치적 '혼란'이 만들어졌다"고 할 수 있다.*

결국 김구는 "임정 요인들은 개인 자격으로 귀국하며, 귀국 이후에도 정부로서 행세하지 않으며, 미군정에 협조한다"라는 서약서를 하지 사령관에게 제출한 후에야 1945년 11월 23일, 개인 자격으로 환국할 수 있었다.

귀국 이튿날인 11월 24일 군정청 출입기자단과 한 공식 기자회견에서 김구는 맥아더 장군과 어떤 연락이 있었냐는 질문에 "현재 조선에 군정이 있는 이상 완전한 우리의 정부가 있을 수 없다는 것을 이해한다고 말하였다"면서도 "다만 우리 일행이 온 만큼 해외 임시정부도 입국한 것이요, 이것을 외국에서 인정하는 것은 시간문제"라고 개인 자격으로 들어오긴 했지만 사실상 '임시정부의 환국'이라고 표명했다.

그러나 다시 그 이틀 뒤인 11월 26일 하지 사령관은 김구를 군정청 기자들에게 공식적으로 소개하면서 "김구 선생은 그 일생을 조선을 위하여 헌신하셨으며 어떤 때는 국내에서 또는 해외에서 여러 방면으로 조선의 해방 독립을 위해서 노력하셨"다면서도 "이번 해방된 고국에 개인의 자격으로 오신 것"이라고 못 박았다.

---

* 최인훈, '《광장》의 이명준, 좌절과 고뇌의 회고', 《길에 관한 명상》(문학과지성사, 2010), pp.178-179.

임시정부는 통일독립국가 건설을 추진하는 기반

한편으로 해방 전은 물론 해방 후 김구의 정치적 행보에 대해 임시정부의 법통성 유지와 인정이라는 목표에 치중하여 현실을 제대로 보지 못하고 다른 세력을 배제하는 등 편협한 모습을 보였다는 비판도 있다. 1919년 임시정부에 합류한 이래 평생을 임시정부와 함께한 김구가 임시정부의 법통성을 중시했던 것은 당연하다.

그러나 김구에게 임시정부는 자신과 동일한 사상을 가진 사람들, 예컨대 우익 민족주의자의 이해관계를 대변하는 조직이 아니라 통일독립국가 건설이라는 전 민족의 목적을 추진하는 기반이었기 때문에 중요한 것이었다.

임시정부의 위상에 대한 김구의 평가는 1945년 12월 19일 귀국 한 달여 뒤에 열린 '임시정부 개선 환영대회'에서 한 김구의 답사에서 잘 드러난다. 그는 임시정부에 대해 "3.1대혁명의 민족적 대 유혈투쟁 중에 생겨난 유일무이한 정부"이자 "전 민족의 총의로 조직된 정부였고, 동시에 왜적의 조선 통치에 대한 유일한 적대적 존재"였다고 평가했다. 그에게 "임시정부는 결코 어느 한 계급 어느 한 정파의 정부가 아니라 전 민족 각 계급 각 당파의 공동한 이해 입장에 입각한 민주 단결의 정부"였고 따라서 "우리 정부의 유일한 목적은 오직 전 민족이 총단결하여 일본 제국주의를 타도하고 한국에 진정한 민주공화국을 건립하자는 데" 있었다.

임시정부를 3.1운동의 성과로 보는 김구의 인식은 3.1운동에 대한 평가와 직결된다. "지역의 동서가 없었고, 계급의 상하가 없었고, 종교·사상 모든 국한된 입장과 태도를 버리고 오로지 나라와 겨레의 독립과 자유를 찾자는 불덩어리와 같은 일념에서 이 운동을 일관"했던 통일성에서 3.1운동의 의의를 찾고 있으며 그 연장선상으로 임시정부의 위상을 보았던 것이다.

그러나 이처럼 정부로서 환국해서 1단계 임시정부의 정권 접수, 2단계 민족영수회의를 통한 과도정부 수립, 3단계 전국적 보통선거에 의한 정식정부 수립이라는 3단계를 밟아나갈 계획이었던 임시정부는 미군정의 반대 속에 개인 자격으로 초라하게 환국할 수밖에 없었다. 그리고 이로 인해 이후 임시정부의 행보에는 상당한 제약이 따르게 된 것이다.

2

신탁통치의 먹구름

임정, 열강의 신탁통치 결정에 반발

이미 1943년부터 시작된 한반도 신탁통치 구상의 연장선상에서 미국의 대 한반도 정책이 신탁통치로 정립되었다는 사실은 1945년 10월 1일 마샬G. Marshall 미군 참모총장이 도쿄의 맥아더에게 보낸 전문에 잘 나타나 있다.

> 현재 가장 빠른 시일 내 한국에 국제적 신탁통치를 실시해야 한다는 제안이 3부조정위원회에 제출되어 있다. (…) 또한 참고사항으로 신탁통치회담이 1946년 초 시작되길 바라지만 군정으로부터 4개국 신탁통치로 실질적인 감독권이 넘겨지기까지 적어도 1년은 걸리게 될 것이라는 점을 알려준다.*

중경 임시정부는 이미 연합국 5개국의 승인을 받았지만 맥아더 사령부에 의한 군정하에서 정부 자격이 아니라 개인 자격으로 귀국했다. 김구를 비롯한 임시정부 요인들은 카이로회담에서 신탁통치안이 처음 등장했을 때부터 신탁통치 구상을 저지하고 완전 자주독립을 이루고자 다방면의 노력을 기울였다. 그러나 이들의 염원과는 달리 한반도는 미군과 소련군의 분할 점령으로 해방을 맞았고, 곧이어 즉각적 자주독립국가 건설이 아니라 신탁통치가 구상되고 있었다.

김구와 김규식 등 임시정부 요인들은 분할 점령과 탁치에 대한 반대 입장을 환국 초기부터 거듭 표명했다. 환국 닷새 뒤 열린 임시정부 요인 환영집회에서 임시정부 부주석 자격으로 행한 연설에서 김규식은 미·소 양군의 분할 점령이 민족의 장래에 갖는 부정적 측면을 지적하면서 이렇게 호소했다.

"카이로회담에 '적당한 시기에 조선 독립을 준다'고 한 '적당한 시기'란 우리가 늦출 수도 있는 것이고 빠르게 할 수도 있는 것입니다. 즉 우리 손에 달렸단 말입니다. 우리가 바로만 하면 미군과 소련군이 내일이라도 없어질 것입니다. 이 사람들을 못 보내고 있는 것은 우리 조선 사람 전체의 책임인 것입니다."**

김구 역시 도착성명에서 "오직 통일된 독립자주의 민주국가를 완성하기 위하여 여생을 바칠 결심을 가지고" 귀국했다면서 일제로부터의 해방이 끝이 아니라 "완전히 독립자주 하는 통일된 신민주국가를 건

* '참모총장(마샬)이 도쿄 주재 맥아더 육군대장에게', 1945. 10. 1, FRUS, vol.6, pp.128-129.

** 장시화, 《건국훈화》(경천애인사, 1945), p.33.

설하기 위하여 공동 분투"*할 것을 촉구했다.

이처럼 해방과 함께 임시정부는 미군정의 영향력과의 갈등 속에서 상당 부분 위축되고 힘을 잃기는 했지만, 이때까지만 해도 조만간 '통일된 독립자주의 민주국가'를 이룰 수 있을 것이라는 데 의심이 없었다. 그러나 환국 한 달여 만인 1945년 12월 27일 미국, 소련, 영국 외상들은 모스크바 3상회의에서 한반도에 4개국(미국, 소련, 영국, 중국)에 의한 최고 5년간의 공동 신탁통치를 실시하기로 결정했다. 또한 한반도를 분할 점령한 미국과 소련에 신탁통치 실시에 대한 모든 복잡한 문제를 위임하게 되면서 한반도 문제는 미국과 소련의 수중에 들어가게 되었다.**

1945년 12월 28일 호외를 통해 모스크바 3상회의 결정사항이 전해진 경교장에서는 대한민국 임시정부 긴급 국무회의가 소집되었고, 밤샘 회의 끝에 김구 주석과 조소앙 외무부장 명의로 '4국 원수에게 보내는 결의문'을 발표했다.

> 4국 원수에게 보내는 결의문
>
> 우리는 모스크바회의에서 신탁통치제를 적용한다는 의결에 대하여 반대한다.
>
> ① 민족자결의 원칙을 고수하는 한국 민족의 총의에 절대로 위반된다.

* 〈자유신문〉, 1945년 11월 24일.

** 이정식, 《대한민국의 기원-해방 전후 한반도 국제정세와 민족 지도자 4인의 정치적 궤적》(일조각, 2006), p.327.

② 제2차 대전 중 누차 선언한 귀국의 숙약(宿約)에 위반된다.

③ 연합국헌장에 규정한 3국 탁치 적용 조례의 어느 항에도 한국에는 부합되지 않는다.

④ 한국에 탁치를 실시함은 원동(遠東)의 안전과 평화를 파괴할 것이다.

이상 이유는 한국의 즉시 독립과 세계 평화를 위하여 탁치제에 반대하는 철저한 불합작을 미리 성명하고 귀국의 신중한 고려를 촉한다.*

1940년대 임시정부 외교부장으로서 연합국의 전후 처리 방안으로 거론되고 있었던 국제공관론과 한반도 중립화론을 비판해 왔던 조소앙 역시 신탁통치 반대가 곧 독립운동이라는 생각으로 신탁통치를 반대하는 활동을 전개했다. 그는 신탁통치에 대한 찬성과 반대는 '어느 것이 독립운동인가'라는 관점에서 생각해야 한다고 보았으며, 신탁통치에 대한 반대를 통해 한민족의 자주독립을 성취해야 한다는 입장을 취했다.**

반탁운동을 계기로 우익 세력 집결

이렇게 신탁통치에 대한 반대가 곧 독립운동이라고 보는 시각은 "신탁통치는 소련이 제안한 것이며 소련은 조선을 자신에게 예속시키

* 선우진, 앞의 책, pp.82-83.

** 조소앙, '미소공동위원회 등 당면 문제에 관한 나의 견해(1946. 1. 4)', 《소앙 선생 문집》 하, pp.59-60; 조소앙, '민족단결을 주장(1945. 12. 14.)', 위의 책, pp.57-58.

려고 그렇게 제안했다는 믿음"에서 기인한 바가 크다.* 소련 정부 관영통신 〈타쓰〉는 1946년 1월 25일 모스크바 3상회의 합의 성립 배경을 발표했다. 이 발표문은 다음의 내용을 상기시켰다.

① 모스크바 3상회의에서 신탁통치를 제안한 나라는 미국임

② 미국은 신탁통치의 기간을 최대한 10년으로 잡았음

③ 미국의 제의에는 조선인의 민주적 임시정부 수립이라는 안이 없었음

④ 미국의 제안에 대해 소련이 신탁통치제를 후원제로 대체시켰으며 그 기간도 5년 이내로 단축시켰음

⑤ 소련이 조선인의 민주적 임시정부 수립이라는 안을 포함시켰음

⑥ 그 정부를 수립하기 위해 소련은 미소공동위원회를 구성하자고 제의함

미국 정부 역시 〈타쓰〉의 발표가 사실임을 확인해 주었다. 특히 하지 사령관은 1946년 1월 29일 기자회견을 갖고 모스크바 3상회의 결정을 지지해줄 것을 요청하면서 이 결정에 반대하는 행동은 "코리아가 독립국으로 가는 구름다리를 파괴하고 불살라 버리는 비애국적 행동"이라고 비판했다.

한편 우익 인사 중 김규식은 민족국가를 건설하려면 모스크바 결의

---

* 김학준, 《미·소 냉전과 소련군정 아래서의 조선민주주의인민공화국 건국(1946년 1월~1948년 9월)–북한의 역사 제2권》(서울대학교출판문화원, 2008), p.93.

를 존중해야 하며, 신탁통치는 임시정부가 구성된 뒤 반대해도 된다고 판단했고, 좌익 인사 중 여운형과 백남운은 모스크바 결의는 반드시 실현되도록 노력하되 신탁통치는 안 받도록 해야 한다는 입장을 취했다.*

특히 김규식은 모스크바 3상회의 결정 원문을 접한 후 극한투쟁보다는 현실을 타개할 수 있는 대책을 강구했다. "하루라도 빨리 민족의 이익을 대변할 수 있는 정부를 수립하고 그 정부가 민족자주적인 견지에서 탁치 문제를 해결하도록 하면 된다"라는 생각에서 김규식은 신탁통치는 반대하나 3상회의에서 결정된 제①항인 임시정부의 설립을 서두를 필요가 있다고 판단했다.** 일단 임시정부를 설립하면 민족자결의 원칙에 바탕을 두고 발언권을 강력히 행사할 경우 탁치 문제를 적절히 해소할 수 있다는 생각이었던 것이다.

이런 판단하에 1946년 3월 20일 제1차 미소공동위원회가 개최되었을 때 김규식은 기자회견을 열고 "만일 조금이라도 (미소공위의) 성공이 불원만한다든지 실패에 돌아간다면 첫째 우리 민족 전체에 큰 낙망을 줄 것이며 국제적으로는 미·소 양국의 권위에까지 손상이 되리라고 생각한다. 그러므로 이 미소공동위원회는 우리의 운명을 장악하느니만치 우리는 힘을 합하여 동 공동위원회가 성공되게끔 협력해야" 한다고 주장했다.

이런 가운데 모스크바 3상회의 결정이 알려진 직후 임시정부 주도

* 서중석, '좌우합작과 남북협상', 《한국사 시민강좌》 12(1993), p.69.

** 이철순, '우사 김규식의 삶과 정치활동', 《한국 인물사 연구》 제16호(2011. 9.), p.235.

로 결성된 '신탁통치반대 국민총동원위원회'는 바로 '9대 행동강령'을 발표하고 총파업, 시가행진 등 반탁운동을 전개해 나갔다.* 당시 국민 여론도 대부분 반탁으로 기울어 있었다. 임시정부가 주도한 반탁운동에 군정청의 조선인 직원 3,000여 명도 파업과 사직에 동참했을 정도였다. 그러나 미군정은 반탁운동을 계기로 정권을 접수하려 한 임시정부의 시도에 단호하게 대처했다. 1946년 1월 1일 하지 사령관은 1945년 12월 30일에 일어난 송진우 암살의 배후로 김구를 지목했으며, 임시정부의 반탁운동을 '미군정에 대한 쿠데타'로 규정했다.

결국 미군정의 강력한 대응에 밀려 김구는 하지 사령관과 면담한 그날 저녁 방송을 통해 반탁운동이 미군정에 대한 반대는 아니라고 해명하면서 시위와 파업을 중지할 것을 호소할 수밖에 없었다. 엄항섭이 대독하여 중앙방송에서 발표된 담화문에서 김구는 "질서정연한 시위 행렬로 우리의 굳건한 반대 의사를 표시"한 데 대해서 십분 경의를 표한다면서도 "우리의 모든 행동은 그 목적이 신탁통치를 반대하는 데 있고, 결단코 동맹군의 군정을 반대한다든가 혹은 우리 동포의 생활에 하등 곤란을 주자는 데 있지 않은 것"이라면서 한발 물러났다. 그러나 동시에 "만일 앞으로 불행히 우리에게 신탁통치가 강요된다면 그때에 또 반대운동을 일으킬"** 이라고 경고했다.

반탁운동을 계기로 임시정부는 우익 재편에 나설 수 있었다. 반탁운동을 중심으로 한 우익 세력의 집결을 바탕으로 김구는 과도정부를

---

* 〈동아일보〉, 1945년 12월 30~31일; 1946년 1월 1일.

** 김구 · 도진순 주해, 《백범어록》, pp.68-70.

위한 대의체 건설이라는 임시정부 법통론 2단계를 밀고 나가 1946년 1월 4일에는 비상정치회의를 소집하고 과도정권을 수립한다는 '당면 비상대책'을 발표하기에 이르렀다.* 비상정치회의 제1차 주비회는 1월 20일 각계 대표 21명으로 개최되었다.

* 〈서울신문〉, 1946년 1월 5일.

김구, 송진우 암살로 오히려 피해 입어

송진우 암살 사건과 김구 배후설

1945년 12월 30일 새벽 6시, 한국민주당 당수 고하 송진우가 서울 원서동 자택에서 6명의 괴한들의 총격을 받고 사망했다. 한국민주당을 창당하여 수석 총무가 된 송진우는 모스크바 3상회의 결과 발표된 5개년 신탁통치 문제에 대해서 김구를 비롯한 임시정부 인사들과 마찰을 빚었다. 즉 송진우는 임시정부가 미군정에 도전하는 것은 어리석은 행위이고, 미군정을 무조건 적대시하는 것은 공산주의자들에게만 유리하다며 당분간의 신탁통치는 불가피하다는 의견을 주장했다. 이러한 입장은 1945년 12월 29일 저녁 12시부터 경교장에서 열린 회의에서도 굽히지 않았다. 김구와 임시정부 인사들은 이를 찬탁으로 받아들였다. 송진우는 이전부터 정치적 헤게모니와 친일파 처리 문제 등으로 중경 임시정부 측과 갈등이 적지 않았다.

송진우와 임시정부 측의 면담은 12월 30일 새벽 4시에 끝났는데, 그로부터 두 시간 후 송진우는 암살되었다. 이 사건이 일어나자 미군정의 하지 사령관은 곧바로 김구를 배후로 지목하고 김구를 불러 경고하는 등 암살 배후가 김구라는 소문이 파다했다. 장택상, 브루스 커밍스 등도 김구를 배후 인물로 주장했다. 또한 사건 발생 100일 만에 잡힌 주범 한현우와 공범자 유근배 등은 송진우가 찬탁을 한 것이 살해 동기라면서, 배후는 없지만 김구와 이승만이 자신의 행위를 의거로 칭찬했다고 주장했다.

그러나 그날 경교장 회의에 참석했던 강원룡 목사는 여러 사정을 볼 때 김구와 무관하다고 회고한 바 있다. 송진우 암살로 가장 큰 피해를 본 것은 오히려 김구와 임시정부 측이었다고 할 수 있다. 김구와 임시정부가 배후자라는 소문이 기정사실화 되면서 큰 도덕적 타격을 받고 정치적 권위를 잃게 되어 반탁운동도 영향을 받았기 때문이다.

3

미군정의 좌우합작 주도와 김구 퇴출 공작

미군정, 미·소공동위가 결렬되자 좌우합작 추진

이런 가운데 모스크바 3상회의 결정에 따라 미국과 소련 대표들은 1946년 1월 16일부터 2월 5일까지 예비회담을 거친 후 1946년 3월 20일 서울에서 제1차 미소공동위원회를 개최했다.

1차 미소공동위원회에 소련은 소극적이었다. 38선 이북의 땅을 점령함으로써 일단 소련의 목적이 달성되었기 때문에 소련은 "미국의 태도와는 상관없이 북한에서 공산정권을 공고화하고, 미소공동위원회에 소극적"이었던 것이다.* 비록 1945년 12월에 열린 3상회의의 결정을 수락하여 신탁통치안을 채택하긴 했으나 1945년 9월 말부터 남북의 재통합에 관심이 없었던 스탈린에게 신탁통치안은 "한반도를 재통

* 이정식, 앞의 책, pp.104-105.

합하기 위한 것이 아니라 스탈린의 정책을 정당화하기 위한 수단에 불과"했다.

소련은 모스크바 3상회의 결정에 반대하는 정당·사회단체는 모두 협의 대상에서 제외하자고 주장했다. 반탁을 주장하는 우익을 협의 대상에서 제외하자는 소련의 주장은 미소공동위원회의 결렬을 예고한 것이나 다름이 없었고, 결국 제1차 미소공동위원회는 1946년 5월 7일 무기 휴회라는 형식으로 끝나고 말았다.

이렇게 모스크바 3상회의 결정에서부터 제1차 미소공동위원회가 미국과 소련 양측의 입장 차이로 결렬되는 동안 남쪽의 좌익과 우익은 신탁통치 문제를 둘러싸고 첨예하게 대립하고 있었다. 우익은 1946년 2월 14일 발족한 미군정 자문기관인 남조선대한국민대표민주의원(이하 민주의원)을 중심으로, 좌익은 2월 15일 발족한 민주주의민족전선을 중심으로 반탁과 찬탁으로 분열되었다.

이러한 가운데 제1차 미소공동위원회 결렬 직후인 1946년 6월부터 미군정은 김규식과 여운형을 내세워 좌우합작위원회를 추진하기 시작했다. 신탁통치라는 형태가 가장 자국의 이해관계에 부합한다고 보았던 미국의 입장에서는 미소공동위원회가 결렬되면서 신탁통치 실시가 어려워지게 되자 온건 좌우 세력을 내세워서 미소공동위원회를 재개해야 할 필요가 있었던 것이다.

이런 점에서 1946년 5월부터 전개된 좌우합작운동은 그 이전의 좌우합작운동과는 성격이 다르다고 할 수 있다. 해방과 함께 조직된 건국준비위원회를 시작으로 추진된 좌우합작 등 이전의 좌우합작운동이

"좌우 진영의 중심 세력이나 중도 세력이 자발적으로 전개한 정치 공작"이었다면, 1946년의 좌우합작운동은 좌우익 진영의 주변부 인사들이 미소공동위원회 재개를 목적으로 "미군정의 사주와 지원을 받아 전개한 정치 공작"이었다. 실제로 미군정은 좌우합작위원회에 1946년과 1947년에 각각 300만 원씩 총 600만 원의 자금을 국고에서 지원하는 등 단순 주선에 그치지 않고 "기획, 연출하고 고무하고 그에 필요한 자금을 제공하는 일까지 담당"했다.*

미소공동위원회 재개를 위해 좌우합작을 추진하고 있었던 만큼 미국의 입장에서 보자면 신탁통치 반대를 격렬하게 주장하는 이승만·김구 등 우익 세력은 좌우합작과 미소공동위원회 재개에 가장 큰 걸림돌로 여겨졌다. 1946년 2월 말 미 국무성이 맥아더에게 보낸 메시지에는 반탁운동을 펼치는 우익 세력에 대한 미국의 그런 인식이 명확하게 드러나 있다.

> 김구 집단이나 소련의 지배를 받는 집단들과 연결되지 않으면서 한국을 위한 확고한 진보적 강령을 추진할 수 있는 지도자들을 우리 지역에서 물색하기 위한 노력이 경주되어야 할 것이다. (…) 우리는 소련의 지지를 받는 공산주의자 집단에 대한 대항 세력이 되도록 그 집단을 전폭적으로 지지할 각오를 가져야 할 것이다. 그들의 망명 경력과 그들이 국민당 정부에 의해 지원받고 있다는 사실, 그리고 수년간에 걸친 이승만과

* 양동안, '1945~1948년 기간 중도 좌파의 정치활동에 관한 연구', 〈정신문화연구〉 제24권 제3호 (2001), p.216.

국무성 간의 불만족스런 거래의 경험 때문에 우리는 김구와 이승만의 집단에 대해 어떠한 호의도 보여서는 안 될 것이다.

나아가 미 국무부는 1946년 6월 초 "만일 한국의 최근 정치 논쟁에서 폭풍의 중심이 되어왔던 어떤 인물이 정치 무대로부터 일시적으로 물러난다면 미·소 당국 간의 합의뿐만 아니라 남한의 여러 정파 간의 합의도 크게 용이해질 것이다. (…) 정치무대에서의 그들의 존재는 소련과의 합의에 도달하는 데 어려움을 크게 증대시킬 것이다"라면서 이승만과 김구 퇴출 공작 전개를 지시하는 각서를 하지 사령관에게 보내기도 했다.*

미군정의 지원을 받은 김규식·여운형의 좌우합작운동

이처럼 미군정은 좌우합작이라는 명분하에 이른바 '진보적 강령'을 제시할 중도파 형성을 추진했다. 이를 위해 미군정이 선택한 중심인물이 바로 김규식과 여운형이었다. 처음부터 '중간 역할'을 자신의 사명으로 자각하고 있던** 여운형은 해방 직후부터 '온건 좌익'과 '극렬 좌익'의 연합전선 형성을 꾀했다. 그러나 '좌익의 극렬화'를 방지하고 따라서 '민족의 분열'을 막아보려는 그의 노력은 박헌영파에 의해 실패로 돌아간 바 있었다. 그러나 제1차 미소공동위원회가 결렬되고 좌우익 대립이 격화일로에 있는 상태가 되자 여운형은 "진정한 통일정부

---

* FRUS, Vol. 8(1946), pp.698-699.

** 이만규, 《여운형 투쟁사》(총문각, 1946), p.205.

는 좌우합작에서 수립될 것이고, 결코 좌나 우나 단독으로는 수립하지 못할 것"이라는 생각에 미군정에 협력하여 다시 한 번 좌우합작에 나서게 된다.

1946년 좌우합작운동의 우익측 상대로 미군정에서 이승만과 김구를 배제하고 선택한 지도자지만 김규식의 경우는 여운형과는 달리 좌우합작에 소극적이었다. 1946년 3월 20일 제1차 미소공동위원회가 개최되었을 때 민주의원 의장대리로 미소공동위원회 활동이 성공하도록 진력했던 김규식은 미소공동위원회에 기대가 컸던 만큼 결렬되었을 때 실망도 컸다. 하지만 좌우합작이 성사되리라는 희망은 크지 않았다. 그럼에도 김규식이 좌우합작에 나서게 된 것은 '독립'이라는 목표를 이루기 위해 이 단계를 밟아야만 한다면 설사 실패하더라도 "내가 희생"하겠다는 마음에서였다. 당시 김규식의 비서였던 강원룡의 회고에 따르면, 이승만과 하지 사령관의 거듭된 권고를 마침내 받아들이면서 김규식은 이런 요지로 대답했다고 한다.

"좌우합작이 독립을 위한 한 단계라면 독립을 위해 내가 희생하겠다. 형님(이승만)이 나를 나무 위에 올려놓고 흔들어댈 것도 안다. 또 떨어뜨린 후에는 나를 짓밟을 것도 안다. 그러나 나는 독립정부를 위해 나의 모든 것을 희생하겠다. 내가 희생된 다음에 형님이 올라서면 될 것이다."

좌우합작 시도는 1946년 5월 25일 첫 예비회담을 가질 때까지만 해도 공산당의 부정적 태도 때문에 제대로 진행이 되지 않았다. 그러나 미국의 적극적 노력과 김일성의 설득 결과 공산당의 부정적 태도가 완화되면서 본격화되기 시작했다. 1946년 6월 30일 하지 사령관은 김규식과 여운형의 합작 통일 노력을 지지한다는 특별성명을 발표했다. 임시정부의 한국독립당도 그전까지만 해도 "반탁 일로로 좌우가 협력치 않으면 서광을 볼 수 없다"라며 좌우합작에 부정적 태도를 표명했지만, 하지 사령관의 지지성명 이후 다소의 의견 차이는 있었지만 좌우합작운동에 대한 지지를 표명했다.

1946년 7월 10일에는 좌우측에서 각각 5명씩 참여하는 좌우합작위원회가 구성되었다. 우측에서는 민주의원에서 김규식, 원세훈, 김붕준을, 비상국민회의에서 안재홍, 최동오를 선임했고, 좌측에서는 여운형, 허헌, 정노식, 이강국, 성주식이 참여했다. 하지만 좌우합작위원회가 구성된 후에도 좌측과 우측이 각기 절충 불가능한 합작 원칙을 제시하면서 7월 25일 제1차 정식회담이 열린 이틀 후부터 난관에 부딪쳤다. 7월 27일 발표된 좌측 합작 원칙의 주요 내용은 다음과 같다.

① 3상회의 결의를 전면적으로 지지하여 미소공동위원회 속개운동을 전개, 임시정부 수립에 매진하되 북조선 민주주의민족전선과 직접 회담하여 전국적 행동 통일을 기할 것

② 토지개혁(무상몰수, 무상분배), 중요 산업 국유화, 민주주의적 노동법령 및 정치적 자유를 위시한 민주주의 기본 과업에 매진할 것

③ 친일파, 민족반역자, 친파쇼 반동 거두들을 완전히 배제하고, 테러를 박멸하고, 검거 투옥된 민주주의 애국지사를 즉시 석방할 것

④ 남한에서도 정권을 군정으로부터 인민의 자치기관인 인민위원회에

즉시 이양토록 기도할 것

⑤ 군정 고문기관 혹은 입법기관 창설에 반대할 것

이 가운데 특히 ②, ④, ⑤항은 우측과 미군정으로서는 받아들일 수 없는 조건이었다.*

좌측이 합작 원칙을 발표한 지 이틀 후 우측도 다음의 원칙을 제시했다.

① 임시정부와 미소공위 간의 협상에 의한 신탁통치 실시 여부 결정

② 임시정부 수립 6개월 이내에 언론·집회·결사·출판·교통·투표의 자유를 절대 보장한 가운데 남북한 전역에서 보통선거를 실시해 국민대표회의 구성

③ 국민대표회의 성립 후 3개월 이내 정식 정부 수립

④ 임시정부 수립 후 친일파 징치 등

이처럼 절충이 불가능할 정도로 좌우측이 제시한 합작 원칙이 대립한 데다가 7월 말에는 박헌영이 평양 방문에서 돌아와서 "미국의 장단에 놀아나지 말라"고 여운형에게 경고하면서 좌익 대표를 철수시켰다. 게다가 8월 초부터 좌익 3당의 합당이 추진되면서 좌익 내부의 분열이 심각해졌고 좌익이 "정당방위의 역공세"라는 신전술로 9월 총파업

---

* 서중석, 앞의 글, p.74.

과 10월 항쟁을 벌이면서 좌우합작운동은 한동안 지지부진했다. 이와 함께 미군정은 좌익을 분리하여 탄압하는 양동작전을 본격적으로 시작했다. 8월 21일 러치A. Lerch 군정장관이 미군의 안전을 방해하는 세력은 포고령 2호에 의해 처벌될 것이라는 엄명을 발표했고, 9월 6일에는 좌익 3대 일간지에 대한 무기 정간 조치와 더불어 9월 7일 박헌영, 이강국, 이주하 등 조선공산당 간부에 대한 체포령이 내려졌다. 사실상 조선공산당을 불법화한 것이다.

좌우합작운동이 남한만의 임시정부 수립운동으로 변질돼

약 한 달 반 동안 지지부진하던 좌우합작운동이 다시 활기를 띠기 시작한 것은 여운형이 적극적으로 좌우합작 진전에 나선 8월 말부터였다. 박헌영계 조선공산당이 전면적인 투쟁에 나서 9월 총파업과 10월 항쟁으로 나아가는 극단적인 대립과 대치의 국면에서도 김규식과 여운형은 미군정의 지원을 받으면서 좌우합작을 계속 밀고 나갔다.

한편 조봉암은 "한국의 통일독립은, 첫째, 미·소의 협조로써만 가능한데, 그것은 국제협약인 모스크바 3상회의 결정에 따른 미소공위 사업의 성공으로써만 이루어질 수 있으며, 둘째, 친미·친소 일변도의 극좌·극우 세력은 반통일 세력이라 할 수 있으므로, 광범위한 중간파 민족자주 세력의 단합에 의해서만 성취될 수 있다고 믿었"기에 하지 사령관이 좌우합작운동에 동참할 것을 권고했을 때 선뜻 합류할 뜻을 비쳤고, 1946년 8월 말부터 좌우합작운동에 합류했다.* 이렇게 우여곡절 끝에 9월 중하순경에는 합작의 원칙에 일정한 합의가 이루어졌다.

9월 23일부터 30일까지 좌우합작 문제를 논의하고자 북한을 방문하고 돌아온 여운형은 10월 4일 기자회견에서 "연립내각과 같은 좌우를 통한 합작이 있어야 비로소 통일이 되고 독립이 될 것"이라면서, "미·소가 우리 민족 문제를 주인처럼 간섭하는 것은 용인할 수 없으며, 남북에 양군이 주둔하는 한 완전독립은 얻을 수 없으므로, 우리의 소망에 상치될 경우 양군 철퇴를 요구할 것"이라고 말했다. 같은 날 여운형은 좌익의 대표로는 자파만 참여한 불구적인 상태에서 합작의 원칙에 서명했다.** 이러한 우여곡절 끝에 10월 7일 발표된 좌우합작 7원칙은 다음과 같다.

> ① 조선의 민주독립을 보장한 3상회의 결정에 의하여 남북을 통한 좌우합작으로 민주주의 임시정부를 수립할 것
>
> ② 미소공동위원회 속개를 요청하는 공동성명을 발표할 것
>
> ③ 토지개혁에 있어서 몰수, 유조건 몰수, 체감매상 등으로 거둬들인 토지를 농민에게 무상 분여하며, 시가지의 토지 및 대건물을 적정 처리하며, 중요 사업을 국유화하며, 사회 노동법령 및 정치적 자유를 기본으로 지방자치제의 확립을 속히 실시하며, 통화 및 민생 문제 등등을 급속히 처리하여 민주주의 건국 과업 완수에 매진할 것
>
> ④ 친일파, 민족반역자를 처리할 조례를 본 합작위원회에서 입법기구에 제안하여 입법기구로 하여금 심의 결정하여 실시케 할 것

---

* 정태영, 《조봉암과 진보당》(한길사, 1991), p.91.

** 서중석, 앞의 글, p.75, 79.

⑤ 남북을 통하여 현 정권하에 검거된 정치 운동자의 석방에 노력하고 아울러 남북 좌우의 테러적 행동을 일절 즉시로 제지토록 노력할 것

⑥ 입법기구에 있어서는 일절 그 기능과 구성방법 운영 등에 관한 대안을 본 합작위원회에서 작성하여 적극적으로 실행을 기도할 것

⑦ 전국적으로 언론·집회·결사·출판·교통·투표 등의 자유를 절대 보장되도록 노력할 것*

좌측과 우측의 합작 원칙을 단지 "언어 표현상으로만" 절충하는 데 그친 좌우합작위원회의 합작 원칙은 좌우 진영의 중심 세력 모두에 거부되었지만, 김구는 "좌우합작의 목적은 민족통일에 있고 민족통일의 목적은 독립자주의 정권을 수립함에 있는 것"이라는 신념으로 좌우합작을 지지하는 성명을 내기도 했다.

그러나 미소공동위원회 재개를 목표로 추진된 좌우합작은 온건 좌우 세력의 단합이라는 단계에서부터 난관에 부딪칠 수밖에 없었다. 김규식을 필두로 한 우익 중간파는 극우에 의해 "분열분자", "용공적 회색분자"라는 낙인이 찍히고, 여운형계의 온건 좌익은 좌익 측에 의해 "기회주의적 반동분자", "자본주의적 자유주의 집단"이라고 배척당하는 등 좌우에서 협공을 받으면서 중간파의 지지 세력 확장은 벽에 부딪쳤다.

또한 박헌영을 대리해서 좌우합작위원회에 참여했던 이강국을 비

---

* 〈동아일보〉, 1946년 10월 8일.

롯한 조선공산당 간부들에 대한 체포령이 내려지고, 이에 따라 공산당의 활동이 지하로 잠입하면서 좌우합작의 의미도 퇴색되었다. 그 결과 "남북한을 망라한 통일 임시정부의 수립을 목표로 한 운동"에서 "남한만의 임시정부 수립을 위한 운동"으로 변질되고 말았던 것이다.*

미군정의 전략 변화와 민족자주연맹의 탄생

이처럼 실질적으로 좌우 세력의 단합이라는 성과로 이어지지는 못했지만 미군정은 좌우합작위원회 위원들과 미군정 고위층이 참여하는 조미공동회담을 10월 23일부터 11월 말까지 약 1개월 동안 거의 매일 개최하여 남한 사회의 제반 당면 문제에 관한 대책을 토의하는 등 좌우합작위원회에 계속 힘을 실어주었다.**

나아가 미군정은 10월 12일 군정법령 제118호로 입법의원 창설에 관한 법령을 공포하고 민선의원 선거체제에 돌입했다. 좌익과 좌우합작위원회에서 9월 총파업, 10월 항쟁 등을 이유로 선거 연기를 요청했지만, 미군정은 10월 말까지 '4단계 간접선거'를 통해 선거를 마무리했다. 이 시기 좌익은 검거되거나 도피 중이어서 선거 참여가 원천적으로 봉쇄된 가운데 결국 경찰의 비호를 받는 독립촉성국민회, 한국민주당 등 우익 세력이 대거 민선의원에 선출되게 되었다. 45명의 민선의원 중 독립촉성국민회 17명, 한국민주당 14명에 비해 한국독립당은

---

* 김재명, 《한국 현대사의 비극》, p.326.

** 양동안, '1945~1948년 기간 중도 좌파의 정치활동에 관한 연구', pp.223-225.

3명에 지나지 않았을 정도였다.*

이렇게 우익이 입법의원 내 다수파를 형성한 데다가 좌익은 좌익대로 좌우합작을 추진하던 여운형을 "미제국주의의 앞잡이"로 비판했다. 결국 여운형은 "남조선 반동파의 모든 죄악을 기만하기 위한 것"이라는 이유를 들어 입법의원 참여를 거부하기에 이르렀다. 이어 12월 4일 "합작운동은 전 민족통일을 의도함인데도 불구하고 결과는 정반대로 나아가고 있다"라는 '자기 비판의 서'를 발표하고 정계를 은퇴했다.**

김규식 역시 "전체적으로 유능한 애국자가 못 나왔고 더구나 좌익 진영은 전면적 검거 때문에 피선될 기회가 거의 없었다는 것 때문에 유감이다. 더구나 피선된 자가 극도로 편향적인 데다가 친일파라고 지목된 자가 다수 피선된 것은 이 입법기구에 대하여 전 민중에게 실망을 주었고, 충분한 민의를 반영시키지 못한 반민주적 선거라는 것을 국민 대중에게 인식하게 하여 진정한 입법기구가 아니라는 인상을 주게 되었다"라면서 민선의원 선거 결과에 대해 불만을 토로했다. 이에 하지 사령관이 서울과 강원도 등 일부 지역에 재선거를 실시하고 관선의원 45명에 다수 중간파를 임명하는 등 사태 무마에 나섰고, 김규식은 결국 관선에 기대하면서 입법의원 의장직을 수락했다. 입법의원 재선거를 지지하던 한국독립당 역시 관선에 기대하면서 시급한 민생문제 해결을 명분으로 입법의원을 현실적으로 인정하는 입장으로 돌아

* 도진순, 《한국 민족주의와 남북관계》, p.114.

** 〈독립신보〉, 1946년 12월 5일.

셨다.*

이렇게 해서 미군정은 좌우합작위원회가 추천한 명단을 근거로 45명의 관선의원을 선임하여 1946년 12월 12일 남조선 과도입법의원을 설립하고 김규식을 의장으로 임명했다. 이어서 1947년 2월 10일에는 안재홍을 민정장관에 임명했다. 이처럼 미군정은 입법의원의장을 중도파의 김규식에게 맡기고 한국인 행정수반을 중도파의 안재홍에게 맡김으로써 남한의 입법과 행정을 모두 중도파가 주도할 수 있는 기틀을 마련했던 것이다.

이러한 상황에서 김규식은 의장으로서 입법의원이 지닌 한계를 극복하기 위해 노력했다. 12월 12일 개원식에서 김규식은 개회사에서 이렇게 말했다.

"본 의원은 현금 정세의 관계로 재한 미 주둔군 사령관 지배하에 있는 미군정청 제118호 법령으로 시설된 것이지만, 이 의원이 미 주둔군 사령관이나 미군정의 자문기관으로 행사할 것은 아니며 또 미군정을 연장시키기 위한 것도 아니다. 오히려 말하자면 남에 있는 미군정이나 북에 있는 어느 군정이나 그 존재를 단축시키려는 것이다."

또한 김규식은 입법의원의 성격에 관한 기자들의 질의에는 "가급적 최속기한 내에 좌우는 물론 남북과 연합 혹은 연결된 총선거에 의한 입법기구로써 임시정부를 수립하려 한다"**라고 답하기도 했다. 그러나 1946년 12월 12일부터 1948년 5월 20일까지 무려 219회에 걸친

* 도진순, 앞의 책, p.116.

** 〈서울신문〉, 1946년 12월 22일.

회합을 가졌음에도 입법의원은 최종 결정권을 미군정장관이 쥐고 있다는 한계로 인해 실제로 미군정의 정책 입안에까지 영향을 미치지는 못했다.

한편으로 이러한 미군정의 중도파 지원 정책은 제2차 미소공동위원회 결렬과 함께 변화했다. 처음부터 미소공동위원회 재개를 목표로 좌우합작과 중도파 지원을 했던 만큼 미소공동위원회를 통한 해결에 대한 기대를 버린 미국이 남한에서만이라도 정부를 수립한다는 정책으로 전환하면서 유사한 정책적 입장을 가지고 있던 우익 세력과의 협조로 눈을 돌리면서 중도파의 효용 가치가 사라진 것이다.

이러한 분위기 속에서 좌우합작위원회도 중간파의 단결을 목표로 하는 민족자주연맹으로 전환하게 된다. 1947년 9월 17일 미국이 한국 문제를 유엔에 상정한 이후 9월 26일 좌우합작위원회는 중간 노선의 정당·사회단체 연락회의를 소집하여 유엔에 대한 대책을 논의했다. 좌우합작위원회, 미소공위대책협의회, 시국대책협의회, 민주주의독립전선 등을 통합하고 그 밖의 정당·사회단체까지도 흡수하는 문제를 논의한 끝에 10월 1일 민족자주연맹 발기인대회를 갖고 준비위원회를 구성하기로 합의했으며 1947년 12월 20일 민족자주연맹이 정식으로 발족했다.

민주독립당, 민중동맹, 신진회, 신한국민당, 건민회 등이 핵심이 되고 근로인민당, 조선인민공화당, 천도교청우당, 사회민주당, 농민당, 조선공화당 관계 인사도 개인 자격으로 참가하는 등 좌우합작운동을 지지하는 14개 정당 50개 단체 산하의 광범한 진보적 민족주의 세력이 결집하여 김규식을 연맹 총재로 하여 결성된 민족자주연맹이 결성 대회에서 채택한 강령의 요지는 다음과 같다.

민족자주연맹 강령

① 우리는 새로운 민주주의 독립국가의 건국대업을 완수하기 위하여 전 민족의 정신 단결을 기함

② 우리는 전 민족이 평화 속에서 정치·경제·문화·사회적으로 평등한 권리와 자유와 행복을 얻기 위하여 현재의 모든 애국적인 각계각층의 그 부동한 요구를 민주주의적으로 조화 통일하며 그 공통한 요구로 강력히 실천하기로 함

③ 우리는 일체 사대적 의타성을 청소하고 민족적 자부심과 국가적 자주의식을 고취하여 자력 건설에 노력함

④ 우리는 동포 상호간의 친화정신을 발휘하며 일체 종파적 아집과 독선적 태도를 버리고 무의미한 동족상잔의 행동을 근절하기에 노력함

⑤ 우리는 민족 자주 평등의 원칙하에서 연합국에 대한 친선정책을 취하기로 함

해방 공간의 주요 정당

1945년 창당, 또는 등록

정당 이름	주요 인물	특징
한국독립당	김구	임시정부의 정당으로, 1945년 대한민국의 보수정당으로는 최초로 등록
조선공산당	박헌영 등의 재건파	
고려민주당	원세훈	최초의 우익 정당
조선민족당	원세훈, 김병로	원세훈 등이 고려민주당을 해체하고 김병로 등과 합작하여 창당
한국국민당	장덕수, 윤보선	
한국민주당	송진우, 김성수, 장덕수, 조병옥, 윤보선	조선민족당, 한국국민당 등이 만든 보수정당으로 미군정 당시 실질적인 여당
조선민주당	조만식	
여자국민당	임영신	훗날 자유당에 흡수
남조선천도교청우당	김제현	천도교 정당으로서 훗날 북조선천도교청우당에 흡수되어 현재 북한 유일의 종교 정당으로 남음

1946~1948년 창당

정당 이름	주요 인물	특징
대한독립촉성국민회	이승만	훗날 자유당에 흡수
남조선로동당	박헌영	
민족자주연맹	김규식	민족주의 보수 정당으로, 좌우합작과 남북협상에 참여
근로인민당	여운형	
사회민주당	여운홍	훗날 자유당에 흡수
사회당	조소앙	
신진당	김원용	중간파 정당으로, 좌우합작에 참여
민주독립당	홍명희	중간파 정당으로, 남북협상에 참여

4

분단 위기와 남북협상론의 대두

김구, 미소공동위에 사실상 반대하며 대대적 반탁운동 나서

좌우합작위원회와 과도 입법의원 구성이 진행 중이던 1947년 1월 11일, 하지 사령관은 1946년에 미·소 점령군 사령관 사이에 미소공동위원회 재개를 위한 서신이 교환되었다고 발표했다.* 이어서 1947년 4월 8일, 미국은 미소공동위원회 재개를 제의했다. 미 국무장관 마샬은 소련 외무장관 몰로토프V. M. Molotov에게 1947년 여름까지 모스크바 3상회의의 결정에 대한 미국과 소련 사이의 합의가 이루어지지 않는다면 모스크바 3상회의의 결정은 실패한 것으로 간주되어야 한다는 '위협'과, 이렇게 될 경우 미국은 소련의 동의 없이 남한에 단독정부를 세우기 위한 조치를 취할 것이라는 '경고'를 담은 제의를 했다.**

---

* 송남헌, 《해방 3년사》 제2권, pp.463-466.

** Van Ree, Socialism in One Zone: Stalin's Policy in Korea, 1945-1947, (Berg Publishers, 1989), p.162.

이 제안에 대해 기본적으로 소련은 모스크바 3상회의 결정에 반대하는 입장을 취했던 정당·사회단체의 참여를 받아들일 수 없다는 기존의 주장을 되풀이했지만 여러 차례의 논의 끝에 양측은 제2차 미소공동위원회 개최에 합의하게 된다.

그런데 미소공동위원회 재개 가능성이 높아지면서 반탁운동은 더욱 격렬해졌다. 이승만과 김구는 미소공동위원회 재개에 대해 "사실상 반대에 다름없는 보류의 뜻"을 표하면서 부정적으로 대응했다.* 1947년 1월 24일 우익 진영 35개 단체는 이승만을 고문으로, 김구를 위원장으로 하는 반탁독립투쟁위원회를 출범, 대대적인 반탁운동에 들어갔다. 한편 남조선과도입법의원도 1947년 1월 20일 반탁운동을 지지한다는 결의안을 통과시켰다.

나아가 김구는 1947년 2월 8일 자신이 "민주의원에 참가했던 것, 미소공동위원회 5호 성명을 지지했던 것, 좌우합작운동을 지지했던 것" 등을 자신의 "오류"였다고 스스로 비판하고 비상국민회의를 확대해 그것을 바탕으로 독립운동의 최고기관을 설치해 정파들 사이의 갈등을 해결할 것을 제의하는 성명을 발표했다. 이 성명을 계기로 2월 14일부터 17일까지 비상국민회의가 개최돼 민족통일본부와 비상국민회의 및 대한독립촉성국민회를 통합하고, 통합된 기구를 국민의회로 명명했다. 국민의회는 의장과 부의장에 각각 조소앙과 유림을 선출했다.

* 김학준, 《미·소 냉전과 소련군정 아래서의 조선민주주의인민공화국 건국》, p.727.

이와는 달리 좌우합작을 이끌었던 여운형과 김규식은 제2차 미소공동위원회 성공을 위해 적극적으로 움직였다. 여운형은 1947년 4월 26일 근로인민당 준비위원회 출범 직후 가진 기자회견에서 "미소공동위원회의 진전을 뒷받침하기 위해 좌우합작에 힘을 쓸 것"임을 다짐했다. 한편 김규식은 5월 28일 미소공동위원회대책각정당사회단체협의회를 발족하여 미소공동위원회 진전을 지원하고 나섰다. 남조선로동당 중앙위원회가 5월 16일 미소공동위원회의 재개를 환영하는 성명서를 발표하는 등 좌익 세력의 집결체인 민주주의민족전선 역시 공동위원회의 진전을 적극적으로 지지했다.*

안재홍 역시 이 문제와 관련, 김규식과 견해를 같이했다. '미소공위에 참여한다는 것은 곧 찬탁'이라는 논리로 반대하던 김구, 조완구, 엄항섭 등 한국독립당 주류를 이루던 해외파와의 갈등으로 1947년 6월 19일 40여 명의 다른 당원들과 함께 한국독립당에서 제명당하기도 했던 안재홍은 당시의 생각을 다음과 같이 말했다.

> 반탁 사상은 이미 국민적인 대중층에 침투되어 있고, 정부가 없이 거저 민간인의 투쟁만으로는 성명·결의·가두 데모 등의 국민 여론에 반영은 주지마는 아무런 결정적 효과를 나타내지는 못하고 있고, 민족적인 실망·낙담·이반·곤고는 갈수록 걷잡을 수 없게 되는 터인즉, 반탁 문제는 아직 건드리지 말고 미소공위를 성립시켜 그에 인하여 정부 수립된 후에

* 임경석, 《이정 박헌영 일대기》(역사비평사, 2004), p.398.

실천으로써 탁치를 반대하자는 것이 나의 주장이었고, 이 점 김규식 박사와 견해는 일치되는 것이었는데, 이것이 어느덧 '찬탁파'라고 허다한 중상모략이 떠돌았다.*

안재홍 역시 탁치안에 누구 못지않게 반대했지만 "반탁만을 부르짖으며 민족통일로 가는 길을 막지 말고, 우선 임시정부를 세워놓고 그 다음에 탁치 문제를 거부하자"라는 현실적인 논리를 폈던 것이다.

우익 집단을 제외하고 중도파와 좌익의 지지 속에 개최된 제2차 미소공동위원회는 처음에는 순조롭게 진행되는 듯했지만 5월 29일 전체회의 등에서 미국과 소련 대표단 사이의 이견이 드러나기 시작했다. 1차 때와 마찬가지로 임시정부 구성으로 이어질 '협의 대상'에 대한 문제가 핵심 쟁점이 되었다.

1947년 6월 12일, 미소공동위원회는 "미소공동위원회의 '협의'에 응할 '민주적 정당들 및 사회단체들'은 미소공동위원회의 사업에 대한 반대를 조성하거나 교사하는 것을 삼가는 등 미소공동위원회의 사업에 '협력'해야 한다"라는 내용을 핵심으로 하는 '남·북조선 제 민주 정당 및 사회단체와의 협의에 관한 규정'을 담은 공동성명 제11호를 채택했다.**

일견 이 공동성명은 소련은 소련대로 모스크바 3상회의 결정에 반대했던 정당·사회단체들은 결코 협의의 대상이 될 수 없다던 입장에

---

* '백범 정치투쟁사', 〈신태양〉(1949. 8.).

** 송남헌, 앞의 책, pp.477-481; Van Ree, Socialism in One Zone, pp.243-244.

서 한발 물러서고, 미국은 미국대로 언론 자유를 존중하는 민주사회에서 반대 의사를 표시했다는 이유로 어떠한 제약도 받아서는 안 된다고 강경하게 맞서던 입장에서 물러나 소련의 제안을 받아들였다는 점에서 양측의 타협의 산물로 보인다. 이 합의가 비록 "임시정부 수립의 출발점에 불과"하더라도 "향후 순조로운 공위 협상을 전망케 해주었다"고 할 수 있으며 공위 협의에 참가 신청을 낸 정당·사회단체들이 제출한 답신서 내용을 볼 때 "통일정부의 상으로 사회주의와 부르주아 민주주의의 혼합 정체를 전망해볼 수도 있을 것"이라고 분석이 가능한 부분이다.* 그러나 "절차 문제에 대해 치명적으로 불투명했"기 때문에 회담은 언제라도 결렬될 수 있었다. 이런 점에서 미국과 소련 양측이 "상호 기만의 행동an act of mutual deception"을 함께 했다는 비판도 있다.

미소공동위원회는 6월 25일 서울에서 협의에 참가할 것을 청원한 남한의 정당·사회단체 대표들과의 회의, 6월 30일 평양에서 북한 정당 및 사회단체 대표들과의 회의를 열었으며, 7월 1일에는 미소공동위원회 협의에 참가할 것을 청원한 북의 정당·사회단체 대표들과 회의를 여는 등 협의를 진행해 나갔지만 7월 8일과 7월 10일 회의까지도 양측은 협의의 대상자를 놓고 논쟁을 벌였다. 결국 두 달도 안 되어 미소공동위원회는 다시 결렬되었고 미국은 한국 문제를 유엔에 이관하기로 결정했다.

---

* 정해구, '남북한 분단정권 수립 과정 연구(1947. 5.-1948. 9.)', 고려대학교 박사학위논문, 1995, p.226.

제2차 미소공동위의 결렬로 분단정권 수립 본격화

미국의 한국 문제 유엔 이관 결정은 한국 문제에서 손을 떼겠다는 신호라고 해석할 수 있다. 한국에서 손을 떼고 철수하기 위해서는 '한국의 독립'이 필요했고, 그래서 유엔을 이용하기로 했던 것이라고 볼 수 있다.* 1946년 7월 트루먼 대통령이 '극동에서의 미국 정책의 성패가 한국에 달려 있다'라는 주장에 동조하고 1947년 2월에는 육·해군 및 국무부 합동위원회에서 한국이 소련에 넘어가서는 안 된다는 결론을 내리기도 했지만, 같은 해 4월 육군성 전략조사단은 한국이 전략적 가치가 없다면서 조속한 시일 내로 한국에서 철수할 것을 주장하고 나서게 된다. 결국 1947년 8월에는 육·해군 및 국무부 합동위원회도 이러한 입장을 지지하면서 10월에는 이것이 미국 정부 정책으로 채택되어 한국 문제가 유엔에 상정되게 되었다는 것이다. 제2차 미소공동위원회의 결렬은 미국과 소련을 비롯한 관련 당사자의 협상에 의해 한반도 통일정부 수립을 타협할 수 있는 '마지막 기회'가 사라진 것이나 마찬가지였다.** 이렇게 통일정부 수립에 대한 타협이 실패함으로써 남북한 분단정권 수립이 본격적으로 추진되기 시작했다.

1947년 9월 17일 마샬 미국 국무장관은 유엔 총회에서 "과거 2년 동안 미국은 모스크바 결정을 실천하는 방도를 소련과 협의하여 한국을 독립시키려 노력했으나 한국의 독립 과업은 2년 전에 비해 조금도 진전된 것이 없다"라고 전제하고, "한국 문제가 유엔 총회에 상정됨에

* 이정식, 앞의 책, p.109 및 p.377.

** 정해구, 앞의 논문, p.227.

따라 신탁통치를 거치지 않고 한국을 독립시키는 수단이 강구되기 바란다"라고 제안하면서 유엔에 한국 문제를 정식 이관했다.

한 달 뒤인 10월 17일에는 유엔 총회 미국 대표가 '유엔 임시한국위원단 설치, 1948년 3월 말까지 남북의 자유선거 실시, 한국에 국회 및 정부 수립, 양군 철수'라는 한국 문제 결의안을 총회에 제출했다. 다음 날 미소공동위원회에서는 미국 대표가 유엔에서 한국 문제 토론이 끝날 때까지 미소공동위원회를 휴회하자고 제안했고, 소련이 이에 동의하면서 10월 21일 소련 대표단 일행 전원이 서울에서 철수했다. 이로써 제2차 미소공동위원회는 막을 내렸다.

1947년 11월 14일 제112차 유엔 총회에서 유엔 감시하의 남북한 총선거가 결의되었다. 한반도 전역에 걸쳐 인구비례에 의한 총선거를 실시할 것과 선거를 촉진하고 감독하기 위해 9개국으로 구성되는 유엔 한국임시위원단을 설치하자는 미국의 제안이 43대9(기권 6)로 가결된 것이다.

미국이 한반도 문제의 단독 책임을 지고 싶지 않아 유엔에 이를 상정하게 된 사정과는 별개로 한반도 문제의 유엔 이관에 대해 조소앙 등은 좋은 기회라고 생각했다. 조소앙은 이것이 "신탁통치 문제를 해결하고 남북통일과 자주독립을 성취할 수 있는 좋은 기회"라고 생각했으며 이를 "한민족이 국제사회에 적극적으로 진출하는 기회로 활용하자"라고 주장했다.* 김규식 역시 미·소군 조기 철수와 유엔 개입 없

* 김기승, '해방 후 조소앙의 국가건설 운동', 《한국 민족운동사 연구》 39(2004.6.), pp.76-77.

는 한국인끼리의 문제해결 방식을 제의한 소련을 무책임하다고 비판하면서 한반도 문제 유엔 이관에 긍정적인 입장을 취했다. 마찬가지로 홍명희도 소련의 제안을 껍데기라면서 비판했다.

소련은 한반도 문제의 유엔 이관을 강력 반대했다. 그 근거는 다음과 같다.

> ① 한국 문제는 미국과 소련이 1945년 12월에 열린 모스크바 3상회의의 결정에 준하여 미·소 양국이 해결해야 할 문제임
>
> ② 미·소 간에 공동위원회가 열려 여러 차례 모임을 가졌으나 피차 합의를 볼 수 없었음
>
> ③ 따라서 미·소 양군이 한국으로부터 동시에 철수함
>
> ④ 이로써 한국 사람들이 스스로 한국 문제를 해결하도록 해야 하며, 유엔 한국임시위원단의 설립은 한국 인민의 자주권 행사와 상반되는 것임*

김구, 6개항 의견서에서 단독정부 반대로 입장 바꿔

이런 인식하에 소련은 유엔 감시하 전국 총선거를 배척했으며, 1948년 1월 22일 유엔 한국임시위원단의 38선 이북의 소련 점령군 사령부 입경 허가에 대한 거부의 뜻을 명확히 밝혔다. 결국 한반도 문

---

* 소련의 공식 입장은 Soviet Union and the Korean Question(London: Soviet News, 1950)에 명시되어 있다.

제의 유엔 이관이 남북 간의 협상을 통한 통일 임시정부 수립 방안이 될 것이라는 기대와는 달리 유엔 한국임시위원단의 북한 입경이 거부되면서 유엔 감시하 전국 총선거는 불가능해졌다.

이 소식은 1948년 1월 25일 남한에 전달되었고, 남한의 여론은 남한에서만이라도 선거를 실시하자는 주장, 곧 '가능 지역 총선거론'과, 그 선거는 남북분단을 고정화시키게 되므로 반대해야 하며 남북협상을 통해 남북에서 총선거를 실시해야 한다는 주장, 곧 '통일정부 수립론'으로 양분되었다.* 1월 26일 이승만은 '5개항 의견서'를 통해 가능 지역 총선거론을, 김구는 '6개항 의견서'를 통해 남북협상을 통한 남북 총선거론을 각각 유엔 한국임시위원단에 전달했다.

김구가 제시한 6개항 의견서의 내용은 다음과 같다.

① 신속한 총선거에 의한 통일된 완전 자주적 정부를 수립할 것

② 총선거는 인민의 절대 자유의사에 의해 실시할 것

③ 북한에서 소련이 입경을 거절하였다는 구실로써 유엔이 그 임무를 태만히 해서는 안 된다는 것, 통일적 한국 정부 수립을 포기하면 한국을 분할하는 책임을 미·소로부터 유엔이 인계하게 될 것이라는 것

④ 현재 남북한에 구금 체포되어 있는 모든 정치범을 석방할 것

⑤ 미·소 양군은 한국에서 즉시 철퇴하되 소위 진공 상태로 인한 기간의 치안 책임은 유엔에서 부담할 것

---

* 〈동아일보〉, 1948년 1월 27일.

⑥ 한국 문제를 결국 한인이 해결하기 위해 남북지도자회의를 소집할 것

여기에서 주목할 만한 사실은 김구의 입장이 1947년 11월 30일과 12월 1일의 담화에는 사실상 남한 단독정부 수립론이라고 해석될 수 있는 발언들이 포함되었던 것에 비해 1948년 1월 사이에 크게 전환했다는 것이다.* 유엔의 한반도 문제 결의에 대한 김구의 입장은 1947년 11월 유엔 총회에서 결의된 '유엔 감시하 전국 총선거'는 지지하지만, 1948년 2월 유엔 소총회에서 결의된 '가능 지역 선거'는 반대하는 "양면적인 것"이었다.** 이러한 인식에서 김구는 '전국 총선거'를 지지하는 유엔 한국임시위원단의 일부 인사와 연계하여 김규식과 더불어 남북협상을 추진했고, 이어서 유엔 소총회에서 '가능 지역 선거'가 결의되자 이에 동조한 유엔 한국임시위원단의 인도, 중국, 필리핀 대표 등을 격렬하게 비판하게 되었다. 김규식 역시 1948년 1월 초 유엔 한국임시위원단의 입국 때까지만 해도 유엔 감시하 남북 총선거 실시를 위한 한국임시위원단의 방문을 환영하고 협조를 약속했지만, 소련의 입경 거부로 남한만의 단독선거로 방향이 전환되자 미·소군 철수 후 남북 총선 실시로 입장을 바꾸었다.

이런 가운데 유엔 한국임시위원단은 2월 4일 메논K. P. S. Menon을

* 서중석, 《한국 현대 민족운동 연구: 해방 후 민족국가 건설 운동과 통일전선》(서울: 역사비평사, 1991), p.545.

** 도진순, '1948~49년 김구 평화통일론의 내면과 외연', 〈정신문화연구〉 제27권 제4호(2004), p.99.

의장으로 선출하고 앞으로의 방향을 논의하기 시작했다. 한편 남한 지도자들도 각자의 의견을 메논에게 전달했는데, 남조선과도정부는 2월 6일, 남한만의 총선거 실시가 수용되어야 한다는 결론을 되풀이했고, 김구와 김규식은 2월 9일 공동명의로 작성한 서한에서 남북지도자회담 소집에 협력해줄 것을 요청했으며, 한국민주당은 같은 날 남한만의 총선거 실시를 요청했다.

1948년 2월 19일, 메논 의장은 유엔 소총회에 한반도 문제 해결을 위한 네 가지 방안을 제시했다. 첫째, 남한에서 선거를 실시해 정부를 수립하는 안, 둘째, 제한된 목적을 위해, 곧 협의 대상이 될 수 있는 인민 대표들을 선출하기 위해 선거를 실시하는 안, 셋째, 남북지도자회의를 개최하자는 안을 연구하는 안, 넷째, 임시위원단의 업무 수행이 불가능한 것을 인정해 모든 문제를 총회가 처리하는 안 등이었다.

결국 1948년 2월 26일 유엔은 소총회에서 한반도 가능 지역에서만 선거 실시를 주장하는 미국의 결의안을 31대2(기권11)로 통과시켰다. 미국의 결의안 통과로 남한에서의 단독선거에 대한 국제적 동의가 성립된 셈이었고, 미군정은 "5월 10일 안에 언론, 출판, 집회, 결사 등의 자유를 비롯한 민주주의적 권리가 보장된 선거를 선거가 가능한 지역 안에서 실시하겠다"라는 유엔 한국임시위원단의 권고를 받아들여 1948년 5월 남한에서 총선거를 실시하기로 결정했다.* 이렇게 유엔에서 5월 10일 남한만의 총선거가 결정됨으로써 분단 정권 수립 가능

---

* 선거 날짜는 처음에는 5월 9일로 정해졌다가 5월 9일에는 일식이 있을 뿐만 아니라 일요일이라는 이유로 5월 10일로 바뀌었다.

성이 한층 높아지는 결과로 이어졌다.

이승만, 남한 단독정부 수립을 공개적으로 요구

앞에서 살펴보았듯이 미국은 모스크바 3상회의 결정에 따른 조선민주임시정부 수립을 촉구하는 차원에서 좌우합작운동을 공식적으로 지원했지만 다른 한편으로는 제1차 미소공동위원회가 무위로 돌아간 이후부터 단독정부 수립운동을 사실상 묵인하는 방법으로 반소반공 단독정부 수립을 지원했다. 미국의 제2차 미소공동위원회 제안서에 표현된 바와 같은 "미소공동위원회가 다시 열리지 않으면 미국은 남한에 단독정부의 수립을 추진해야 한다"라는 미국 정부 정책의 흐름을 이승만은 잘 파악하고 있었다. 미소공동위원회 재개를 위한 좌우합작이 진행 중에 있던 1946년 5월 11일 이승만은 "남조선 단독정부 수립설에 대하여서는 나도 여러 가지로 생각하고 있는 바이다. 내가 그런 의사를 주창하려는 것은 아니다. 미소공위가 무기 휴회된 오늘에 있어 그런 의사를 가지게 되는 것은 무리는 아니다"라고 발언한 데 이어, 이튿날에는 독립전취국민대회를 개최했다. 이후 이승만은 발언의 파문이 확대되자 "2주일 내로 미소공동위원회를 속개한다고 하니 단독정부가 설 수 없다"라면서 조건부로 부인하기도 했다.*

그러나 얼마 지나지 않아 5월 24일 굿펠로우P. Goodfellow가 기자회견에서 "미소공동위원회가 재개되지 않을 경우 미국은 남한 단독정부

* 〈중외신보〉, 1946년 5월 14일.

의 구성을 추진해야 하며, 선거가 실시된다면 민주주의가 90퍼센트, 공산주의는 10퍼센트를 차지한다"라고 밝힌 데 이어 단독정부 수립 로비 활동을 전개하는 상황에 힘입어 이승만은 다시 한 번 남한 단독정부 수립을 공개적으로 요구하고 나섰다.

"이제 우리는 무기 휴회된 미소공동위원회가 재개될 기색도 보이지 않으며 통일정부를 고대하나 여의케 되지 않으니 우리는 남방만이라도 임시정부, 혹은 위원회 같은 것을 조직하여 38 이북에서 소련이 철퇴하도록 세계 공론에 호소하여야 될 것이니 여러분도 결심하여야 될 것이다"*라는 1946년 6월 3일 정읍 발언은 좌우합작이나 미·소의 타협은 불가능하며 따라서 남한에서만이라도 독립정부를 세워서 주권을 회복해야 문제를 해결할 수 있다는 이승만의 생각을 명확하게 드러내 주는 것이었다.

이승만은 다음날 전주에서도 남한 단정론을 연속 제기했다. 6월 4일 전주에서 이승만은 기자단과 다음과 같은 문답을 진행했다.

> 문: 어제 정읍에서 연설한 가운데 남조선만의 정부 운운의 말이 있었는데 그것은 남조선 단독정부 수립을 의미하는 것인가?
>
> 답: 내 생각으로 말한 것인데 남방에서만이라도 무슨 조직이 있기를 일반 민중이 희망하고 있다.

* 〈서울신문〉, 1946년 6월 4일.

이후 기자들이 집요하게 질문을 던지자 다음날인 5일 익산에 도착한 이승만은 다음과 같이 말함으로써 논란을 잠재우려 했다.

> 미소공동위원회가 계속 토의할 희망이 보이지 아니하며 일반 민중이 초조해서 지금은 남조선만이라도 정부가 수립되기를 고대하며 혹은 선동하는 중이다. 나의 관찰로는 조만간 무엇이든지 될 것이니 아직 인내하고 기다려서 경거망동이 없기를 바란다.

그러나 이때까지만 해도 남한 단독정부 수립운동은 큰 호응을 얻지 못했다. 좌익은 물론이고 한국독립당과 비상국민회의, 중간파인 신한민족당·조선어학회, 재미한족연합회 등도 '조선은 하나'라며 반대를 명확히 했다.* 이승만의 지지 세력이 실시한 조사에서도 남한 단독정부에 대한 찬성 의사가 20퍼센트밖에 나오지 않았을 정도였다.** 이승만을 지지하고 나선 것은 한국민주당, 조선민주당, 여자국민당 등 아주 소수였으며, 이들은 남한 단독정부가 소련과 좌익의 직접적인 개입을 제거할 수 있기에 유리하다고 판단하고 있었다.

남한 단독정부 수립에 대한 국내의 호응이 높지 않았음에도 이승만 등은 1946년 6월부터 가능한 지역에서의 선거, 곧 남한만의 선거를 주장하고 나온 데 이어 1946년 12월에는 미국을 방문, 미국 정부 설득을 시도했다. 1946년 12월 7일 민족통일총본부를 주축으로 해서

* 〈현대일보〉, 1946년 6월 9일.

** 도진순,《한국 민족주의와 남북관계》, p.88.1

개최된 '외교사절 파견 국민대회'에서 이승만을 미국에 파견한다는 결의문이 채택되었다. 이렇게 해서 미국을 방문한 이승만은 자신의 방문 목적이, 첫째, 긴급한 한국 통일 문제를 유엔에서 토의하게 하며, 둘째, 미국 당국이 한국 정부의 수립을 승인하도록 원조를 청하는 것이라고 설명했다.*

1947년 1월 27일 이승만은 미국 국무부에 한반도 문제 해결을 위한 6개 항목의 안을 제안했다. 이 안에서 이승만은 "소련이 한반도에서 통일정부가 세워지는 것을 허용하지 않는 상황임을 고려해, 남북이 통일될 때까지 우선 남한에서 임시정부를 선출해 그 임시정부를 유엔에 가입시키고 그 임시정부로 하여금 직접 소련 정부와 미국 정부를 상대로 그들의 한반도 점령에 대해 협상하도록 허용하라"라고 요구했다. 또 "미·소 양군이 동시에 철수할 때까지 미군은 남한에 주둔해야 한다"라고 주장했다. 나아가 한국 경제를 복구하기 위해 일본의 배상에 대한 교섭에서 한국의 주장이 조속히 고려되어야 한다고 요구했다.**

이승만의 인식은 1947년 4월 미국 방문을 마치고 귀국한 후에도 그대로 이어져 남한만의 선거 필요성을 설득하는 광범위한 운동을 전개하게 된다.

---

* 정태영, 앞의 책, p.86.

** United States, Department of State, Foreign Relations of the United States (FRUS), 1947: The Far East, 80th Congress, 2nd Session (Washington D.C.: United States Government Printing Office, 1972), pp.604-605.

김구, 유엔 소총회의 단독선거 결정 비난

1947년 1월 들어 미국의 대한 정책에도 명확한 변화가 나타나기 시작했다. 하지 사령관은 1월 22일, "어떤 적극적인 행동이 2개월 이내에 전국적 수준에서 취해지지 않는다면, 미국은 한반도에서 자신의 임무를 완수할 기회를 잃게 될 것이며 (···) 그 결과 [남한에서] 폭력 발발의 위험성은 증대될 것"이라는 전보를 도쿄의 태평양지역연합군 최고사령관 맥아더를 통해 미국 국무부에 보냈고, 맥아더도 그의 의견에 공감했다. 그리하여 그는 국무부에 한국 문제의 유엔 상정, 미국과 소련 이외의 나라를 포함하는 위원회의 구성, 미국·소련·영국·중국 등 4개국 회담의 개최, 정부 수준에서의 미국과 소련의 회담 등을 대안으로 건의했다.*

미국 국무장관 마샬 역시 한국에서 적극적인 행동을 취할 필요성에 동의하고 1월 29일 남한에 "한정된 정부definite government"를 조직해 남한 경제를 일본에 연결시키는 계획안을 만들 것을 극동국장 존 카터 빈센트John Carter Vincent에게 지시했다. 이러한 맥락에서, 미국 국무부와 국방부는 한반도에 대한 정책을 재검토하기 위해 '코리아에 관한 부처간특별위원회Special Inter-Departmental Committee on Korea'를 2월 7일 발족시켰다.

2월 25일 부처간특별위원회는 〈코리아에 관한 보고 초안〉을 작성해 국무부 장관에게 보고했다. 남한에 대해 "공세적이며 적극적인 계

---

* Sang-In Jun, "State-Making in South Korea, 1945-48: U.S. Occupation and Korean Development" unpub. Ph. D. diss., Providence, R.I.: Brown University, 1987, p.253

획," 예컨대 남한에 대한 원조와 남한 단독 임시 과도정부 수립을 권고한다는 내용과 소련과 정부 차원의 협상 개시를 권유하는 내용이었다.

하지 사령관 역시 정무협의를 위해 미국에 다녀오면서, 1947년 4월 5일 발표한 귀임 담화문을 통해 "만약 미국측이 소련측 협조를 얻지 못한다면 미국측은 단독적으로 책임을 수행해야 할 것"이라면서 단독정부 수립에 나설 뜻을 분명히 밝혔다. 이틀 뒤인 4월 27일 이승만도 귀국환영대회에서 이렇게 단언했다.

> 나는 좌우합작의 성공을 믿지 않았다. 미국 정책의 전환에 따라 우리가 미군정과 합작해서 우리 문제를 해결할 수 있게 되었으니 이제 우리는 대한민국 임시정부의 법통을 고집할 필요가 없으며 이 문제는 보류해 두어야 할 것이다. 그리고 김규식 박사도 이제는 합작을 단념하고 나와 같이 보조를 취할 것을 결정했다.

이런 가운데 제2차 미소공동위원회가 결렬되고 1947년 11월 14일 유엔 총회에서 유엔 한국임시위원단 설치와 유엔 감시하 한반도 총선거가 결정되는 것을 계기로 이승만을 중심으로 한국민주당, 대한독립촉성국민회 등은 남한만의 단독정부 수립을 위한 총선거를 더욱 강력하게 주장하고 나왔다.

반면 김구와 김규식, 그리고 중간파는 1948년 2월 26일 유엔 소총회에서 유엔 위원단의 감시활동이 가능한 지역, 즉 남한에서의 총선 실시를 결의하기 전부터 단독 선거를 반대하면서 남북협상운동을 추진했다. 기본적으로 통일독립국가 건설이라는 과제를 미소공동위원회도 유엔도 이행하지 못한 지금, 민족이 주체가 되어, 즉 남북협상을 통해 수행해야 한다는 주장이었다.*

그러나 중간파의 요구와는 달리 1948년 2월 26일 유엔 소총회에서 유엔 한국임시위원단이 가능한 지역만이라도 그 임무를 수행하도록 한다는 결의안이 31대2로 가결되었다. 김구는 다음날인 2월 27일 이러한 결정을 비난하는 성명을 발표했다.

김구는 남한만의 총선거는 "유엔의 입을 빌려서 1국 신탁을 실시하려는 기도이며, 미·소 양국이 임의로 획정한 38선을 국제적으로 합법화하려는 기도이며, 우리의 국토를 양단시킴으로써 민족을 분열시켜 동족상잔의 비극을 초래하는 것밖에 아무것도 아니"라고 지적했다.**

---

* 김기승, 앞의 글, pp.80-81.

** 백범김구선생전집편찬위원회 편, 《백범 김구 전집 8》(대한매일신보사, 1999), p.596.

5

마침내 남북협상의 길로

높아지는 '남한 단독선거' 위기

한반도 문제의 유엔 이관에서부터 유엔 소총회에서 남한만의 단독선거가 결정되기까지의 과정에서 중간파는 남북 총선거를 통한 통일정부 수립과 이를 실현하기 위한 하나의 방편으로 남북협상을 추진한다는 구상을 중심으로 결집하기 시작했다.

남북협상은 중도파가 처음 제시한 것이며, 1946년 12월 초부터 건민회, 신진당 등 중도파 정당·단체가 남북합작, 혹은 남북협상을 주장하기 시작했다는 평가가 지배적이다. 이어서 사회민주당이 1947년 3월 자율적 통일 노력을 위해 남북지도자연석회담을 개최할 것을 제의하면서 남북협상을 더 구체화했고, 제2차 미소공동위원회 개최에 즈음해서는 근로인민당준비위원회, 천도교청우당 등이 남북협상을 제의했으며 좌우합작위원회도 미소공동위의 성공을 위해 남북지도자회의를 제의했다.

이러한 중도 진영의 남북협상 제의는 제2차 미소공동위원회 활동이 본격화되면서 다소 잠잠해졌다가 미국이 한반도 문제를 유엔에 상정하고 소련이 이에 반발하던 시기에 다시 집중적으로 부상했다. 1947년 9월 하순부터 민주한국독립당, 사민당, 민족자주연맹 결성준비위원회 등이 남북협상을 제의했고, 근로인민당은 10월 5일 중앙위원회를 개최하여 "미·소 양군이 조속히 동시 철퇴하고 조선 민족의 자주자결적 권리를 승인하는 동시에 정권을 조선 인민에게 이양하여 주기를 주장한다"라고 천명했다. 이어서 10월 16일에는 한국독립당 중앙집행위원회에서 '남북대표회의'를 조직하여 38선의 타개(미·소 양군 철퇴), 남북 통일선거의 절차 및 집행, 중앙정부 조직 등의 문제를 처리할 것을 결의했다.

이렇게 개별적으로 남북협상을 제의했던 한국독립당 내 중도파와 근로인민당, 민주독립당 등은 11월 4일 미·소 양군의 즉시 철수와 남북대표회의의 구성을 촉구하면서 남북대표회의 구성 준비를 위해 '각정당협의회'를 결성하기로 합의했다. 11월 18일에는 유엔 감시하 남북한 총선거 결의를 우리 민족의 자주권을 무시하고 남북 분열을 초래하게 될 잘못된 것으로 비판하면서 미·소 양군의 조속 철수와 남북정당대표회의 구성을 촉구하는 성명을 발표했다.

이어서 1947년 11월 하순에는 민족자주연맹도 남북협상 제의에 동참했다. 12월 15일 좌우합작위원회가 해체되고 12월 20일 결성식을 가진 민족자주연맹은 독점자본주의사회와 무산계급사회도 배격하고,

남북 통일 중앙정부의 조속 수립을 위하여 남북정치단체 대표자회의를 개최할 것을 요구했다.

1948년 1월 하순부터는 김구도 명시적으로 남북협상 주장에 합세했다. 김구는 1948년 1월 26일 유엔 한국임시위원단과의 면담에서 미·소 양군 철수 후 남북요인회담을 통해 선거 준비를 하고 통일정부 수립을 위한 총선거를 실시해야 한다고 주장했다. 김규식도 바로 다음 날인 1월 27일 유엔 한국임시위원단을 만나 남북요인회담을 주선해 줄 것과 미·소군의 철수는 철수 후 혼란이 발생하지 않도록 준비를 한 후 실시할 것을 요청했다.* 김규식은 이때 이렇게 주장했다.

"조선은 역사적으로 남북이 분할된 일이 없었다. 그러므로 나는 단정이란 말은 모른다. 세계 어느 나라든지 중앙정부는 있으나 단정이 정부 행세하는 일이 없다. 38선은 미·소 양국 간에서 만든 것이며 한인이 만든 것은 아니다. 그러므로 이 38선 경계선은 결자해지로 만든 자가 제거시켜야 할 것이다."

이처럼 1948년 2월 초순 들어 유엔 한국임시위원단의 북한 입경이 불가능해지고 남한에서만 선거를 실시할 가능성이 높아지면서 중간파를 중심으로 남북협상 추진을 위한 공개적·집단적 움직임이 나타나기 시작했다.

그러나 2월 16일 북에 남북협상을 요청하는 서한을 보내고도 김구와 김규식은 유엔 소총회가 열리기 전에 북에서 회신이 오기를 고대하

---

* 〈조선일보〉, 1948년 1월 28일.

는 동시에 유엔 소총회에 대한 기대도 버리지 않고 있었다. 북에서 남북협상에 합의할 경우 유엔 소총회에서도 유엔 총회 결의와 달리 남한만의 단독선거를 결의하기는 어려울 것이라는 기대를 했던 것이다.* 하지만 두 사람의 기대와는 달리 북에서는 어떤 반응도 오지 않았고 2월 26일 유엔 소총회는 남한만의 단독선거안을 통과시켰다.

김구 등 7거두, 단독선거 결정에 강력 반발

유엔 소총회 결의에 반발하여 남북협상 목소리는 더욱 강력해졌다. 홍명희는 다음과 같이 말하며 적극적으로 남북협상을 주장했다.

"원래 우리 민족을 오늘과 같은 극렬적 분열로 인도한 것은 미·소 두 나라요, 국토를 분단한 것도 물론 이 두 나라가 저지른 일일 뿐이고, 우리 민족 자체로 말하면 사상적 대립이 있단들 오늘과 같은 상태로 발전하지는 않았을 것이 분명한 일이며, 더구나 국토의 분단 같은 것은 생각조차 할 수 없는 일입니다. 우리 민족이 열렬히 바라고 있는 것은 다만 통일된 독립뿐입니다. 그러므로 진정한 민족적 총의는 통일정부 수립에 있는 것입니다."**

1948년 3월 12일 이른바 '통일 독립 달성을 위한 7거두 성명'이 발표된다. 김구, 김규식, 조소앙, 홍명희, 김창숙, 조완구, 조성환의 7인은 이 성명에서 다음과 같이 주장하고 있다.

---

* 서중석, '남북협상과 백범의 민족통일 노선', 백범학술원, 〈백범과 민족운동 연구〉 제3집(2005), p.148.

** 홍명희, '통일이냐 분열이냐', 〈개벽〉 1948년 3월호, p.9.

통일과 독립은 우리 전 민족의 갈망하는 바다. 그러므로 우리 문제를 우리 민족에게 자결(自決)하라 하면 통일 독립 이외에 다른 말을 감히 입밖에 낼 자가 없으련만 우리 문제가 세계 문제의 일소환(一小環)으로 국제적 연관성을 가졌고 현 세계의 양대 세력인 미·소 양국의 분할 점령한 바가 되었고, 또 미·소 양국이 문제해결의 일치점을 얻지 못한 까닭으로 남에서는 가능한 지역의 총선거로 중앙정부를 수립하려 하고, 북에서는 인민공화국 헌법을 제정 선포한다 하야 남북이 분열 각립(各立)할 계획을 공공연하게 떠들게 되고 목하 정세는 실현 일보 전에까지 이르게 되었다. 미·소 양국의 군사적 필요로 일시 설정한 소위 38선을 국경선으로 고정시키고 양 정부 또는 양 국가를 형성케 되면 남북의 우리 형제자매가 미·소 전쟁의 전초(前哨)를 개시하야 총검으로 서로 대할 것이 명백한 일이다. 우리의 민족의 참화(慘禍)가 이에서 더할 것이 없다. (…) 반쪽이나마 먼저 독립하고 그다음에 반쪽마저 통일한다는 말은 일리가 있는 듯하되 실상은 반쪽 독립과 나머지 반쪽 통일의 가능성이 없고 오직 동족상잔의 참화를 격성(激盛)할 뿐일 것이다. (…) 우리 문제를 미소공위도 해결 못 했고 국제연합도 해결 못 할 모양이니, 이제는 우리 민족으로 자결하는 길밖에 없을 것이다.*

서재필도 남한 총선 반대, 선거 불참 성명을 발표했고, 중도파는 유엔 소총회의 결의 이후 "미군이 주둔하고 있는 한 자유로운 선거 분위

* 〈새한민보〉, 1948. 4월 초순호, p.9; 〈동아일보〉 1948. 4. 13.

기 조성이 불가능하다", "단선단정 하면 동족상잔 전쟁 일어난다", "선거 후 미국은 고등판무관을 두어 한국을 통치할 계획이다", "선거는 미군 주둔을 연장하기 위한 술책이다"라는 등 민중의 선거 불참을 유도하는 선전에 나섰다.

4김(김구, 김규식, 김일성, 김두봉)의 남북협상 관련 접촉이 이루어진 1948년 3월 중순 이후에는 남북협상을 지지하는 세력의 통일전선 결성이 추진되었다. 민족자주연맹과 한국독립당이 남북협상과 남한 정부수립 반대, 저지 투쟁을 효과적으로 전개하기 위해 구성한 통일독립운동자협의회가 3월 26일 발기회를 거쳐 4월 3일 정식으로 결성대회가 열렸다. 여기에는 민족자주연맹과 각정당협의회에 참여한 중도 진영 정당·단체 및 한국독립당을 따르는 우익 이탈 단체 등 총 100여 개의 정당·단체가 참여했다. 3월 26일 홍명희, 김붕준, 엄항섭, 유림, 여운홍 등 5인의 공동명의로 발표된 발기취지서는 "반쪽이라도 독립하는 것이 좋다"라는 단독정부 진영에 맞서 "통일 없이 독립 없다"라는 논리를 강조했다.

통일독립운동자협의회는 4월 3일 결성과 함께 다음 3개조의 강령을 채택했다.

① 통일 독립 운동자의 총역량 집결을 기함
② 민족 문제의 자주적 해결을 도(導)함
③ 민족 강토의 일체 분열 공작을 방지함*

이날 결성대회에서 김규식은 이렇게 호소했다.

"우리는 오늘날까지 남에서는 미국에, 북에서는 소련에 의뢰하고 독립을 기대해 왔으나 미소공위와 유엔에서 독립이 되었던가? 남북회담의 첫 결과가 좋거나 나쁘거나 우리 일은 우리의 손으로 한다고 하였으니, 흥해도 우리 손으로 흥하고 망해도 우리 손으로 망할 것이다. 이제는 막다른 골목이니 한번 해서 안 되면 열번이고 백번이고 계속하여 생명 있을 때까지 성공할 때까지 하고야 말 것이며, 할 수밖에 없다."**

김구 역시 "우리의 힘으로 우리의 독립을 전취하지 않으면 안 된다"라고 강조했다. 또한 이 결성대회에서는 유엔 한국임시위원단의 존재는 "우리 조국의 분열 공작을 가강(加强)하는 것"이므로 유엔 한국임시위원단을 소환하고 "우리 문제는 민족자결원칙에 의하여 우리에게 맡기라"는 주장을 담은 항의문과 남북협상 추진 결의문이 채택되었다.

김구, 남북협상에 긍정적인 입장으로 선회

사실 김구는 1947년 12월 중순까지만 하더라도 남북협상에 다소 부정적인 태도를 가지고 있었다. 1947년 10월 각정당협의회가 미·소군 조기 철수와 남북협상을 촉구하는 첫 번째 성명을 발표한 직후 김구의 한국독립당은 집행위원회에서 한국독립당의 각정당협의회 참여를 보류하는 결정을 내렸다. 김구는 자신은 각정당협의회와 무관하며 각정당협의회의 구성은 시기상조라는 내용의 성명을 발표하기도 했

---

* 〈서울신문〉·〈조선일보〉, 1948년 4월 4일.

** 〈경향신문〉·〈조선일보〉, 1948년 4월 6일.

다. 심지어는 1947년 12월 1일에 자신의 정부수립 노선과 이승만의 정부수립 노선이 일치한다는 성명을 발표함으로써 이승만을 옹호하기도 했다.

김구가 남북협상 쪽으로 입장을 선회하기 시작한 것은 1947년 12월 하순부터다. 여기에는 1947년 12월 2일 발생한 장덕수 암살 사건으로 인한 한국민주당과 한국독립당의 갈등, 한국독립당 내에서 분단을 막아야 한다는 목소리가 높아진 분위기 등도 작용했던 것으로 분석된다.

한국민주당 총무 장덕수는 1947년 12월 2일 자택에서 저격을 받아 암살되었다. 그런데 이 사건을 수사한 수도청에서는 임시정부환국환영위원회를 조직했던 김석황을 1948년 1월 장덕수 암살 협의자로 체포하는 등 장덕수 암살 배후에 한국독립당이 있는 것처럼 수사하더니 1948년 3월 12일과 15일에는 김구를 증인으로 미군정 군사법정에 세우기까지 했다. 김구는 "국제 예의 때문에 증인으로 출석한 자신을 검사가 죄인으로 몰아가려" 했던 데 매우 불쾌하게 여겨 3월 15일에는 법정에 나가 답변을 거부했으며, 재판장을 질타하기도 했다.*

어쨌든 1947년 12월을 계기로 남북협상 지지로 급선회한 김구는 1947년 12월 22일 성탄절을 맞아 발표한 성명에서 단독선거를 통한 단독정부 수립은 국토를 양분하는 비극이라며 강하게 반대했다.** 남북협상을 촉구하는 김구의 심정을 가장 절절하게 드러내주는 글은 음력

* 선우진, 앞의 책, p.106.

** 1947년 12월 22일 발표한 성명(선우진, 위의 책, p.91에서 재인용).

설인 1948년 2월 10일에 나온 '삼천만 동포에게 읍고함'이라는 성명이다.

(…) 통일하면 살고 분열하면 죽는 것은 고금의 철칙이니 자기의 생명을 연장하기 위하여 조국의 분열을 연장시키는 것은 전 민족을 사갱(死坑)에 넣는 극악극흉의 위험한 일이다. 이와 같은 위기에 있어서 우리는 우리의 최고 유일의 이념을 재검토하여 국내외에 인식시킬 필요가 있는 것이다. 내가 유엔위원단에 제출한 의견서는 이 필요에서 작성된 것이다. 우리는 첫째로, 자주독립의 통일정부를 수립할 것이며 이것을 완성하기 위하여 먼저 남북 정치범을 동시 석방하며, 미·소 양군을 철퇴시키며, 남북 지도자 회의를 소집할 것이니, 이 철과 같은 원칙은 우리의 목적을 관철할 때까지 변하지 못할 것이다. 내가 불초하나 일생을 독립운동에 희생하였다. 나의 연령이 이제 칠십유삼인바 나에게 남은 것은 금일금일 하는 여생이 있을 뿐이다. 이제 새삼스럽게 재화를 탐내며 명예를 탐낼 것이랴! 더구나 외국 군정하에 있는 정권을 탐낼 것이랴! 내가 대한민국 임시정부를 주지하는 것도 한국독립당을 주지하는 것도 일체가 다 조국의 독립과 민족의 해방을 위하는 것뿐이다. 그러므로 내가 국가 민족의 이익을 위하여는 일신이나 일당의 이익에 구애되지 아니할 것이요 오직 전 민족의 단결을 달성하기 위하여는 삼천만 동포와 공동 분투할 것이다. 이것을 위하여는 누가 나를 모욕하였다 하여 염두에 두지 아니할 것이다. (…) 현시에 있어서 나의 유일한 염원은 삼천만 동포와 손목 잡고 통일된 조국, 독립된 조국의 건설을 위하여 공동 분투하는 것뿐이다. 이 육신을 조국이

> 수요한다면 당장에라도 제단에 바치겠다. 나는 통일된 조국을 건설하려다가 삼팔선을 베고 쓰러질지언정 일신에 구차한 안일을 취하여 단독정부를 세우는 데는 협력하지 아니하겠다. 나는 내 생전에 38 이북에 가고 싶다. 그쪽 동포들도 제 집을 찾아가는 것을 보고서 죽고 싶다.*

1948년 1월 26일과 27일, 김구와 김규식은 연속으로 유엔 한국임시위원단을 찾아 남북협상을 촉구했다. 이때는 소련에 의해 유엔 한국임시위원단의 입북이 거부되기는 했지만 유엔에서 아직 남한만의 단독선거가 분명하게 결정되지는 않았던 시점으로, 김구와 김규식은 남북협상을 통해 남한의 단선단정을 저지하는 한편 이를 통해 통일 정부를 수립하는 것을 목적으로 유엔에서 남한 단독선거 조치가 아닌 다른 조치를 취해 주기를 바랐다. 그러한 바람으로 유엔 한국임시위원단에 남북요인회담을 요청하는 공동의 시도를 취하게 된 것이었다.**

이때 김구가 남북협상을 촉구하면서 제시한 이유는, 첫째, 소련군 점령하의 북한에서 민주적 선거가 실시될 수 없으며 남한에서도 미군 점령하에 선거가 실시되면 민주적 선거가 실시될 수 없고 모 1개 정당이 선거를 전단할 것이며, 둘째, 한국인 스스로가 한국 문제 해결에 관한 공통되는 안을 작성하지 못한다면 유엔의 협조도 무효가 될 것이라는 점이었다.*** 김규식이 제시한 이유는 남한에 단독정부가 수립되면

---

* 〈조선일보〉, 1948년 2월 11일; 〈한보〉 1948년 2월; 엄항섭 편,《김구 주석 최근 언론집》.

** 정해구, 앞의 논문, p.133.

*** 〈서울신문〉, 1948년 1월 29일.

한국의 북반은 영원히 타국의 위성국이나 연방으로 만들게 되고 이 결과가 다시 남한까지 위성국가 내지 연방화될 것이라는 우려였다.

남북협상을 주장하는 김구와 김규식에게 유엔 한국임시위원단은 구체적 계획 제출을 요청했다. 김구와 김규식은 2월 6일 유엔 한국임시위원단을 방문, 메논 의장, 후스쩌(湖世澤) 사무총장, 잭슨 제2분과위원장 등에게 남북회담에 관한 구체적 계획서를 제출하면서 유엔 소총회에 남북요인회담을 정식으로 제안해줄 것을 건의했다. 계획서의 주요 내용은 남북정치협상회의는 남북에서 각기 선출한 대표로 구성하고, 남북에서 각기 남북협상에 찬동하는 정당들의 회의를 소집하고 그 회의에서 남북정치협상회의에 출석할 대표의 인수를 결정하고 대표를 선출하며, 남북정치협상회의에 출석하는 대표들의 행동 자유, 신변 안전 보장은 양 주둔군과 소관 치안당국이 책임지고, 본 계획을 실천하기 위해 양 주둔군은 남북 정치범 석방, 남북 정치 지도자에 대한 체포령 취소, 언론, 집회, 결사의 자유 보장, 양군의 철퇴 조건 및 기일 협정의 합의 등을 실천하는 것 등이었다.* 김구, 김규식이 제안한 남북회담에 유엔 한국임시위원단도 호의를 보였다. 실제로 메논 의장은 1월 21일 서울중앙방송을 통해 "조선은 단일체이며 결코 분단되어서는 안 될 나라"라고 역설하기도 했다.

---

* 〈자유신문〉, 1948년 2월 7일; 〈한성일보〉, 1948년 3월 23일.

"미국 대통령이 소환해서 출석했을 뿐"

김구, 장덕수 암살사건 증인으로 법정 발언

1947년 12월 2일 한국민주당 총무인 장덕수가 서울 제기동 자택인 청설장에서 권총 저격을 받고 살해되었다. 범인은 미군정청 경찰관이자 한국독립당 당원인 순경 박광옥 등 6명이었다.

장덕수는 1947년 5월부터 제2차 미소공동위원회 참가 여부를 놓고 김구와 대립했다. 그는 한국인의 견해를 당당히 표명하기 위해서 미소공동위원회와 협의해야 하다고 주장하는가 하면, 1947년 10월 제2차 미소공동위원회가 결렬되자 미소공동위원회에 대해 더는 기대할 것이 없다면서 단정 수립 지지로 선회했다. 또한 김구가 강력하게 추진한 한국독립당과 한국민주당의 합당을 반대함으로써 결국 우파 정당 통합에서 한국민주당이 빠지게 되었다. 반대 이유는 한국독립당과의 통합이 당을 통째로 임시정부에 갖다 바치는 꼴이라는 것이었다.

장덕수가 암살되자 장택상은 김구를 배후로 지목하고 체포하려 했지만 실행하지는 못했다. 하지만 김구는 1948년 3월 12일과 15일에 증인으로 미군정 군사법정에 섰

1948년 3월 15일 김구가 장덕수 암살사건의 증인으로 출석한 모습이다. 김구는 주범인 김석황(창문쪽에 서 있는 사람 중 가운데)을 알지 못한다고 말했다. 김구가 다리를 꼬고 앉아 있는 모습이 인상적이다.

다. 이때 이승만은 김구를 외면했고, 오히려 장덕수 암살사건으로 궁지에 몰린 김구 주도의 국민의회를 무시하면서 독자적인 노선을 취했다. 이 때문에 김구는 크게 분노했고, 이승만과 다른 길을 걷기 시작했다. 이로부터 김구가 진정한 민족주의자로 거듭났다고 평가되기도 한다.

1948년 3월 12일, 김구는 장덕수 암살사건의 증인으로 군사법정에 출석했다. 소환장을 보낸 사람은 재판장이 아니라 미합중국 대통령 트루먼이었다. 일개 살인사건에 미국 대통령 명의로 소환장을 발부한 것은 유례없는 일이었다. 법정 출석 하루 전에 김구는 자신이 이 사건과 무관함을 분명하게 밝혔다. 김구는 이 자리에서 미국 대통령이 소환했기 때문에 국제 예의를 존중하기 위해 참석했을 뿐이며, 장덕수 암살과는 아무 관련이 없다고 밝혔다. 또 김구는 이 자리에서 자신의 직업이 '독립운동'이라고 답한 일화가 있다.

3장

38선 위의 김구

1 민족 세력의 결집과 평양행

북도 독자적 정권수립 움직임 보여

1948년 들어서면서 유엔이 남한만의 단독선거를 통한 단독정부 수립으로 방향을 잡을 가능성이 가시화되기 시작했다. 이러한 분위기 속에서 분단정부 수립을 막고 통일국가를 이루기 위한 방안의 하나로서 남북협상의 구체적인 준비가 시작되었다. 1948년 2월 4일 민족자주연맹은 정치위원회와 상무집행위원회 연석회의를 개최하고 남북요인회담 개최를 제안하는 서한을 김일성과 김두봉에게 보내기로 결정했다. 위원장 김규식의 주재로 열린 이 회의에는 홍명희, 원세훈, 윤기섭, 김성규, 안재홍, 김붕준, 최동오, 여운홍, 유석현, 박건웅, 신기언, 신숙, 배성룡, 강순, 송남헌 등이 참석했다.

서한을 보내기로 결정된 직후 김규식은 김구와 만나 두 사람 공동명의로 서한을 보내는 것에 합의했다. 이들은 서한 발송 계획에 대해 유엔 한국임시위원단 의장 메논과 이승만에게도 알렸다. 특히 이승만에게는 2월 초 류어만(劉馭萬)이 마련한 만찬 자리에서 김규식은 이렇게 말했다.

"이러이러한 취지로 김일성과 상의하고 오겠습니다. 형님은 찬성도 반대도 하지 말아 주십시오. 찬성도 반대도 모두 부작용이 일어나리라 봅니다."

그러자 이승만은 찬성도 반대도 하지 않겠다고 약속했다고 한다.*

1948년 2월 16일 김구와 김규식은 공동명의로 북한의 김일성과 김두봉에게 '남북 정치 지도자 간의 정치협상을 통하여 통일정부 수립과 새로운 민주정부 건설에 관한 방안을 토의하자'라는 내용의 서한을 비밀리에 보냈다. 이 서신은 만약을 위해 서로 다른 두 통로를 통해 발송되었다. 한 부는 캐나다 대표를 통한 외교 루트를 통해, 다른 한 부는 서울 주재 소련군 대표부를 통해 발송되었다.** 김구와 김규식이 김일성에게 보낸 서한의 주요 내용은 다음과 같다.

① 우리 민족의 생존과 멸망을 결정하며 국토의 영원 분열과 완전 통일을 판가름하는 최후의 순간에 민족 국가의 자유독립을 위하여 45년간 분주치력(奔走致力)한 애국적 양심은 수수방관은 허하지 않는다는 것

② 아무리 외세의 제약을 받고 있는 우리의 현실일지라도 우리의 일은 우리가 해야 할 것이라는 것

---

* 조규하·이경문·강성재,《남북의 대화》 수정증보판(서울: 고려원, 1987), p.349.

** 정해구, 앞의 논문, p.134.

③ 남북의 정치 지도자가 정치협상을 통하여 통일정부 수립과 새로운 민족국가의 건설에 관한 방안을 토의하자는 것

④ 북쪽에 있는 여러 지도자들도 동일한 의향을 가질 줄 믿는 데서 우선 남쪽에 있어서 남북 정치협상을 찬성하는 애국정당 대표회의를 소집하여 대표를 선출하려 한다는 것*

한편 김구는 별도로 김두봉에게 서신을 보내 유엔위원단의 활동이 효과를 거둘 희망이 보이지 않는 상태에서 "자연에 맡기고 약속된 독립을 포기하겠습니까?" "남이 일시적으로 분할해 놓은 조국을 우리가 우리의 관념이나 행동으로 영원히 분할해 놓을 필요야 있겠습니까" "우리가 우리의 몸을 반쪽에 낼지언정 허리가 끊어진 조국이야 어찌 차마 더 보겠나이까"라면서 남북지도자회담 요청에 회신을 호소했다.

그러나 서한을 발송한 바로 다음 날 김규식은 미군정을 통해 북한에서 이미 헌법 초안을 만든 사실을 알고 크게 실망했다. 그는 '남북회담 프로젝트'에 희망이 없다고까지 선언하고, "미국이 강력한 의지를 가지고 남한 정부에 경제 원조, 군사적 보호, 군사적 무장을 제공하고, 미국이 남한 정부를 지원하는 데 있어서 진지하다면 자신은 유보조항 없이 그 정부를 지지할 것"이지만 미국이 그러한 의지가 박약하다면 관여하지 않겠다고 말했다고 한다.

한편 북한은 총력을 기울였던 미소공동위원회가 합의에 이르지 못

---

* 〈조선일보〉·〈서울신문〉·〈경향신문〉, 1948년 4월 1일; 〈새한민보〉, 1948년 4월 하순호, p.10.

하고 결렬된 데다가 미국에 의해 한반도 문제가 유엔으로 이관되고 유엔에서 유엔 감시하 남북 총선거와 유엔 한국임시위원단 설치 결의안이 가결된 1947년 가을부터 북한만의 독자적 정권 수립을 가시화시키고 있었다. 미국이 유엔을 통한 남한만의 정부수립 절차에 들어가는 것과 함께 북한 역시 정부수립 절차를 밟기 시작한 것이다.*

유엔 총회에서 한반도 문제에 대한 결의가 나온 지 얼마 안 된 1947년 11월 16~17일에 열린 조선로동당 중앙위 10차 전원회의에서 북한은 "단선단정 반대와 자주 독립·통일 정부 수립"이라는 정치노선을 실천함에 있어, 첫째, 임시 통일 헌법을 제정·공포하는 것, 둘째, 유엔의 결의와 활동을 분쇄, 셋째, 통일 정부를 수립하기 위한 구체적인 조치를 마련하고 실천한다는 세 개 사업을 확정했다. 11월 18~19일에 열린 북조선인민회의에서 임시헌법제정위원회 조직이 결의되었고** 1948년 2월 6일에는 북조선인민회의에서 '조선림시헌법초안'을 전 인민의 토의에 부칠 것을 결정했으며, 2월 8일에는 조선인민군 창설을 공식화했고, 2월 9일에는 북조선로동당이 '조선림시헌법초안'에 기초해 '조선민주주의인민공화국' 수립을 재확인했다. 그리고 2월 10일 북조선인민회의는 조선림시헌법초안을 발표했다. 사실상 북한 정권 수립의 토대가 이미 마련되어 있었던 셈이다.

이렇게 정부수립을 위한 준비단계를 밟는 것과 동시에 1947년 11월

---

* 이신철, 《북한 민족주의운동 연구-1948~1961, 월북·납북인들과 통일운동》(서울: 역사비평사, 2008), p.59.

** 서중석, 《남북협상-김규식의 길, 김구의 길》, p.44.

3일 김일성이 남북조선의 민주 역량에 의거한 자주적 통일정부의 수립을 역설했듯 북한은 이른바 '남조선 민주세력'과의 연대와 규합 작업도 진행해 나갔다.

김일성, 김구를 통일전선 대상으로 고려하기 시작

해방 후 북한이 추진한 통일정책의 기조는 이른바 '민주기지론'에 입각해 있었다. 북한의 정의에 따르면 민주기지란 "혁명이 진행 중인 나라에 있어서 다른 지역보다 먼저 혁명에 성공하고 혁명 정권이 수립되어 민주개혁이 이루어지고, 장차 전국적 범위에서 혁명의 과제를 수행할 수 있기 위한 근거지가 되는 지역"을 말한다. 즉 한반도에 있어서 "전국적 범위의 반제 반봉건 민주혁명을 수행하기 위한 민주기지"는 곧 "공화국 북반부"를 의미하는 것이었다.

이 민주기지론에 따라 북의 대남전략, 또는 남북관계는 크게 3단계로 나눌 수 있는데 1단계는 1945년 후반기로 조선공산당의 당적 차원이 중심이었고, 2단계는 1946년부터 좌익 3당 합동 및 좌우합작 문제로 남북관계가 좌익 전반으로 확대되며, 1947년부터는 분단과 통일 문제로 남북관계가 우익까지 확대되었다.

1947년 제2차 미소공동위원회 결렬과 미국에 의한 한국 문제의 유엔 이관 즈음부터 북한은 북한지역의 민주기지를 강화하면서 이전보다 적극적인 대남정책에 나섰다. 1947년 9월부터 '단선 단정 반대와 자주독립 통일정부 수립'이라는 정치노선을 논의하기 시작했으며, 11월 16일부터 17일까지 열린 북조선로동당 중앙위원회 제10차 전원회의에서는 '유엔 감시하 총선'과 관련하여 다음 4개항을 결의했다.

① 임시 통일헌법의 제정 공포

② 유엔 감시하 총선거라는 유엔 결의 반대

③ 미·소 양군 철수 후 남북 총선거 주장

④ 남북의 통일 세력 조직화*

1947년 말부터 북조선로동당 내에서 "남조선 안에서 단선단정을 반대하는 세력"을 규합하는 공작을 해보자는 제의가 공론화되었지만,** 당시 북에서 생각한 '남조선 민주 세력'에 김구와 김규식은 포함되어 있지 않았다. 오히려 이 당시 북에서 김구와 김규식은 모스크바 3상회의 결정 이후 반탁운동의 과정에서 이승만, 안재홍 등과 함께 민족반역자로 낙인찍히면서 줄곧 비난의 대상이 되고 있었다.*** 제2차 미소공동위원회가 결렬되고 소련이 양군 철수와 자주적인 정부수립을 제기한 직후인 1947년 10월에도 김구는 여전히 비난의 대상이었다.

김일성이 1948년 1월 24일 북조선로동당 평안남도 순천군당 제2차 당대표회에서 한 연설을 보면 이때까지만 해도 김일성은 김구를 이승만과 같은 "우리의 원쑤"로 간주하고 있었으며 이들과 통일전선

* 중앙일보 특별취재반, '남북연석회의' 2, 〈중앙일보〉, 1992년 10월 22일.

** 중앙일보 특별취재반, 《비록 조선민주주의인민공화국》 하권, pp.313-321.

*** 〈로동신문〉, '반탁 진영의 동요와 발악-김구, 이승만, 김규식, 안재홍 등 민족반역자들의 가증할 행동', 1947년. 6월. 12일.

을 추구할 생각이 없었던 것으로 보인다. 그뿐 아니라 김구와 김규식이 남북협상을 제기한 이후인 1948년 3월 초까지도 여전히 김구는 이승만, 김성수와 함께 '민족반역자' '미제국주의의 주구' '반동분자' '민족의 원수' 등으로 규탄되었다.

김구와 김규식의 공동서한이 전달된 이후 북조선로동당은 2월 18일부터 20일까지 3일간에 걸쳐 정치위원회 확대회의를 개최하고 이 제안에 대한 대책을 집중 논의했다. 특히 격렬한 반탁운동을 해온 김구와 미군정과 긴밀한 관계를 유지하고 있는 김규식이 남북협상을 제의한 진의가 무엇인지 파악하는 데 중점이 모아졌다. 이 자리에서 허가이 등 소련파는 김규식의 남북협상 제의가 당시 고조되고 있던 남북협상 움직임을 깨려는 미군정의 '입김'이라 주장한 반면 김두봉, 최창익 등의 연안파는 미국의 작용을 무시할 수는 없으나 그 제의가 김구, 김규식의 애국적 결단임을 주장했다.* 정확한 진의 파악을 위해 북조선로동당은 2월 22일 대남연락부장 림해를 서울로 밀파했고, 림해는 성시백, 백남운, 홍명희, 김원봉, 엄항섭, 안우생, 박건웅, 권태양 등을 만난 뒤 다음날 밤 평양에 돌아와 24일에 열린 정치위원회 확대회의에서 김구와 김규식의 제의가 그들의 "애국적 결단"이라고 보고했다.

이어서 3월 8일에는 김구의 대외담당비서 안우생이 김구가 2월 10일에 발표한 성명서 '삼천만 동포에게 읍고함'과 김일성에게 전하는 서한을 가지고 방북하여 김일성과 김두봉을 만났다.

---

* 중앙일보 특별취재반, 《비록 조선민주주의 인민공화국》 하권, pp.325-327.

하지만 이때까지만 해도 소련 점령군은 물론 김일성도 김구와 김규식에 대해 불신하고 있었다. 니콜라이 레베데프Nikolai G. Lebedev 비망록에 따르면 3월 10일 테렌티 스티코프Terenti F. Stykov는 레베데프에게 남쪽에서 제의한 이른바 4김 지도자 회담에 대해 "이야기하지 말 것"을 '명령'하면서 다음과 같이 지시했다.

> ① 리승만을 1910년에 조선을 일본에 팔아먹은 조선의 관리들에 비유하라.
>
> ② 신문의 사설에서 '코리아 문제에 관한 모스크바 결정에 대해 김구가 취했던 립장은 결국 지금까지 통일정부의 수립과 코리아의 통일을 이루지 못하게끔 만드는 결과로 귀결됐다'는 점을 상기시킬 것. 공동위원회에서 소련대표단이 얼마나 옳았는가에 대해 언급할 것

레베데프에 따르면 김일성 역시 3월 10일 현재 김구의 서한에 대해 "김구에게 답할 필요가 있을까? 만약 그렇다면 군대 철수를 요구해야 한다. 만날 수는 있다. 그러나 이러한 만남은 아무런 수확이 없을 것이다. 왜냐하면 단선 반대 투쟁을 행할 필요가 있고 남한에서 행해지는 선거에 우리가 반대한다는 공동성명서에 서명할 필요가 있기 때문이다"*라는 반응을 보였다.

김일성과 달리 김두봉은 김구에 대한 신뢰가 있었다. 같은 레베데

* 〈부산일보〉, '레베데프 비망록', 1995년 3월 3일, p.14.

프 비망록은 김두봉이 3월 12일 김일성에게 김구에게 확답할 필요가 있다고 하면서 "무엇 때문에 항상 그 사람을 욕하느냐? 김구가 단독선거에 찬성한다는 것은 거짓말이다. 다른 사람이 편지를 썼다면 모르지만. 빨리 만나야 한다. 김구는 유능한 사람이 될 수 있다. 나는 김구를 설득할 수 있다고 생각한다"라고 말했다고 전한다.

이렇게 김구에 대한 불신은 여전했지만 3월 9일 북조선민주주의민족전선 중앙위원회 제25차 회의에서 김일성이 북조선로동당의 통일방안에 관해 연설한 이후 북에서 김구와 김규식에 대한 비난은 사라졌다. 김구가 비로소 통일전선의 대상으로 고려되기 시작했다고 해석할 수 있는 부분이다.

김구·김규식, 남북 정치지도자 간 쌍무적 협상 제안

김일성과 김두봉이 김구와 김규식의 서한에 회답한 것은 서한을 보낸 지 한 달 열흘 후인 3월 25일이었다. 회신은 먼저 방송의 형태로 나왔다. 3월 25일 북조선민주주의민족전선 명의로 '유엔 결정과 남조선 단선단정을 반대하고 조선의 통일적 자주독립을 위하는 전조선 정당 사회단체대표자 련석회의 개최에 대한 북조선민주주의민족전선의 제의: 남조선 단독정부 수립을 반대하는 남조선 정당·사회단체에 고함'이라는 제목의 이른바 초청장을 남조선로동당, 한국독립당, 민주독립당 등 17개 단체에 발송한다는 내용이 평양방송을 통해 발표된 것이다. '남조선 단독선거를 반대 투쟁하는 남북조선의 모든 민주주의 정당·사회단체대표자연석회의를 금년 4월 14일 평양시에서 개최할 것'

을 제의하는 내용이었다.*

그런데 이 초청장에는 김구와 김규식이 2월 16일자로 서한을 보냈다는 내용은 전혀 언급되어 있지 않았다. "우리 조국을 노예화하며 분열하려는 제국주의의 정책은 계속되고 있습니다"라는 극단적인 성명으로 시작하는 초청장은 김구, 김규식의 남북협상 제안에 대한 회신이라기보다는 북측이 일방적으로 자신들의 제안을 새로 제시하는 형태에 가까웠다.

같은 날 김일성과 김두봉 공동명의로 보낸 '김구·김규식 양위(兩位) 선생 공감(共感)'으로 된 특별서신이 특사를 통해 김구, 김규식은 물론 홍명희와 조소앙에게 전달되었다. 주요 내용은 다음과 같다.

① 2월 16일자 서한을 받았다는 것

② 해방된 지 2년 반이나 지나도록 우리가 남북으로 분열되어 완전한 통일독립국가가 되지 못한 것이 유감이라는 것

③ 북조선은 자기 손으로 자기 운명을 개척할 수 있으나 남조선 주권이 미국 사람에게 있기 때문에 정신상·물질상 곤란을 받는다는 것

④ 이에 대하여는 모스크바 3상회의 결정과 미소공동위원회 사업을 반대한 이들에게 책임이 있다는 것

⑤ 금차 유엔의 결의, 더욱 유엔 소총회의 행동은 찬성할 수 없다는 것

⑥ 소련이 유엔 총회에 제의한 바와 같이 양 주둔군 철퇴, 조선 대표

* 박광 편, 《진통의 기록》(평화도서주식회사, 1948), pp.1-3.

참가, 그리고 조선 문제 해결은 순전히 남북 조선인에게 맡겨서 자의자처하자는 것

⑦ 미국의 주장으로 소련의 제의가 부결되고 유엔위원단 감시하에 이 선거를 실시하려는 것은 찬성할 수 없다는 것

⑧ 우리의 일은 우리가 해결하려는 본지(本旨)에서 남북조선의 소범위의 지도자 연석회의를 1948년 4월 초에 평양에서 소집할 것을 동의한다는 것

⑨ 소범위의 남북조선지도자연석회의와 관련, 회의 참가자는 남조선에서 김구, 김규식, 조소앙, 홍명희 등 15명으로 하고 북조선에서는 김일성, 김두봉, 최용건 등 5명으로 할 것

⑩ 의제는 조선의 정치현상에 관한 의견 교환, 남조선 단독선거 실시에 관한 유엔 총회 결정 반대투쟁 대책수립, 조선 통일과 민주주의 조선정부수립에 관한 대책 연구 등으로 할 것*

평양방송 발표 며칠 후 김일성은 남로당, 한국독립당, 민독당, 민중동맹, 인민공화당, 근로인민당, 신한민족당, 민주한국독립당, 사회민주당, 독립노동당, 천도교청우당, 조선노동조합전국평의회, 전국농민회총연맹, 민주여성동맹, 기독교민주동맹, 유교총연맹, 문학예술단체총연맹 등 17개 정당·사회단체에 평양회의에 참석해 달라는 초청장을 공식 발송했다. 또한 김일성은 3월 27일에 열린 북조선로동당 제2차

* 송남헌, 앞의 책, p.542.

대회에서 다시 한 번 남북회담을 제의했다.

그런데 북한의 초청장과 회신, 김일성의 연설 등에서 주목할 만한 부분은 김구와 김규식이 제안한 남북협상안을 북한이 받는 형식이 아니라 북한이 새로 제안하는 형식을 띠고 있었다는 점이다. 북한이 김구와 김규식의 남북협상 제의를 받아들이되, 그 회담의 형식과 내용면에서 자신들이 주도권을 쥐고자 한 것으로 분석할 수 있는 대목이다. 실제로 북한이 역제안한 회담은 김구와 김규식이 제안한 회담과 성격이 전혀 달랐다. 김구와 김규식의 제안은 남북 정치지도자 간의 쌍무적 '정치협상'이었지만 북한이 초청한 회담은 단선단정에 반대하는 남북한 모든 정당·사회단체의 '연대집회'에 가까운 대표자연석회의에 초점이 맞춰져 있었다.* 남측의 제안의도와는 달리 북한은 남북의 모든 정당·사회단체가 한자리에 모여서 남한의 단선을 규탄함으로써 북한의 독자적인 정권수립을 위한 정당성 확보의 기회로 삼고자 한 것이었다는 해석이 가능하다.

나아가 북한이 제안한 남북조선 제정당·사회단체대표자 연석회의나 그 후에 김구와 김규식의 요청으로 이루어진 4김회담 모두 소련 군정이 오랫동안 준비해 왔던 각본에 따라 진행된 것이었다고 볼 수밖에 없다. 실제로 레베데프 비망록의 기록에 따르면 소련군정과 북 지도부는 3월 17일에 북로당 중앙위원회 특별전원회의를 열고 대표자 연석회의의 예비회담 격인 '소범위 남북지도자 연석회의' 남측 초청 대상

---

* 이정식, 앞의 책, pp.385-386.; 정해구, 앞의 논문, pp.200-202.

자를 검토하기 시작해 3월 24일에 남북협상의 일정과 절차를 결정했는데 남측 초청 대상자를 선정하는 것에서부터 대표자 연석회의의 일정과 절차에 이르기까지 모든 사항을 소련군정의 레베데프 민정청장이 지휘했다.

구체적으로 3월 24일 특별전원회의에서 레베데프는 김일성에게 "남북한 정세보고는 김일성파, 김두봉파, 허헌파 3개 그룹 대표가 한다. 의견을 교환한 뒤 정치정세에 대한 결정을 채택한다"라고 지시하는 등 회의의 진행 방향과 세부지침까지 다 소련의 의도대로 마련했다. 이렇게 모든 준비를 세밀한 부분까지 마친 후에야 남측에 방송을 하고 답신을 보냈다는 것이다.*

레베데프 비망록에 따르면 이후에도 레베데프와 스티코프는 남북협상 진행과 관련 아주 세밀한 부분까지 토론해서 사전에 준비를 진행했다. 4월 1일과 2일 진행된 논의에서 레베데프와 스티코프는 "조만식을 남북연석회의에 초청하거나 만나겠다는 문제가 제기되면 어떻게 대처해야 하는지" "남조선 기자들을 회의장에 출입시켜야 할지"를 논의했으며. 4월 3일 새벽 3시에 도착하는 청년대표단의 마중에서부터 김구와 김규식의 숙소 문제까지 미리 지시했다. 게다가 "남북연석회의의 토론과정에서 발생할 문제들에 대한 우리측 전략을 미리 세우도록 김일성에게 지시"하기까지 했다. 또한 스티코프는 4월 8일 "김구가 꼭 회의에 참석토록 할 것"을 레베데프에게 지시했으며. 남조선 단독선거

* 〈부산일보〉, 레베데프 비망록, 1995년 3월 7일.

분쇄, 코리아에 관한 유엔 임시위원단 조선 추방, 소군·미군 동시 철수, 외국군 철수 뒤 총선 실시 등 이번 회의에 관한 소련의 지침을 작성해 내려보냈다.* 또한 소련공산당 중앙위원회 정치국은 1948년 4월 12일 남북회담을 열도록 "김일성 동지에게 권고"하면서, 동시에 남북회담에서 토론되고 관철되어야 할 의제까지 지정해 주었다고 한다.

어쨌든 북한의 이 제안에 대해 "북한측과 사전교감이 있었던" 좌파 진영은 3월 29일 민주주의민족전선 산하 정당사회단체 대표자연석회의를 개최하고 북한측 제안을 "전폭적으로 지지하며 그 실현을 위해 만난을 배제하고 적극 원조할 것"이라면서 즉각적으로 호응했다. 남로당 중앙위원회도 4월 1일 당 대표 파견을 결정했다.

김구·김규식, 민족적 명분 존중 차원에서 북측 제안 수용

한편 김구와 김규식 쪽은 1948년 3월 31일 '감상(感想)'이라는 특이한 제목의 북에 보내는 답신을 발표했다. 이 답신에서 두 사람은 "제1차 회합을 평양에서 하자는 것이나 라디오 방송 시에 남한에서 여하한 제의가 있었다는 것을 발표하지 아니한 것을 보면 제1차 회담도 '미리 다 준비된 잔치에 참례만 하라'는 것이 아닌가 하는 기소(杞所)가 없지 않다"라면서도 "그러나 우리 두 사람은 남북회담 요구를 한 이상 좌우간 가는 것이 옳다고 생각한다"라며 북한의 제의에 응하기로 결정했다. 이와 함께 10여 차라도 회담해 기어이 남북통일을 쟁취할 의사가

---

* 위의 신문, 1995년 3월 7일.

있는지 알 필요가 있다고 강조했다. 김구는 같은 날 기자회견에서도 남북정치지도자회의의 성공을 확신한다면서도 장소가 평양인 것에 대해서 1차로 끝나는 것이 아니라 독립되는 날까지 계속할 것이니 다음은 서울에서 할 수도 있다고 말했다.* 김규식 역시 4월 1일 김구·홍명희 등과의 회의석상에서 "남북회담이 제1차에 실패하여도 우리는 10차나 100여 차가 계속되더라도 성공할 때까지 분투노력하겠다"라고 밝혔다. 이를 미루어볼 때 김구와 김규식 역시 북한과 소련 군정에 이용당할 수도 있다는 의심과 아무런 성과도 얻지 못할 수도 있다는 우려를 가지고 있었지만, 그럼에도 "국토 분단과 민족 분열이 예견되는 최후의 순간에서 민족주의자로서 민족적 명분을 존중"하는 차원에서 북측의 제안을 받아들였던 것이다.**

동시에 북한측의 진의를 파악하기 위해 평양에 연락원을 파견했다. 4월 7일 안경근, 권태양이 연락원으로 평양에 가서 김일성, 김두봉, 주영하 등을 만나 논의한 후 10일 서울로 귀환했다. 이들은 북한측이 제안한 회담 날짜 4월 14일의 연기, 회담 인원 확대, 회담의 내용과 관련, 백지에서 출발하여 남북통일 문제만을 논의할 것 등 북한측과 3개항에 합의했다고 한다.

그런데 북한의 제안에 응하기로 결정한 후에도 김구와 김규식의 태도는 차이를 보인다. 김구의 경우 일단 북행을 감행하자는 쪽이었지만 김규식은 보다 신중한 태도를 취했다. 3월 25일 평양방송의 발표가 있

---

* 국사편찬위원회편, 《자료 대한민국사》 6, pp.681-682.

** 송남헌, 《해방 3년사》 제2권, p.546.

은 후, 김규식은 3월 28일 육군차관 드레이퍼W.H. Draper, 미군정 사령관 하지, 미군정청 정치고문 랭던W. Langdon, 제이콥스J. Jacobs와의 대화에서 자신과 김구가 "'회담의 아이디어'를 제안했기 때문에 초청을 받아들일 수밖에 없다"라고 말했다. 미군정 관리들은 김규식이 (남북협상에서) 아무것도 이루어지지 않을 것이며 심지어 자신은 정치범수용소에 보내질 것이라고 느끼는 것 같다고 보았다.

김규식은 또한 남측에서 회담에 참석한 대표들이 남조선민주주의민족전선 산하 단체는 65명이나 되는 반면, 민족자주연맹 산하 단체에서는 불과 10여 명을 넘지 못하고, 한국독립당 대표 5명을 포함해도 절대 열세라는 점에서 회의결과가 일방적이 될 것을 우려했다. 뿐만 아니라 회담에서 미·소 양군 철퇴가 논의될 것이고, 그것이 통과된다면, "진공 상태의 치안 책임은 누가 질 것이며, 남북 현재의 군사단체 반군사단체의 해체 문제는 어떻게 할 것인가"라는 문제를 제기하기도 했다.

김규식은 남북협상이 실질적인 협상이 되도록 몇 가지 조건을 주장했으며 이것이 보장되지 않는 한 북행을 보류한다는 입장이었다. 김규식이 내세운 조건은 다음의 6가지였다.

① 위성국가라는 인상을 줄이기 위해 스탈린의 초상을 공공기관에서 제거할 것

② 평양회담은 예비회담으로 하고 첫 공식회담은 서울에서 열 것

③ 북한지역에서 100명의 대표를 선출하여 200명의 대표를 선출하는

남한의 대표들과 회합할 것

④ 북한에서의 선거를 감시하기 위해 북한은 최소한 1인의 유엔 한국임시위원단 대표단을 초청할 것

⑤ 평양 또는 서울 회담은 독립 실현의 방법만을 논의할 것

⑥ 점령군의 공동 철병에 대한 선전을 중지하고 군대 철병 조건에 대해 미·소 간 회합을 시작하도록 소련에 요청할 것*

이후 김규식은 '유엔 한국임시위원단과의 관계는 일절 포기할 것'을 주장하는 김구의 반론 등 남북협상 진영 내부에서도 반론에 부딪치자 훨씬 완화된 다음의 5개항으로 조건을 변경했다.

우리는 안으로 민족의 통일을 성취시키고 밖으로 연합국의 협조를 통하여 우리의 자주독립을 쟁취하기 위하여 다음과 같은 원칙을 제시함

① 여하한 형태의 독재정치라도 이를 배격하고 진정한 민주주의 국가를 건립할 것

② 독점자본주의 경제제도를 배격하고 사유재산 제도를 승인하는 국가를 건립할 것

③ 전국적 총선거를 통하여 통일중앙정부를 수립할 것

④ 여하한 외국에도 군사기지를 제공치 말 것

---

* G-2, W/S, No. 135 (1948. 4. 19.-16), '주간 정보 요약' 5, p.163.

⑤ 미·소 양군 조속 철퇴에 관하여서는 먼저 양군 당국이 철퇴 조건, 방법, 기일을 협정하여 공포할 것을 주장할 것

이렇게 4월 중순에 이르도록 결정을 하지 못하고 있던 김규식은 예상외로 김일성이 이 조건을 수락한다고 선언한 데다 4월 14일 문화인 108인에 의한 남북회담 지지 성명이 나오고, 유엔 한국임시위원단의 호주·캐나다 대표가 김규식을 방문하여 평양회의에서 북측이 합리적인 조건을 받아들이기만 하면 5월 10일로 예정된 남한 선거를 연기할 수도 있다고 말하며 설득한 후에야* 북행으로 마음을 정하고 4월 18일 앞의 5개항 조건 수락 여부를 확인하기 위해 배성룡과 권태양을 먼저 북한에 보냈다.

마지막까지 고민하던 김규식과 달리 김구는 "이미 조국을 위하여 생명을 던진 몸이니 나의 가는 길을 막지 말라. 내가 이번에 가서 성과가 없다면 차라리 38선에서 배를 갈르리라"**는 비장한 성명을 발표하고 4월 19일 북행을 결행했다. 조소앙 역시 4월 19일 북행길에 올랐으며 북행에 앞서 '남북동포에게 고함'이라는 성명서를 발표, 모두 7개항의 당면과제를 제시했다.

조소앙은 이 글에서 "이상은 남북 양방에 공통한 염원이므로 회담의 기본과제로 된 것으로 믿고 이를 타결함에는 서로 양보하며 절충하여 민족 전체의 의견을 반영하는 데에 노력할 뿐이요, 남방이니 북

---

* FRUS(1948) Vol. 6, p.1180.

** 〈서울신문〉·〈조선일보〉, 1948년 4월 21일.

방이니 모당 모파니 하는 편견과 국집에서 벗어나고자 결심하는 바이다"라고 하였다.

이렇게 남쪽의 김구·김규식 양김이 북쪽의 김일성·김두봉 양김에게 서한을 보내는 등 남북협상이 추진되는 동안 유엔 한국임시위원단에서는 미군정의 협력하에 유엔 소총회 결의, 곧 남한만의 총선거를 위한 절차가 차근차근 진행되고 있었다.

유엔 한국임시위원단은 1948년 3월 8일 전체회의를 열고 선거와 관련된 안건들을 처리했으며 군정청은 장면, 김동성, 최규동, 현상윤, 김법린 등 15인으로 국회선거위원회를 구성하고 선거에 관한 모든 권한과 임무를 맡겼다.* 이승만과 지지 세력도 발빠르게 움직였다. 한국독립정부수립대책협의회와 대한독립촉성국민회는 3월 1일에 서울운동장에서 '중앙정부 수립 결의안 통과 축하 국민대회'를 연 데 이어 3월 30일에는 총선거추진위원회를 발족시켰다.**

김구, 단독선거 반대하며 이승만 비판

한편으로 김구는 남한만의 단독정부 수립 세력에 대한 비판의 목소리를 계속해서 높여나갔다. 1948년 3월 10일에는 공개연설에서 "북한에서 인민공화국을 세우려는 사람들을 민족반역자라고 부르는 사람들이 있는데, 그렇다면 남한 단정을 고집하는 무리들도 민족반역자의

* 김학준, 《미소 냉전과 소련군정 아래서의 조선민주주의인민공화국 건국》, p.856.

** 손세일, 《이승만과 김구》(일조각, 1970), p.296.

범주에 넣어야 한다"라는 주장을 펼쳤고,* 3월 12일에는 김규식, 조소앙, 김창숙, 조완구, 홍명희, 조성환과 함께 이른바 7거두 성명을 발표했다.

남한 단독선거를 추진하는 이승만과 이에 반대하여 남북협상을 주장하는 김구가 공식석상에서 가장 정면으로 부딪쳤던 것은 1948년 3월 20일 대한독립촉성국민회가 중심이 되어 남산에서 개최된 이북인대회에서였다. 이 자리에서 이승만은 남한 총선거 실시에 대한 절대적 지지를 선언한 반면, 김구는 이 선거는 남북 분단을 영구화할 것이라고 주장했다. 결국 김구는 군중의 항의에 밀려 더 말을 계속하지 못하고 퇴장할 수밖에 없었다. 하지만 김구는 다음 날 '조국 흥망의 관두에 서서 재남한 이북동포에게 고함'이라는 제목의 성명서를 발표하는 등 자신의 소신을 꺾지 않았다.

유엔 소총회의 남한 단독선거 결정 이후 민주독립당을 시작으로 김구·김규식의 선거 불참 선언이 이어지자 좌파뿐만 아니라 우파의 김구 세력 및 중도파의 김규식 세력까지 단선에 참여하지 않는다는 것은 "단선을 지지하는 미국 및 유엔의 위신을 실추시키는 것"**이라는 이해하에 유엔 한국임시위원단과 미군정청도 김구와 김규식의 선거 참여를 독려하고 나섰다. 유엔 한국임시위원단 의장 메논은 경교장으로 김구를 찾아가 '귀하가 선거에 참여하지 않으면 어느 한 정당이 다수당이 될 수가 있으며 그것은 바람직하지 않다'라는 취지로 선거 참여

* 최영희, 《격동의 해방 3년》(춘천: 한림대학교 출판부, 1996), p.457.

** 정해구, 앞의 논문, p.135.

를 권유했고, 미군정청 고문 버취I. H. Bertsch는 삼청장으로 김규식을 찾아가 김규식이 장차 남한의 정계에서 수행할 역할을 고려할 때 북행을 자제하는 것이 좋겠다는 취지로 만류했다.*

그러나 미국의 반대에도 불구하고 남한 단독선거 불참 선언 이후 이들은 남북협상을 위한 본격적인 준비에 나섰다. 1948년 3월 1일과 2일 김구가 이끄는 한국독립당은 중앙상무위원회를 열고 남북요인회담추진위원회를 설치하고 남북통일 공작을 추진하기로 결정했다. 이어 김구는 3월 7일 김일성에게 자신의 메시지를 전할 밀사로 자신의 대외담당 비서였던 안우생을 평양에 파견했다.

한편 3월 12일 발표된 7거두 성명을 계기로 한국독립당, 민족자주연맹, 민주독립당 등의 통일전선 또는 협의체 결성이 본격적으로 논의되기 시작했으며 3월 26일 국민의회 측의 엄항섭, 유림 등과 민족자주연맹 측의 여운홍, 홍명희, 김붕준 등이 주동이 되어 통일독립운동자협의회 발기회가 조직되었다. 그리고 발기회에서 각계 단체들에 참여를 권유하는 초청장을 발송하는 등 통일독립운동자협의회 결성이 목전에 이르렀을 때 민족자주연맹에 속하면서도 독자적인 노선과 협의체를 유지하여 민족자주연맹 내 우파 세력과 갈등을 빚어왔던 중도좌파 세력의 각정당협의회도 통일독립운동자협의회 결성에 동참할 것을 결정했다.

한국독립당, 민주독립당, 근로인민당, 독립노동당, 신진당, 민중동

* 조규하·이경문·강성재, 앞의 책, p.354 및 p.361.

맹, 민주한국독립당, 사회민주당, 천도교청우당, 건민회 등 12개의 정당을 포함한 120개 단체들이 참여한 가운데 1948년 4월 3일, 통일독립운동자협의회 결성대회가 열렸다. 결성대회에서는 "소위 단정 단선의 길로 나아가다가는 골육상쟁과 대전포화에 우리 민족이 죽음의 길을 밟게 될 것이 거의 의심 없이 명백하다." "[단정 단선의 길에 대해 반대하는] 세력을 집합할 기구로 (…) 통일독립운동자협의회를 발기하였다"라면서 단선단정에 의한 '전쟁의 길'이 아니라 '평화의 길'을 통해 통일독립의 목적지에 도달할 것을 선언하는 강령이 발표되었다. 김구와 김규식도 축사를 통해 통일과 독립을 우리 손으로 이루어낼 것을 강조했다. 이 자리에서 김규식은 "남북회담 한다고 바로 독립이 되는 것은 아니다. 남북이 서로 양보해서 성공된다면 환희로 돌아오겠지만, 이것이 또 피 흘리지 않고 소련연방에 집어넣는 것이 되지나 않을까 하는 의심되는 바가 없지도 않다"라고 우려하면서도 "흥해도 우리 힘으로 흥하고 망해도 우리 손으로 할 것"과 "우리가 가는 길이 마지막 길인 줄 알아야 하며 막다른 길인 줄 알아주기"를 호소했다.

이어서 남북협상이 일주일 앞으로 다가온 4월 14일에는 남북협상을 지지하는 '문화인 108인 남북협상 지지 성명'이 발표되었다.

> 조국은 지금 독립의 길이냐? 예속의 길이냐? 또는 통일의 길이냐? 하는 분수령상의 절정에 서 있다. (…) 명목과 분장은 여하튼지 남방의 '단정'이 구성되는 남방의 '단선'인 것은 말할 것도 없는 바이니 38선의 법정적 시인인 것도 두말할 것이 없는 것이다. 38선의 실질적 고정화요, 전

제로 하는 최악의 거조(擧措)인지라 국토 양단의 법리화요, 민족분열의 구체화인 것도 분명한 일이다. 그리하여 그 후로 오는 사태는 저절로 민족상호의 혈투가 있을 뿐이니 내쟁(內爭) 같은 국제전쟁이요, 외전(外戰) 같은 동족전쟁이다. (…) 우리의 지표와 우리의 진로는 가능, 불가능의 문제가 아니라 가위, 불가위의 당위론인 것이니 올바른 길일진대 사력을 다하여 진군할 뿐일 것이다. (…) 탁치 없는 완전한 자주독립! 자력주의의, 민주주의 젊은 새나라를 수립하기 위하여 첫째로 미·소 무력의 제압을 부인하자! 양군의 동시 철퇴를 실제적으로 가능케 할 기본 토대를 짓기 위하여 우선 우리는 우리 자신의 체제를 단일적으로 정비하자! 이 길은 오직 남북협상에 있다. 남북통일을 지상적 과제로 한 정치적 합작에 있다. 남북 상호의 수정과 양보로써 건설되는 통일체의 새 발족에 있다. (…) '최후의 일각까지' 북남 협상의 대도를 추진하여 통일국가의 수립을 기필(期必)하자!

이승만과 미국은 남북협상 반대에서 방관으로 입장 바꿔

한편 이승만과 미국은 남북협상을 저지하기 위해 노력했다. 1948년 1월 28일 김구가 남북협상을 제안한 직후부터 남한 우익 진영은 김구를 소련의 앞잡이라고 비난하기 시작했다. 한국민주당이 중심이 된 한국독립정부수립대책협의회는 "김구를 조선민족의 지도자로는 보지 못할 것이고 크레믈린궁의 한 신자라고 규정하지 아니할 수 없음을 유감으로 생각한다"라면서 비난했다.* 김구와 김규식이 2월 초 유엔 한국임시위원단 메논 의장을 만난 사실이 알려지자 특히 한국민주당은

"김구·김규식 양씨가 유엔의 결의와 우리 3,000만의 거국적 요망을 무시한 소련의 비민주적 태도에 대한 책임을 규명하지 않고 도리어 총선거를 거부 또는 지연하려는 그 진의가 과연 나변에 있는지 이해하기 곤란하다. (…) 실현성이 없는 남북요인회담과 정치범 식방을 운운하며 (…) 남로당 주장을 대변한 듯한 인상을 주게 된 것은 실로 유감천만이다"라고 비난했다.

반면 이승만은 초반에는 공개적으로 김구·김규식을 비난하지는 않았다. 오히려 1948년 2월 10일 유엔위원단의 중국 대표 류어만(劉馭萬)의 주선으로 이승만, 김구, 김규식이 회동하게 되었을 때 이승만은 두 김에게 자기는 남북협상을 반대하고 그런 협상이 실현 가능성이 없다고 판단하지만 그로 인해 총선거에 지장이 있거나 총선거를 지연시키는 피해만 초래하지 않는다면 두 김의 남북협상을 공개 비판하지 않고 방관하겠으니 두 김도 총선에 반대하지 말라고 설득하는 등 자신의 입장을 양보하면서까지 김구를 설득하려고 노력했다.

유엔 소총회에서 남한만의 총선 실시가 결의되고 김구와 김규식이 남한 단독선거를 비판하고 나온 후에는 다음의 성명을 발표하면서 남북협상을 반대했다.

"총선거를 반대하는 사람들이 각종 요언을 주작해서 정부를 세우면 미국 통치를 받게 된다, 혹은 군정을 연장하는 것뿐이다 하는 등의 선동이 있으나 이것은 다 사실도 아니요 사리에도 부당한 것이다. (…) 남

---

* 〈동아일보〉 1948년 1월 31일.

조선에 정부수립이 되면 남북 분열을 영구히 인정하는 것이므로 총선거를 지지할 수 없다는 말이 있으나 이것은 사리에 당치 않는 말이다. 사람의 몸에 한편이 죽어가는 경우에는 살아 있는 편이라도 완전히 살려서 죽은 편을 살리기를 꾀할 것인데, 다른 방책 없이 운명을 기다리고 있다면 살아 있는 편까지 마저 죽어버리자는 것은 누구나 알아들을 수 없는 말이다."

미군정은 남북협상 제안 초기에는 두 사람을 설득해서 이승만과 화해하고 유엔 결의를 존중하도록 유도하는 데 초점을 맞추었다. 하지 사령관이 2월 19일 자신의 관저로 이승만·김구·김규식을 초대해서 회합을 가진 것이나 미군정 정치담당 요원들로 하여금 김구·김규식과 접촉해 남북협상을 만류한 것은 이런 맥락에서였다.

그러나 김구와 김규식이 북한의 남북연석회의 개최 제안을 수용한 이후 미군정은 방침을 바꾸어 김구와 김규식의 평양행에 대해서는 '방관'하되, 남한의 민중들에게 두 김이 추진하는 남북협상이나 평양연석회의가 '불합리'한 것이고 결국 소련과 북한정권에 '이용'당하는 것이라고 선전하는 입장으로 전환했다.

4월 1일 군정장관 딘W. F. Dean 소장은 기자회견을 열고 이렇게 말했다.

"연석회의를 후원할 의사는 없으나 그렇다고 해서 방해할 의사 역시 추호도 없다. (…) 남북 정치협상을 개최하자고 발표한 북조선인들이 진심으로 조선의 통일 및 전 조선 국민의 의사에 의한 진정 민주주의 정부 수립에 노력하였다고 하면 (…) 왜 그들은 유엔 한국임시위원단의 북조선 자유 입경을 거부하고 또 북조선인의 총선거 참가를 불허하였던가 (…) [두 김의 북행에 대한] 나의 태도는 냉소적인 것이다. (…) 김구 씨, 김규식 씨가 평양행을 한다는 것은 그들의 자유이므로 나는 도로나 철도를 이용하는 데 있어 참고가 되도록 내 책상에 있는 지도를 제공하려 한다. 이 말이 퍽 냉소적인 말인 것만은 사실이나, 나로서는 남북협상이 5.10선거를 방해하려는 연막이라고 생각하는 까닭에 이같이 냉소적인 말을 하는 것이다. (…) 본관이 언명하는 바와 같이, 미군정 당국으로서는 장차 개최될 동 회담을 하등 방해하지 않을 것이다."

4월 6일에는 미군정 사령관 하지가 특별성명을 통해 "북조선 공산정부가 남조선을 대표할 사람을 지령"했다면서 남북협상에 대해 "공산주의자의 도구로서 해방 이래 남조선에서 반동행위를 해왔고 조선을 소련 위성국가로 만들어 보려고 애쓴" 극소수의 사람들만을 초청한 것이라고 비판했다.

김구, 온갖 반대를 무릅쓰고 마침내 북행을 결심

그러나 김구와 김규식은 미군정의 이러한 간섭에 대해 이렇게 대응했다.

"우리가 평양에서 개최할 연석회의에 참가하는 것은 개인 자격이 아니다. 반단선·단정 세력, 통일 세력의 대표로서 가는 것이다. 그 길이 아무리 험한 길이라도 해도 갈 길은 걸어야 한다. 죽을 수도 있고, 감옥에 갇힌다고 해도 우리는 간다. 가서 북한의 통일 세력과 남한의 통일 세력의 단합을 실현할 것이다. 그 자리에서 전 민족 통일운동의 방침과 지향을 담은 공동의 민족강령을 만들어낼 것이다."

4월 15일 김구는 북행을 결심하고 경교장 출입기자단을 초청, 다음과 같은 선언을 발표했다.

> 지금 우리의 건국사업은 최대한 난관에 봉착하고 있다. 우리는 이제까지 한국의 독립을 연합국이나 유엔에 대하여 희망을 두었으나 우리의 독립은 점점 혼란에 빠지게 되었다. 이러한 중대한 위기에 처하여서 외군에 의거할 수 없으니 지금에 와서는 죽거나 살거나 우리 민족의 자력으로 우리의 문제를 해결할 수밖에 없다. 총선거나 헌법제정으로써 조국을 통일한다고 하나 이것은 민족을 분열하는 것이니 불가하다. 유엔이 아무리 사주하여 단정을 수립한다 하더라도 이것은 우리가 자손만대에 전할 수 있는 정부가 될 수 없는 것이다. 공산주의자나 여하한 주의를 가진 자를 불문하고 외각을 베이면 동일한 피와 언어와 조상과 도덕을 가진 조선 민족이지 이색민족이 아니므로 이러한 누란(累卵)의 위기에 처하여 동족과 친히 좌석을 같이하여 여하한 외부의 음모와 모략이라도 이것을 분쇄하고 우리의 활로를 찾지 않으면 아니 되겠다. 그러므로 나는 외국인의 유혹과 국내 일부 인사의 반대를 물리치고 흔연 남북회담에 참가키로 결정하였다. 공수래공수거(空手來空手去) 할까 기우하는 이도 있으나 우리의 전도에는 위대한 희망이 보이고 있다. 이번 북행 후에 남조선의 사태의 변화에 따라 모종의 음모도 있을는지 모른다. 내가 가만히 있으면 평안한 생활을 할 수 있을 것이다. 70 평생을 동족을 사랑하고 국가를 사랑

> 하고 독립을 위하여 사는 나로서 일신의 안일을 위하여 우리 삼천만 형제가 한없는 지옥의 구덩이로 떨어지려는 것을 보고만 있을 수 있겠는가. 북조선에서 김구가 항복하러 온다느니 회개하였느니 여러 가지 말이 있는 듯하나 지금은 그러한 것을 탓할 때가 아니다. 이것도 외국인의 말이 아니고 피를 같이한 동족의 말이니 무슨 허물이 있는가. 나는 여하한 모욕과 모략을 무릅쓰고 오직 우리 통일과 독립과 활로를 찾기 위하여 피와 피를 같이한 동족끼리 마주 앉아 최후의 결정을 보려고 결연 가련다. 민족의 정기와 단결을 위하여 성패를 불문하고 피와 피를 같이한 곳으로 독립과 활로를 찾으러 나는 결연 떠나려 한다.

북행에 앞서 발표한 성명에서도 김구는 다시 한 번 "우리가 소련의 위성국가를 만들러 가느니, 혹은 친소반미의 정책을 정하러 가느니, 하는 유언은 일종의 억측이 아니면 모략선전밖에 아무것도 아니 될 것이다"라고 남북협상에 대한 비판을 일축하면서 "이번 길에 실패가 있다면 그것은 전 민족의 실패일 것이요, 성공이 있다 하여도 그것은 전 민족의 성공일 것이다. 그러므로 개인은 문제가 되지 아니하는 것이다. 따라서 우리의 길에는 도리어 성공만 있으리라는 것을 믿을 수 있는 것이다"라는 결의를 밝혔다.

남북협상에 참여하기로 결정한 인사들은 1948년 4월 초부터 북행에 나서기 시작했다. 좌파 진영은 대부분 북측에서 애초에 제안했던 날짜인 4월 14일에 맞추어 북으로 향했고 다른 인사들도 16일에서 18일 사이에 북으로 떠났다.

〔표 1〕 남북협상 참여 남한측 정당·사회단체

(단위: 명)

<table>
<tr><th colspan="2"></th><th>정당</th><th>사회단체</th></tr>
<tr><td colspan="2">우파진영</td><td>한국독립당(김구) 8
계 : 1개 정당 8</td><td rowspan="3">건국청년회 12
삼균주의청년동맹 10
조선민주학생총동맹 2
천도교학생회 2
청년애지회 1
불교청년단 1
독립운동자동맹 6
조선민족대동회 5
건민회 5
3.1동지회 2
조선어연구회 2
민족자주여성동맹 2
혁신복음당 1
민중구락부 1
민족문제연구소 1
계: 15개 단체, 53</td></tr>
<tr><td rowspan="2">중도진영</td><td>우파</td><td>민족자주연맹(김규식) 16
신진당(이용) 9
조선농민당(원세훈) 4
민주독립당(홍명희) 14
계: 4개 정당 43</td></tr>
<tr><td>좌파</td><td>근로인민당(장건상) 23
사회민주당(장권) 10
민중동맹(나승규) 8
민주한국독립당(권태석) 6
천도교청우당(이응진) 6
근로대중당(강순) 9
계: 6개 정당 62</td></tr>
<tr><td colspan="2">좌파진영</td><td>남조선노동당(허헌) 42
조선인민공화당(김원봉) 16
계: 2개 정당 58</td><td>조선민주애국청년동맹 55
전국농민총맹 37
조선노동조합전국평의회 22
조선민주여성동맹 26
조선문화단체총연맹 12
반파쇼공동투쟁위원회 6
기독교민주동맹 3
전국유교연맹 3
민족해방청년동맹 3
학병거부자동맹 2
전국불교도총연맹 1
재일조선인연맹 1
남조선신문기자회 1
계: 13개 단체 172</td></tr>
<tr><td colspan="2">총계</td><td>13개 정당 171</td><td>28개 단체 225</td></tr>
</table>

자료: '남북조선제정당사회단체대표자연석회의 자료', 《북한 관계 사료집》 V, pp.52-54.

4월 19일에는 김구가 집앞의 소란을 뚫고 겨우 북행에 나섰고, 홍명희가 뒤를 이었다. 김규식과 그 일행은 이미 평양에서 남북연석회의가 시작된 후인 4월 21일, 먼저 북행한 선발대로부터 라디오를 통해 5개 항에 대한 수락 연락을 받고서 마지막으로 평양을 향해 출발했다. 김규식은 북행길에 오르면서 발표한 성명에서 이렇게 밝혔다.

"나와 김구 선생은 우리의 손으로써 조국을 통일시켜야 한다는 데서 남북협상을 제안하였던 것이다. 북조선 동지들은 우리의 제안을 접수하였다. 나는 오직 남북 정치 지도자가 한 자리에 앉아서 성의껏 상토(商討)하는 것만이 통일단결의 기본 공식이라는 신념에서 북행을 결정하였다."

그리고 평양 방문에 대해서는 "지나친 기대를 해서는 안 되지만, 그렇다고 비관적인 우려를 가질 필요도 없다"라고 말했다.

이렇게 해서 남측에서는 우파 및 중도 진영 26개 단체 대표 166명과 좌파 진영 15개 단체 대표 230명 등 총 41개 단체 대표 396명이 남북협상에 참여했다. 참가 단체의 면모를 보면 좌파 진영은 물론 중도 진영의 대부분과 우파 진영의 주요한 정파인 한국독립당을 포괄한 것으로서, 이승만·한국민주당 세력을 제외한 대부분이 단독선거를 거부했음을 보여주는 것이었다.

김구보다 먼저 남북협상을 추진한 김규식

순수한 동기로 시작했지만 소극적 태도 보여

김규식은 김구보다 먼저 좌우합작과 남북협상을 추진한 인물이다. 즉 김구는 미·소 합의에 따른 통일 정부 수립이 물건너간 뒤 1948년 1월 유엔 한국임시위원단이 들어오면서부터 본격적으로 남북협상을 추진했지만, 김규식은 그보다 앞선 1946년 5월 미소공동위원회 결렬로 분단 위기가 심화되자 원세훈과 여운형을 찾아가 좌우합작을 도모했다. 하지만 이러한 그의 행보는 좌우합작이 성공한다는 확신에서 비롯된 것은 아니었고, 민족과 역사 앞에서 의무를 다하고자 하는 순수한 마음에서 이루어진 것이다. 특히 1946년의 좌우합작은 미소공동위원회 재개를 위해 좌우합작을 추진한 "미군정의 사주와 지원을 받아 전개한 정치 공작"이라는 평가를 받는다. 당시 미군정은 신탁통치 반대를 격렬하게 주장하는 이승만·김구 등 우익 세력을 좌우합작과 미소공동위원회 재개에 가장 큰 걸림돌로 여겼다. 이 때문에 좌우합작에 나선 김규식을 온건한 중도주의자로 평가하고 이승만이나 김구 대신 그를 과도정부의 대통령으로 세울 계획을 세우기도 했다. 소련 역시도 조만식과 함께 그를 과도정부의 총리 혹은 수반으로 점찍기도 했다.

김규식은 이후 1946년 10월 남조선과도입법의원 대의원에 선출된 뒤 과도입법의원을 통해 좌우합작을 모색했으나 난항을 겪었다.

1946년 7월, 좌우합작위원회에 참여한 인사들의 모습. 앞줄 가운데가 위원장인 김규식, 그 왼쪽은 김붕준과 안재홍, 맨 끝은 원세훈이다.

1948년 1월, 김규식은 유엔 한국임시위원단을 만나 남북요인회담을 주선해 줄 것을 요청했다. 즉 남북협상을 제안한 것이다. 하지만 그는 남북협상의 성공을 확신해서가 아니라 그저 처음부터 안 된다고 해서 포기할 수는 없다는 차원에서 제안한 것이기에 김구와 달리 남북협상에 소극적인 태도를 보일 수밖에 없었다. 게다가 그는 남북협상 참여에 앞서 김일성에게 5개항의 요구조건을 내세웠는데, 이는 사실상 평양행 거절의 명분으로 삼으려는 의도였다. 하지만 김일성이 의외로 요구조건을 받아들이자 거절의 명분이 없어졌고, 결국 그는 실패를 예상하면서도 38선을 넘게 된다.

한편 그가 평양에 머물던 1948년 4월 25일 밤, 김두봉은 레베데프 소장에게 "김규식을 5월 10일까지 평양에 체류하도록 하자"라고 건의했는데, 이는 김규식이 미군정에 의해 대통령으로 선출될 가능성이 있음을 감안하고 북한에 묶어두려는 의도였다.

2

김구와 김일성, 남북 지도자의 첫 만남

북, 남북연석회의에 맞춰 김구 비난 벽보 철거

1948년 3월 25일 연석회의를 제안하는 방송을 할 때까지도 남북회의를 그다지 중요하게 생각하지 않았고, "특히 김구 등의 참석이 갖는 의미를 이해하지 못"* 했던 북과 소련의 인식이 바뀐 것은 3월 31일 김구와 김규식이 북이 제안한 회의에 참석할 뜻을 표명하고 연락원을 파견했을 때였다. 북과 소련은 김구, 김규식과 같은 우익 중도 세력이 남북협상에 참여해 남한의 단선단정에 한목소리로 반대할 경우 미국과 유엔의 위신을 실추시키는 동시에, 남한 단독정부 수립 후로 예정된 북한 정부 수립에도 정당성을 부여해줄 수 있을 것이라 기대했다. 이러한 변화는 4월 7일자 레베데프 비망록 기록에서도 읽을 수 있

---

* 서중석, '남북협상과 백범의 민족통일 노선', 백범학술원, 〈백범과 민족운동 연구〉 제3집(2005) p.154.

다. 레베데프 비망록에 따르면 4월 7일 저녁 백남운에게 김일성은 "김구가 올 때까지 대표자회의는 연기한다. 김구가 꼭 와야 하고 우리는 그를 기다릴 것"이라고 말했으며 김두봉은 "김구와 김규식에게 지위를 주고 헌법 채택 이후 범민족정부를 구성할 계획이다"라고 말했다. 이어서 4월 8일 스티코프는 김구가 꼭 회의에 참석토록 하라고 지시했다.

1948년 4월 1일 북한은 북조선로동당 부위원장 주영하를 위원장으로 전조선제정당사회단체대표자연석회의(이하 연석회의) 조직준비위원회를 구성하였고 조직준비위원회는 4월 14일 각계 대표에게 '대표증'을 발급하였으며, 남측 대표들의 입북문제를 고려하여 회의를 4월 19일로 연기했다.

북한은 또한 곳곳에 붙여놓았던 김구 비방 포스터를 떼어버리고 '김구 선생 만세' '김규식 선생 만세' 포스터를 붙였다. 1948년 초까지만 해도 평양 등 북한의 주요 도시 건물 벽에 김구·이승만의 반탁을 비난하는 벽보가 홍수를 이루었는데 2월에 김구·김규식이 협상 제의 서한을 보내오고 단독선거 반대 성명을 발표하자 갑자기 북조선로동당에서 김구 비난 벽보를 모두 없애라고 지시했다고 한다. 그런데 연석회의가 임박한 4월 들어서도 비난 벽보가 남아 있었고 북조선로동당 중앙은 '검열 그루빠'를 만들어 특히 38선에서 평양에 이르는 큰 길가, 예컨대 여현-금천-사리원-평양에 이르는 구간은 골목까지 일일이 점검할 정도로 비난 벽보를 제거하고 '남쪽 대표들을 환영한다'는 새 벽보를 붙이느라 분주했다고 한다.* 덕분에 남쪽 대표단이 평양에 도착했을 때는 평양 시내 도로변 전신주마다 "단정단선 반대" "연석회의에 참석하는 남조선 대표들에게 영광 있으라"는 등의 표어가 붙어 있었다.

4월 19일 오전 31명의 정당·사회단체 대표들이 참석한 가운데 예비회의가 개최되었다. 연석회의의 진행 절차와 방침을 논의하는 자리로, 이 회의에서 김일성은 연석회의 개최의 기본적인 목적으로 "첫째, 미제의 앞잡이로 미제의 조선 침략을 방조하려는 유엔 조선위원단을 국외로 몰아내고 유엔 총회의 결의 및 유엔 소총회의 결의를 무효로 할 것, 둘째, 국토를 양단하고 민족을 분열시키려는 단선단정을 반대할 것, 셋째, 소미 양군의 즉시 동시 철퇴를 실현시킬 것, 넷째, 양군 철퇴 후 조선 인민의 자주성 위에서 일반적 평등적 직접적 비밀선거에 의해서 통일정부를 수립할 것"을 들었다.** 오전의 예비회의에 이어 이날 오후 6시부터 '전조선제정당사회단체대표자연석회의'가 예정대로 모란봉극장에서 시작되었다.

19일 회의는 참가자 가운데 최고령인 김월송의 개회사로 시작되어 남북의 정당·사회단체와 각계각층의 대표의 헌사와 축하가 있었고, 계속하여 회의 주석단 선출, 안건 상정, 대표자자격심사위원회, 서기부, 문헌편찬위원회 선거 등의 순서로 진행되었다. 그러나 아직 남측 대표자 상당수가 도착하지 않은 상태였기 때문에 본격적인 일정을 시

---

* 중앙일보 특별취재반, 앞의 책, p.336.

** 레베데프 비망록 1947년 4월 19일, 박광 편, 《진통의 기록》, pp.120-121; 《한국 현대사 자료 총서》 13, pp.275-276.

작하는 대신 김구와 김규식을 비롯해 아직 도착하지 않은 대표자들까지 회의에 참가시켜 연석회의가 남북의 각 정당, 사회단체, 각계각층의 의사를 더욱 폭넓게 반영한 '전 민족적 회합'으로 만들어질 수 있도록 20일에는 회의를 하루 휴회하기로 조정했다.

이렇게 해서 본격적인 대회 일정은 4월 21일부터 진행되었다. 이날 대회는 참석 대표들에 대한 자격심사 보고로 시작되었는데, 주영하의 보고에 따르면 20일 저녁까지 평양에 도착한 대표들은 총 46개 정당·사회단체 545명이었다고 한다.

〔표 2〕 남북연석회의 참석 남북한 정당·사회단체

(단위: 명)

<table>
<tr><th colspan="2"></th><th>정당</th><th>사회단체</th></tr>
<tr><td rowspan="4">남한</td><td>우파</td><td>한국독립당 1개 정당 8</td><td rowspan="3">건국청년회 외 14개 단체 53</td></tr>
<tr><td>중도우파</td><td>민족자주연맹 외 3개 정당 43</td></tr>
<tr><td>중도좌파</td><td>근로인민당 외 5개 정당 62</td></tr>
<tr><td>좌파</td><td>남조선로동당 외 1개 정당 58</td><td>조선농민총연맹 외 12개 단체 172</td></tr>
<tr><td colspan="2">계</td><td>13개 정당 171</td><td>28개 단체 225</td></tr>
<tr><td colspan="2">북한</td><td>북조선로동당 60
북조선민주당 40
북조선청우당 40</td><td>북조선직업동맹 외 11개 단체 160</td></tr>
<tr><td colspan="2">계</td><td>3개 정당 140</td><td>12개 단체 160</td></tr>
<tr><td colspan="2">총계</td><td>26개 정당 311</td><td>40개 단체, 385</td></tr>
</table>

자료: '남북조선제정당사회단체대표자연석회의 자료', 《북한 관계 사료집》 VI, pp.52~54, 61.

자격심사 보고에 이어 김일성이 북조선 정치정세 보고를, 박헌영이 남조선 정치정세 보고를, 백남운이 정치정세 보고를 했다. 김일성은 '북조선 정치정세' 보고를 통해 "조국을 진정으로 사랑하는 사람이라면 누구를 막론하고 망국적 단독선거를 단호히 거부하여야 하며 이 거족적 투쟁에서 나라와 민족의 운명을 우려하는 모든 사람은 당파와 종교의 소속, 정치적 견해를 가리지 말고 반드시 단결하여야 한다"고 주장했다. 보고 이후에는 토론이 이어졌는데, 자유토론이 아니라 미리 지정된 토론자가 순서에 따라 발표하는 형식이었으며, 내용도 미제국주의의 식민지 분열정책과 이를 지지하는 이승만, 김성수 등의 민족반역자를 비난하는 것으로 대동소이했다.*

김구 – 김일성의 담판

결연한 마음으로 38선을 넘은 김구가 평양에 도착한 것은, 서울을 떠난 그 다음 날인 1948년 4월 20일 저녁이었다. 숙소는 상수리 특별호텔이었다. 일제강점기에 도의원을 지낸 사람의 사저였던 이 호텔은 붉은 벽돌 2층집으로서 정원이 아름다운 곳이었다.

저녁식사를 마치자 북조선 임시최고인민위원회 부위원장인 김두봉이 찾아왔다. 김두봉과는 10여 년 만의 재회였다. 김구와 김두봉은 1932년 윤봉길의 의거 직후 임시정부가 상하이를 떠날 때 헤어져서 서로 다른 길을 걸었다.

두 사람은 잠시 해후의 인사말을 나누었다. 김두봉은 김일성이 같이

* '남북조선제정당사회단체대표자 연석회의 자료', 《북한 관계 사료집》 VI, pp.10-48, 87-116 참조.

오지 못한 것에 대해 양해를 구하고 자기가 김일성에게로 안내하겠다고 말했다. 김구는 아무렇지도 않다는 표정으로 벌떡 일어났다.

"손님이 찾아가야지요."

김일성이 있는 곳은 이전의 평양부청 건물이었다. 이곳을 북조선인민위원회가 쓰고 있었다. 마침내 36살의 김일성과 고희를 넘긴 김구가 마주했다. 잠시 어색하고도 냉랭한 공기가 흘렀다. 김일성의 조부인 김보현이 1871년생으로 김구와 겨우 5살밖에 차이가 나지 않았으므로 김구는 김일성의 할아버지 뻘이었다(김구는 북행 당시 김일성 생가에서 김보현을 잠시 만나기도 했다).

두 사람의 사이에는 세대 차이보다 훨씬 큰 간격이 있었다. 사실 두 사람의 사이는 좋지 않았다. 서로가 원수라고 해도 심한 말은 아니었다. 김구는 공산주의자를 믿지 않았다. 30여 년 전 서대문형무소에서 만나 뜨거운 동지애를 나누었던 천하의 김좌진 장군도 일본군이 아닌 엉뚱하게도 공산주의자의 손에 죽었다. 공산주의자라면 피가 거꾸로 솟을 일이었다.

김일성 역시 김구가 증오스럽기는 마찬가지였다. 그에게 김구는 수많은 공산주의자 동지들을 핍박한 반동 중의 반동이었다. 게다가 비록 김구와는 직접적인 관련이 없다고는 하지만, 임시정부 산하의 비밀조직인 백의사에서 외할아버지인 강량욱과 자신마저 죽이려 했다는 사실도 알고 있었다.* 김구가 평양에 오기 직전까지만 해도 '민족반역자'

* 강준만, 《한국 현대사 산책 1940년대 편》, p. 230.

'미제국주의의 주구' '반동분자' '민족의 원쑤'로 규정하고 비난했을 정도다.

그렇지만 지금의 김구는 과거의 반공주의자가 아니었다. 어떻게든 조국 분단을 막아보고자 남들이 무모하다고 비웃는 손가락질도 감수하고 온몸을 내던져 북행을 감행한 것이다. 김일성도 마찬가지였다. 순수한 동기에서든, 아니면 이용하기 위해서든 자신의 목적을 이루기 위해서는 일단 김구를 대화 상대로 인정해야 했다. 서로의 목적과 생각이 다르다고 해도 어쨌든 이 순간만큼은 두 사람이 각각 남북을 대표하는 정치인으로서 만났다. 김구는 남한에서의 정치적 입지와 상관없이 임시정부의 법통과 권위를 상징하는 인물이고, 김일성은 당시 북한의 최고 실세였다. 따라서 어찌 보면 이 순간은 남북의 유력한 정치 지도자가 처음으로 머리를 맞대고 민족의 문제를 논의한 역사적인 장면이라고 할 수 있다.

《레베데프 비망록》에는 두 사람의 대화 내용을 다음과 같이 소개하고 있다.

두 사람은 잠시 어색한 미소를 나누었다. 김일성이 먼저 말을 꺼냈다. 오는 길에 불편을 끼쳐 드려 죄송하다는 사과였다. 김구가 38선을 넘은 뒤 북측의 사무 착오로 밤늦도록 저녁도 먹지 못하고 기다리는 일이 있었는데, 그 일을 사과한 것이다. 그리고 두 사람은 곧 용건을 말했다.

김구는 평양에 온 목적을 다시 한 번 강조했다.

"나는 4김회의의 성공에 큰 의미를 부여하네."

그러자 김일성이 대답했다.

"주요한 문제는 독립에 대한 위협입니다."

"그래서 내가 여기에 온 것일세."

김일성은 이 말을 듣고, 먼저 연석회의 참석을 권유했다. 김구는 사실 연석회의에 대해 별다른 기대는 없었다. 정해진 시나리오대로 진행될 것이 뻔했기 때문이다. 그의 관심은 오로지 4김회담, 특히 김일성과의 만남에 있었다. 그래서 연석회의에는 인사말만 하고 참석하지 않았다. 김일성은 그 점을 지적한 것이다.

"당수가 참석하지 않는 것은 적절하지 못합니다."

그러자 김구는 잠시 뜸을 들인 뒤 알겠다고 대답했다. 하지만 주석단에 들어가지는 않겠다면서 이렇게 말했다.

"나는 연석회의에 큰 의미를 부여하지 않네. 그러니까 자네들 계획대로 회의를 계속하시게. 나는 4김회의를 소집하여 우리가 당면한 긴급한 문제들을 해결하기 위하여 이곳에 왔네. 무엇을 해야 할 것인가에 관한 것 말일세."

그리고 김규식이 제의한 '남북협상 5원칙'에 대해서도 언급했다.

"나는 김규식 박사가 제안한 전제조건을 작성하는 데 참여하지 않았네. 그것은 김 박사가 한 일일세."

그런 뒤 김두봉이 김구에게 물었다.

"미국인들이 조선에서 물러갈 가능성이 있습니까?"

"그들은 내쫓기 전에는 떠나지 않을 것이라고 생각하네. 북조선의 헌법은 단독정부의 수립을 의미하는 것이 아닌가?"

그러자 김두봉이 슬쩍 부인했다.

"정말 그렇게 생각하십니까?"

"남조선에서는 많은 사람이 그렇게 쓰고 있어서 부득이하게 이렇게 믿게 되네."

"그것은 배 속에 있는 아이를 놓고 왈가왈부하는 것과 같습니다."

김두봉이 반박했다.

대화를 나눈 뒤 김일성과 김두봉은 4김의 명의로 남한의 단독선거를 반대하는 항의성명을 채택하자고 제의했다.

김일성은 다음 날인 4월 21일에도 김구를 만나 설득을 시도했다. 김일성이 따지듯 물었다.

"만일 선생님께서 연석회의에 참가하지 않는다면 여기에 온 목적이 무엇입니까?"

"나는 정치범의 석방과 38선의 철폐 등의 문제들을 해결하려고 왔네."

그리고 잠시 뜸을 들인 뒤 김구가 힘주어 말했다.

"내가 어떻게 총선거를 실시하는 데 동의하는 서명을 할 수 있겠는가? 그렇게 되면 우리 당은 비합법적 처지에 처하게 될 것일세."*

레베데프 비망록은 김일성과 김구의 대화를 기록한 이후에, 결론으로 "계획대로 21일 회의는 계속하고, 김일성, 김두봉이 47명의 지도자 호소문에 '정부수립' 제안이 포함되어야 한다고 말했으며, 그와 함께

* 레베데프 비망록, 〈부산일보〉 1995년 3월 17일.

김구 등이 회의를 파탄시키고 퇴장하면 그들을 미국 간첩으로 몰고 회의를 계속한다, 김구와 대화를 계속한다. 그들이 소란을 피우면 이 대회는 총선을 반대하자는 것인데 왜 퇴장하느냐고 몰아붙일 것"이라고 기록했다.*

한편 4월 21일 김구는 남쪽 대표들이 대부분 도착한 것을 확인한 후 '단결로 독립을 완수하자'는 성명서를 발표했다.

> 위도로서의 38선은 영원히 존재할 것이지만 조국을 양단하는 외국 군대들의 경계선으로서의 38선은 일각이라도 존속시킬 수 없는 것이다. 38선 때문에 우리에게는 통일과 독립이 없고 자주와 민주도 없다. 어찌 그뿐이랴. 대중의 기아가 있고 가정의 이산이 있고 동포의 상잔까지 있게 되는 것이다. 이로 인하여 국제관계에 있어서도 또한 엄중한 것이 있으니 그것은 미소관계의 악화다. 우리 조국은 현하 민주자주의 통일 독립을 전취하는 단계에 처해 있다. (…)
>
> 나는 이번에 꿈에도 그리던 이북의 땅을 밟았다. 내 고향의 부모형제 자매를 만날 수 있게 된 것을 생각하면 광환(狂歡)에 넘칠 뿐이다. 그러나 그보다도 우리들이 민주자주의 통일독립국가를 건설하기 위하여 의견을 교환할 수 있는 기회를 얻은 것을 더욱 기뻐한다. 조국은 분열에, 동포는 멸망에 직면한 이 위기에 있어서 우리의 이 모임은 자못 심장한 의의가 있는 것이며, 우리의 임무도 중대한 것이다. 이 모임은 마땅히 전 민족의

* 서중석, 앞의 글, p.157.

실패를 실패로 할 것이요 전 민족의 승리를 승리로 할 것이다. 이 전제하에서는 해결하지 못할 문제가 없을 것이다. (…)

우리끼리의 양해와 정성과 단결은 우리의 통일 독립을 완성할 것이요, 우리의 통일 독립의 완성은 미·소 간의 위기를 완화할 수 있으며, 미·소 위기의 완화는 세계 평화의 초석이 될 수 있을 것이다. (…)

이 성명서의 내용을 살펴보면 김구는 '우리끼리의 양해와 정성과 단결'을 강조함으로써 무엇보다 4김회담, 또는 남북 정치지도자 회의에 기대를 걸고 있음을 알 수 있다.

북한의 단선단정도 반대한다는 뜻을 명확히 밝혀

연석회의 셋째 날인 4월 22일 회의는 백남운의 사회로 시작되었으며 김구도 조소앙, 조완구, 홍명희, 최동오, 윤기섭, 신숙, 송남헌 등과 함께 오후 회의가 재개되던 때 행사장에 도착했다. 김구, 조소앙, 조완구 등 한국독립당 지도자들과 홍명희가 주석단에 보결되었고, 이 자리에서 김구는 다음과 같은 축사의 말을 했다.

친애하는 의장단과 각 정당, 단체 대표 여러분!

조국 분열의 위기를 만구(挽救)하기 위하여 남북의 열렬한 애국자들이 일당에 회집하여 민주자주의 통일독립을 전취할 대계를 상토(商討)하게 된 것은 실로 우리 독립운동사의 위대한 발전이며, 이와 같은 성대한 회합에 본인이 참석하게 된 것을 큰 영광으로 생각합니다.

조국이 없으면 민족이 없고, 민족이 없으면 무슨 당, 무슨 주의, 무슨 단체는 존재할 수 있겠습니까? 그러므로 현 단계에 있어서 우리 전 민족의 유일 최대의 과업은 통일독립의 전취인 것입니다. 그런데 목하에 있어서 통일독립을 방해하는 최대의 장애는 소위 단선단정입니다.

그러므로 현하에 있어서 우리의 공동한 투쟁목표는 단선단정을 분쇄하는 것이 되지 않으면 아니 될 것입니다. 현하에 있어서만 조국을 분열하고 민족을 멸망하게 하는 단선단정을 반대할 뿐 아니라, 어느 시기 어느 지역에 있어서도 우리는 이것을 철저히 방지하지 않으면 아니 될 것입니다. 그러므로 단선단정 분쇄를 최대의 임무로 삼고 모인 이 회합은 반드시 전 민족의 승리를 우리의 승리로 하여야 할 것이니, 이 회의는 반드시 성공되어야 할 것입니다.

우리가 만일 단결적 정신으로써 백사(百事)에 개성포공(開誠佈公)한다면 반드시 성공하리라는 것도 확신합니다. 국제관계에 있어서도 복잡다단한 바 있으나, 우리의 민족적 단결로써 국제간의 친선과 양해와 내지(乃至) 투쟁에 노력한다면 모든 것을 호전시킬 수 있다고 확신합니다. 만일 우리의 노력으로써 국제관계를 호전한다면 세계평화에 대한 공헌이 또한 불소하리라고 생각합니다. 조국의 통일독립을 완성하며 세계평화에 큰 공헌이 있기 위하여 이 회의의 성공을 절망(切望)하며 아울러 여러분의 건투를 축도합니다.

김구는 이 축사를 통해 전 민족의 유일 최대의 과업이 "통일독립의 전취"이며, 따라서 공동의 투쟁목표가 "어느 시기 어느 지역에 있어서도" "단선단정 분쇄"에 있다고 말함으로써, 남한의 단선단정만이 아니라 북한의 단선단정도 반대한다는 뜻을 명확히 했다. 이로써 김구와 김규식이 참가한 가운데 연석회의에서 정부수립을 제안하려고 했던 김일성과 김두봉의 시도는 무산될 수밖에 없었다.

김구에 이어 홍명희, 조소앙, 이극로 등 남측 참가자들도 축사를 했다. 홍명희는 "오늘날 우리의 나갈 길은 오직 민족자결주의뿐이다. 민족자결을 요구하는 것은 사상 여하를 막론하고 일치하는 것이다"라고 했다. 조소앙은 "우리에게 결정적 승리가 올 것을 믿"는다면서 "민족의 승리를 위하여 공동투쟁"하자고 호소했고, 이극로 역시 "자주적 통일정부 수립을 위하여 다같이 분투하자"라고 말했다.

4월 22일 오후 연석회의는 이들의 축사에 이어 '혁명유가족학원 학생대표'의 축사 낭독이 있은 후 홍명희, 엄항섭을 결정서 기초위원으로 보선하고 저녁 7시 10분까지 다시 토론의 순서로 이어졌다.

그런데 남측 참가자들은 회의의 진행방식에 불만을 토로했다. 송남헌의 증언에 따르면, "지정된 대표들이 미리 써 가지고 온 원고를 10분씩 낭독하고 내려오는 것인데 '리승만은 나쁘다' '단정은 반대다' 하는 천편일률적인 것"이었고, "모든 것이 미리 정해진 스케줄에 의해 진행되는 성토대회"처럼 진행되었다는 것이다.

여운홍도 이렇게 회상했다.

"수로 보아 벌써 일방적입니다. 김일성, 박헌영, 백남운, 김원봉 등이 교대로 사회를 하는 가운데 토론자들이 미리 준비된 원고를 읽고 참석자들은 박수치고 넘어가요. 속았구나 했지요. 서울에서 연락을 받기는 모든 것을 양보할 것이며 원한다면 회의 스케줄도 바꾸겠다고 했었지요."*

대회 마지막 날인 4월 23일에는 '조선 정치정세에 대한 결정서', '남북조선제정당사회단체연석회의에서 전 조선 동포에게 격함'이라는 격문, 미·소 양군의 철병을 요청하는 '사회주의소비에트연방공화국정부와 북미합중국정부에 보내는 전조선정당사회단체연석회의 요청서' 등이 채택되었다. 홍명희가 낭독한 '조선 정치정세에 대한 결정서'는 기석복과 고혁이 기초한 것으로, 내용은 다음과 같다.

"남조선에서는 우리 조국을 분열하여 예속시키려는 미국의 반동 정책을 지지하여 우리 민족을 반역하며 조국을 팔아먹는 이승만, 김성수 매국노들이 발호하고 있다. (…) 남조선 인민들은 초보적인 민주주의적 자유까지도 박탈당하였으며 생활을 향상시킬 하등의 희망과 조건도 가지지 못하고 있다. 우리는 북조선에 주둔한 쏘련군이 북조선 인민들에게 광범한 창발적 자유를 준 결과에 북조선에서는 인민들이 (…) 인민위원회를 확고히 하며 민주개혁을 실시하며 (…) 조국이 민주주의적 자주독립국가로 발전될 모든 토대를 공고히 함에 거대한 성과를 거두고 있음을 인정한다."

조일문과 여운홍의 회고에 따르면 남쪽 참석자들은 이러한 일방적인 문건 채택을 저지하려고 노력했다. 조일문은 "세 군데쯤 문맥으로 보나 문장으로 보나 협상정신에 지나치게 어긋나는 점이 있어 나는 수

* 박광 편, 《진통의 기록》, p.43; 조규하·이경문·강성재, 《남북의 대화》, pp.380-382.

정을 제의했고 김책도 좋다고 했는데, 발표는 고치지 않은 것을 그대로 해버리더군요"라고 회상했다. 여운홍 역시 수정을 제안했으나 박헌영이 제안한 거수표결에서 매번 지고 말았으며 "이미 평양에 온 것이 속았구나 하는 것을 느낀 이후라 아무 말도 안 했고 그때부터 빨리 서울에 돌아갈 궁리만 하게 됐지요"*라고 했다. 여운홍에 따르면 이 결정서와 격문을 기초하는 소위원회인 기초위원회에서부터 남측 인사들의 발언이 수리되지 않았다고 한다. 김규식과 김구가 이 결정서가 공산당측의 독선으로 기초될 것을 예상하여 홍명희에게 수정에 대한 발언을 요청했고, 홍명희는 이것을 수락했으나 박헌영이 소위원회에서 초안을 낭독한 이후에도 홍명희가 이의를 제기하지 않아 격분한 여운홍은 이렇게 제안했다.

"이북에 사는 분들에게는 이 결정서가 좋을지 모르나 우리들 다시 돌아가야 할 사람들에게는 안 되겠다. 그러니 어구 수정이라도 하자."

그러자 위원장인 박헌영은 즉시 "이것 가지고 왈가왈부하며 시간 보낼 것 없이 민주주의적으로 가부를 처결합시다"라고 하며 토의를 중지시키고 표결에 부쳤으며 결국 이 초안은 만장일치로 통과되었다고 한다. 여운홍은 이러한 분위기에서 다시 반대 발언을 했다가는 서울에 돌아가지 못할 것 같다는 공포심을 느껴 발언도 중지하고 표결에서는 기권했다.**

회의에서 채택된 결정서와 격문이 이처럼 남쪽의 반대에도 불구하

---

* 조규하, 이경문, 강성재, 《남북의 대화》, pp.386-389.

** 이정식, 앞의 책, p.420.

고 북한의 일방적인 주도로 작성된 측면은 있지만, "단선단정 반대, 외군 철수, 자주독립국가 실현" 등의 근본 취지에서는 공감대가 이루어졌고, 김구와 김규식은 처음부터 이 연석회의에 대한 기대가 없었기 때문에 결정서와 격문 채택이 가능했다고 볼 수 있다.*

연석회의에서는 또한 남쪽만의 단독선거와 단독정부 수립을 반대하기 위해 남과 북의 정당·사회단체 대표들로 '남조선단독선거반대투쟁전국위원회(대표자: 현칠종)' 조직을 결성하고 투쟁위원을 선출·발표했다. 남조선단독선거반대투쟁전국위원회에 부여된 임무는 첫째, 단독선거반대투쟁지방위원회의 지도, 단독선거 단독정부 수립의 각종 술책을 분쇄하는 전체 활동의 추진 및 일치동작의 보장, 둘째, 남조선 단독선거를 파탄시키고 구체적 투쟁 형식과 방법의 강구 및 규정이었다. 또한 남조선단독선거반대투쟁전국위원회의 행동 지시에 대한 준수 실행은 본 결정서에 서명한 제정당·사회단체의 의무라고 명시했다.**

4김회담은 북으로서도 필요한 자리

이렇게 1948년 4월 19일부터 23일까지 진행된 전조선제정당사회단체대표자연석회의 일정이 끝이 났다. 이튿날인 25일에는 연석회의의 '성공적인' 마무리를 축하하는 평양시민군중대회가 30여 만의 군중이 참가한 가운데 열렸다. 25일 저녁 김일성 위원장의 남북 요인 초대연에서 김규식은 남북연석회의를 평가하면서 "우리는 우리 장단에

* 이신철, 《북한 민족주의운동 연구》, pp.66-67.
** "전조선정당사회단체대표자연석회의 보고문 및 결정서," 《한국 현대사 자료 총서》, pp.51-53.

춤을 추어야겠다. 이제 모란봉극장에서는 우리의 춤을 추었다. 좌우합작도 미국 사람 장단에 춤을 추었는지는 모르지만 이제는 남의 장단에 출 것이 아니라 우리 장단에 춤을 추는 것이 제일이다. 그러기 위해서 축배를 들자"라고 제안했다.*

김구·김규식 등 남북협상 진영에서 원했던 것은 공산측이 일방적으로 주도하는 연석회의가 아니라 통일방안 등 남북 간의 구체적인 문제들을 다룰 수 있는 '남북요인회담'이었기 때문에 이들은 연석회의에 큰 의의를 두지 않았다.** 그렇기 때문에 김구는 연석회의 기간 중 22일에만 참석하여 인사말만 했고, 김규식은 병을 핑계 삼아 아예 참석조차 하지 않았다. 조소앙 역시 "남북제정당사회단체연석회의는 우리 일행이 평양에 도착했을 때 이미 열리고 있어서 그냥 구경이나 해보았다"라면서 "우리가 북행한 것은 남북통일의 원칙이 아니라 그 구체적인 방법을 협상하려 온 것이니, 이제부터 실제적인 남북요인회담을 열도록 하자"라고 말했다.

4김회담, 또는 남북조선제정당사회단체지도자협의회(이하 '지도자협의회')는 김구·김규식에게뿐만 아니라 북으로서도 필요한 자리였다. 연석회의를 통해 단선단정 반대, 미·소 양군 철병 투쟁 결의의 토대를 닦았다면, 이제는 '통일조선' 수립 방안을 짜는 자리가 필요했던 것이다. 북조선로동당 지도부와 백남운, 홍명희, 김원봉 등 남쪽 대표들은 4월 25일 저녁에 열린 연석회의 종료 축하연회에서 남북의 대표적인

---

* 〈독립신보〉, 1948년 4월 28일.

** 정해구, 앞의 논문, p.207.

정당·사회단체 지도자 15인의 협의회가 필요하다는 데 인식을 같이 했고, 그날 저녁 주영하, 임해, 김두봉이 김구, 김규식의 숙소로 찾아와 지도자협의회 개최 결정을 전달했다. 김구와 김규식이 도착하기 직전에 개막된 연석회의가 "북측의 의도가 관철된 회의"였다면, 4김회담과 지도자협의회는 김구와 김규식이 "자신들의 목표를 관철시키기 위해 제기하여 실행된 회의"였다.

4김회담과 지도자협의회는 4월 26일부터 30일 사이에 수차례에 걸쳐 진행되었다. 4월 26일 김구, 김규식, 김일성, 김두봉의 4김회담이 열렸고, 27일에는 남북요인 15인 지도자협의회, 28일과 29일에는 김구와 김일성, 김규식와 김두봉이 각각 개별 접촉했다. 그리고 30일에는 제2차 4김회담 및 지도자협의회가 열렸다.

지도자협의회에 참여한 15인은 남쪽의 김구, 김규식, 조소앙, 조완구, 엄항섭, 홍명희, 김붕준, 이극로, 허헌, 박헌영, 백남운 등 11명과, 북쪽의 김일성, 김두봉, 최용건, 주영하 등 4명이었다. 참여인사들의 소속만 놓고 보자면, 남북 요인회담이라기보다 임시정부 요인들과 남북 공산 진영 요인들의 회담 성격이었다고 할 수 있다.

증언에 따르면 지도자협의회는 의장 선출과 같은 절차를 따로 두지 않고 남북측의 대변인으로 각각 권태양과 주영하를 임명했으며 토의 형식은 완전합의제로 하기로 했다고 한다. 회의 서두에 김일성은 "연석회의의 성과를 더욱 다지고 미·소 양군의 철수 후에 자주적 통일정부를 세우기 위한 방도를 무릎을 맞대고 토의, 합의해야 한다"라고 회의의 의의를 설명했다. 지도자협의회에서 양측은 특히 "양군 철수 후에 내란이 일어나서는 안 된다"라는 원칙을 중요하게 확인했으며 이것이 이후 4월 30일 발표된 공동성명서 제②항으로 구체화되었다.

한편 송남헌의 증언에 따르면 김규식은 자신이 남북협상에 앞서 북측에 요구한 5개항의 선행 조건, 즉 독재정치 배격, 사유재산제 승인, 총선을 통한 정부 수립, 외국 군사기지 불허용, 미·소 양군 철수를 거듭 주장했다고 한다. 이 중 앞의 3개항은 정부수립 때 논의될 사안이어서 별 토의 없이 넘어갔고, 미·소 철군은 공동성명서 제①항으로 명문화 되었으며 임시정부 수립과 단독선거 반대 문제도 허심탄회하게 논의되었다고 한다.*

4김회담 공동성명은 협상 여지를 남겨둔 최상의 합의

4월 28일부터 29일에는 지도자협의회 공동성명 초안 작성이 이루어졌는데, 남측의 홍명희, 엄항섭, 남로당의 박헌영, 허헌, 북측의 주영하와 남측 대변인 권태양으로 구성된 초안 작성자들은 미·소 양군 철퇴 문제 등의 문안을 두고 설전을 벌이기도 했다고 한다.

4월 30일 전조선정당사회단체지도자협의회 명의의 공동성명이 발표되었다.** 이 공동성명서는 다음과 같은 요지의 역사적인 4원칙을 담

* 중앙일보 특별취재반, 앞의 책, p.354.

** 서중석은 공동성명서의 발표 명의가 북조선로동당 등 42개 정당·사회단체들이 서명한 전조선정당사회단체지도자협의회로 나왔기 때문에 공동성명서 작성과 합의의 주체가 잘못 기록되는 결과로 이어졌다고 지적했다. 그러나 이 공동성명서는 4김회담에서 최종 검토하여 4김이 '조인'을 했고 이어서 남북요인 15인 회담에서 다시 결의, 통과시킴으로써 전체적 합의의 의의와 형식을 갖추었다고 설명한다(서중석, '남북협상과 백범의 민족통일노선', p.159).

고 있다.

> ① 소련이 제의한 외국 군대 즉시 동시 철거는 조선 문제를 해결하는 가장 정당하고 유일한 방법이다. 미국은 이 정당한 제의를 수락하여야 한다. 일체 애국인사들은 반드시 양군 철병안을 지지하여야 할 것이다. 우리는 우리 문제를 해결할 수 있는 준비된 간부들이 다수히 있다.
>
> ② 남북 제정당·사회단체 지도자들은 외군 철거 후 내전이 발생할 수 없다는 것을 확인하며, 통일에 대한 조선 인민의 지망(志望)에 배치되는 어떠한 무질서도 용허하지 않을 것이다.
>
> ③ 외군 철거 후 하기 제정당들의 공동명의로 전조선정치회의를 소집하여 민주주의 임시정부를 즉시 수립할 것이다. 이 정부는 첫 과업으로 일반적 직접적 평등적 비밀투표에 의하여 통일적 조선 입법기관 선거를 실시할 것이며, 선거된 입법기관은 조선 헌법을 제정하여 통일적 민주정부를 수립할 것이다.
>
> ④ 1,000만여 명 이상을 망라한 남북 제정당·사회단체들이 남조선 단독선거를 반대하므로 단독선거가 설사 실시된다 하여도 우리 민족의 의사를 표현하지 못하며 기만에 불과할 뿐이다.

이 공동성명의 내용은 미·소 양군의 즉시 동시 철수와 남한 단독선거 반대를 기본으로 한다는 점에서는 연석회의에서 채택된 문서들과 동일하지만 외국 군대가 철수한 후 연석회의에 참가한 모든 정당과 사회단체들이 공동명의로 '전조선정치회의'를 소집하여 "조선 인민의 각계각층을 대표하는 민주주의 임시정부"를 즉시 수립하고 "국가의 일체 정권과 정치, 경제, 문화생활의 일체 책임을 가지게 될 것"이라고 명시하였으며, 이 민주주의 임시정부의 첫 번째 과업으로 "일반적 직접적 평등적 비밀투표로써 통일적 조선 입법기관 선거를 실시할 것"과 "선거된 입법기관은 조선 헌법을 제정하여 통일적 민주정부를 수립할 것"이라는 내용이 추가되었다.

그런데 이 공동성명의 ①, ②, ④항은 상대적으로 남북협상 참여자들이 쉽게 동의할 수 있는 부분이었지만 ③항은 향후 수립될 국가 정체 문제를 포함한 것이었다는 점에서 공동성명에 ③항이 들어간 것은 의미가 있다. 통일적 민주정부 수립 방안을 담은 ③항은 김구와 김규식이 북한의 '준비된 잔치'에 이용당할 수도 있다는 우려와 귀환 후 생명의 위협을 받을지도 모른다는 위험을 무릅쓰고 남북협상길에 오른 주된 목적, 곧 통일독립국가를 수립하기 위한 방안에 합의를 보기 위한 목적과 직접 관련된 것이자, 북으로서는 끝까지 응하지 않으려고 했던 사항이었다. 북한의 입장에서 보자면, 총선거로 입법기관을 구성하여 조선 헌법을 제정한다는 내용은 이미 4월 28일과 29일 인민회의에서 '찬동'의 형식으로 통과된 북한의 헌법을 부정하는 것으로 해석될 수 있기 때문이다. 공동성명이 나오기 전날인 4월 29일 헌법초안통과회의를 마친 김일성이 인민위원회위원장실에서 가진 기자회견에서 ①, ②, ④항과 관련된 얘기는 했지만 ③항과 관련된 내용은 언급하지 않았다는 점은 그러한 북의 입장을 보여준다.

이런 점에서 "서로가 양보하기 힘든 국가 정체와 관련된 문제는 공동성명서의 ③항을 실천하는 과정에서 남북 정치지도자들이 협의할 수 있는 여지를 남겨두는" 방식으로 합의를 이끌어낸 것으로 "남과 북이 서로의 주장을 명확히 드러내지 않으면서 협상의 여지를 남겨둔 최상의 합의"라고 평가할 수 있다.*

외국군의 철수 후 어떠한 내전도 발생할 수 없다는 것, 즉 북한으로 하여금 전쟁을 일으키지 않겠다는 약속을 받아낸 것 또한 이 공동성명의 중요한 의의 중 하나이다. 이처럼 "보다 분명한 통일방안과 절차를 제시"하는 동시에 외군 철수 후에도 "내전이 아닌 평화적인 방법으로 통일을 모색"한다는 점을 분명히 하고 있다는 점에서 이 공동성명은 "남북의 자주적 평화통일안"을 담고 있다는 평가가 가능하다.** 물론 ②항의 경우 우선적인 단계인 미·소 양군의 철수는 국제적인 합의가 이루어지지 않는 한 사문화될 수밖에 없었고, ③항은 북이 "지킬 수 없는 것을 할 수 없이 합의"한 것이었지만, 일단 공동성명으로 명문화함으로써, 그 이행이 이루어지지 않을 경우 책임을 명확히 할 수 있는 근거를 마련한 셈이라고 할 수 있다.

한편 4김회담에서 김구와 김규식은 김일성, 김두봉에게 남한에 대한 송전 재개, 남한의 연백평야에 대한 농업용수 송수, 조만식 월남 허용, 여순에 있는 안중근 의사의 유해 이장 등을 강력하게 요구했다. 이 중 송전·송수 문제는 김일성이 협조하기로 약속했고, 안 의사 유골 문제는 가족들과 협의, 노력한다는 쪽으로 정리가 되었다. 하지만 송전은 회담

---

* 이신철, 《북한 민족주의운동 연구》, p.10.

** 정해구, 앞의 논문, p.208.

10여일 뒤인 5월 14일 중단되었으며, 연백평야 송수도 제대로 이루어지지 않았다. 그리고 조만식의 월남에 대해서는 "이 문제는 소군정측과 관계가 있어 확답이 어렵다"라며 확실한 답을 피했다고 한다.

남북협상 종료 후 남한 대표 중 홍명희, 백남운, 이극로, 이영, 이용, 김일청, 장권 등 70여 명은 북한에 남았으며 김구·김규식을 비롯한 나머지 대표들은 5월 초 남한으로 귀환했다. 김구·김규식 등은 5월 1일 노동절 행사, 2일 쑥섬 회동 등에 참여한 후 5월 4일 귀환길에 올라 5월 5일 서울로 돌아왔다.

한편 레베데프 비망록에 따르면, 김두봉은 김규식이 남한 총선 이전에 서울로 돌아갈 경우 미군정이 그를 선거에 이용할 것이라는 우려 때문에 5월 10일까지 김규식을 평양에 묶어두자고 제안했지만 소련은 5월 1일 이후 김구와 김규식을 꼭 내려보낼 것을 지시했다고 한다. 또한 김구는 김일성과의 고별회담에서 "만일 미국인들이 나를 탄압한다면 북한에서 나에게 피난처를 제공해줄 수 있는지"를 물었다고 기록되어 있어 김구가 귀환 후 미국과 우익 세력의 탄압을 우려하고 있었음을 알 수 있다.*

* 레베데프 비망록, 〈부산일보〉 1947년 4월 25일, 26일, 5월 3일.

김구에 대한 김일성의 고도의 심리전

김구의 북행 뒷이야기

젊은 시절 결혼할 뻔했던 안신호와 함께 대보산 영천암을 방문한 김구의 모습이다.

김구는 남북연석회의가 북측에 의해 일방적으로 진행되자, 이미 그러리라고 예상은 했지만 심기가 편하지 않았다. 연석회의가 끝나기 하루 전 씁쓸한 마음을 달랠 겸, 교외 나들이를 했다. 그리고 이튿날인 1948년 4월 27일 기자회견에서 김구는 전날 나들이 소감을 다음과 같이 말했다.

"서평양 교외 20리 되는 농촌지대를 돌아보았는데 농가에 전기가 시설되고 지붕도 거의 전부 새로인 것을 보면 마음이 괴롭거나 민생이 핍박한 환경은 아닌 것 같다. 그리고 만경대 김일성 씨 생가를 방문했는데 78세 된다는 김 장군 조부를 만났다. 나를 예전 영천사(靈泉寺)에서 만난 일이 있다고 퍽 반겨 하였다. 초가집 그대로 삿자리를 깔고 한 것으로 보아 김 장군 조부님의 살림살이라고 생각 못 할 만큼 소박하여 김 장군의 공사별을 짐작하였다."

영천사는 대보산 영천암이다. 이곳은 김구가 1899년에 주지로서 몇 달 머물렀던 곳으로 특별한 인연이 있다. 그런데 그날 점심때가 되자 김일성의 비서가 음식을 잔뜩 가지고 왔다. 이들은 김구가 어머니(곽낙원) 제사를 지내러 가는 것으로 알았다고 했다. 사실 그날이 어머니 제삿날인 것은 김구도 잊고 있었다.* 아들도 잊고 있던 어머니의 제삿날까지 북이 챙긴 것이다.

---

* 선우진, 앞의 책, pp.148~150.

또한 북측은 젊은 시절 김구와 결혼할 뻔했던 안신호(안창호의 여동생)를 찾아내 평양 체류기간 내내 김구와 동행하도록 했다. 안신호가 비록 입만 열면 김일성을 찬양한 데다가, 김구 자신도 아무리 심지가 굳고 칠순이 넘은 노인이 되었다고 하더라도 그 옛날 첫사랑을 앞에 두고 한 줄기 소회가 없을 수 없었다. 김일성이 김구에게 고도의 심리전을 펼쳤음을 알 수 있다.

한편 김구는 이날 기자회견에서 이런 말도 했다.

"군중대회 때에 스탈린 초상화를 들고 다니는 것은 남조선에서 트루먼 대통령 초상화를 들고 다니는 일이 없는 만치 이상한 감을 가지게 한다."

김구는 이틀 전 평양시민대회 때에 군중이 스탈린 초상화를 우상처럼 들고 다니는 것이 못마땅했던 것이다. 김구의 이 발언으로 북조선로동당에서 논란이 벌어졌다. 특히 허가이 등 소련파가 격분했다. 하지만 대부분의 간부는 "김구는 민족 자주를 강조하는 민족주의 지도자인 만큼 이해해야 한다. 만일 그의 태도를 문제 삼으면 연석회의 자체에 차질을 초래할지 모른다"라고 하여 넘어갈 수 있었다고 한다.*

---

* 박병엽 구술, 유영구-정창현 엮음,《조선민주주의인민공화국의 탄생》(선인출판사), p.306.

귀환 후 미군정·이승만·한민당의 비판 받아

김구는 평양 방문을 마치고 서울로 돌아온 직후 경교장에서 기자들을 만난 자리에서 이렇게 소회를 밝혔다.

"이번 회담은 성공이라고는 할 수 없지만 잘될 것으로 생각합니다. 첫 순갈부터 배부를 수는 없는 법이지요. 나는 그들이 서울로 와, 통일정부 수립에 대한 회담을 하겠다면 기꺼이 그 심부름꾼이 되겠소이다."*

그리고 귀환 다음 날인 5월 6일 김구와 김규식은 다음과 같은 요지의 공동성명을 발표했다.

> 남북제정당사회단체연석회의는 조국의 위기를 극복하며 민족의 생존을 위하여는, 우리 민족도 세계의 어느 우수한 민족과 같이 주의와 당파를 초월하여서 단결할 수 있다는 것을 또 한 번 행동으로써 증명한 것이다. 이 회의는 자주적·민주적 통일조국을 재건하기 위하여서 남조선 단선단정을 반대하며, 미·소 양군의 철퇴를 요구하는 데 의견이 일치하였다. 북조선 당국자도 단정은 절대 수립하지 아니하겠다고 확언하였다. 이것은 우리 독립운동의 역사적 신발전이며 우리에게 큰 서광을 주는 바이다. 더욱이 남북 제정당·사회단체들의 공동성명서는 앞으로 양군 철퇴 후, 전국정치회의를 소집하여 통일적 임시정부를 조직하고, 전국 총선거를 경(經)하여 헌법을 제정하고 정식 통일정부를 수립할 것을 약속함으

* 선우진, 앞의 책, p.180.

로써, 우리 민족통일의 기초를 전정(奠定)할 수 있게 하였으며 자주적, 민주적 통일조국을 건설할 방향을 명시하였으며, 외력의 간섭만 없으면 우리도 평화로운 국가생활을 할 수 있다는 것을 확증하였다. 그러므로 우리는 앞으로 여하한 위험한 정세에 빠지더라도 공동성명서에 표시된 바와 같이 동족상잔에 빠지지 아니할 것을 확언한다.

첫술에 배부를 수 없는 것이니 우리가 이것으로써 만족을 느낄 수는 없는 것이다. 이미 거두어진 성과를 가지고 최후의 성공을 하는 것은 오직 우리의 애국동포 전체가 일치하게 노력하는 데 있을 뿐이다. (…) 우리는 행동으로써만 우리 민족은 단결할 수 있다는 것을 증명한 것이 아니라, 사실로도 우리 민족끼리는 무슨 문제든지 협의할 수 있다는 것을 체험으로 증명하였다.*

이처럼 김구와 김규식은 "첫술에 배부를 수는 없다"면서도 "우리는 행동으로써만 우리 민족은 단결할 수 있다는 것을 증명한 것이 아니라, 사실로도 우리 민족끼리는 무슨 문제든지 협의할 수 있다는 것을 체험으로 증명"했다고 남북협상의 성과를 평가했지만, 이승만을 비롯한 남쪽 우익 세력의 반응은 비판적이었다. 1948년 4월 27일자 〈동아일보〉 기사 '남북협상에 대한 민족진영 각계 반향 보도'에 남북협상에 대한 이승만, 한국민주당, 대한독립촉성국민회 등 남쪽의 반응이 잘 실려 있다. 〈동아일보〉는 다음의 질문을 했다. 첫째, 남북협상에 대한

* 〈경향신문〉, 〈동아일보〉, 〈조선일보〉, 〈서울신문〉 1948년 5월 7-8일.

소감, 둘째, 미·소 양군 철퇴에 대한 의견, 셋째, 가능한 지역에서 총선거를 단독선거로 보는지 여부, 넷째, 만일 북에서 김구·김규식을 포섭하여 자칭 전국정부를 수립한다면 그에 대한 의견은 어떠한가였다.

이승만은 남북협상에 관한 소감에는 말을 아꼈지만 가능한 지역에서 총선거를 단독선거로 보는가라는 질문에는 이렇게 답했다.

"총선거에 대하여서는 기왕에도 말한 바지만 우리가 주장하는 선거를 선거 반대분자들이 단선이라고 주장하는 것인데 지금 와서는 국제적으로 전 인구의 3분지2 이상을 가진 남한에서 진행하는 총선거가 전국선거가 될 것이요, 그 선거로 수립되는 정부는 전 민족을 대표하는 정부라고 하였으니 여기에 대하여서는 더 말할 필요가 없다. 어떤 사람들은 말하기를 정부를 수립하더라도 유엔에서 참가를 허락지 않으리라고 선전하고 있으나 정당한 총선거로 수립되는 정부는 유엔이 참가를 막을 수가 없고 막을 이유도 없을 것이다."

한국민주당은 더 신랄하게 남북협상을 비판했다. 남북협상에 대한 평가를 묻는 질문에 한국민주당은 이렇게 답했다.

"남북협상은 결국에 있어서 남조선총선거를 방해하려는 공작이며 그 성과는 기대할 수 없을 것이다. 미·소 양군 철퇴는, 유엔 총회에서 결의된 대로 조선정부가 수립되어 국군이 준비된 후에 할 것이요, 그 전에 운위하는 것은 일부에서 공산화 정책 노선을 실현하려는 기도뿐이므로 민족 의사에 배치된다. 또한 단선 운운은 악선전으로 민족을 기만하기 위하여 만든 말이요, 가능한 지역에서부터 선거를 하는 것은 남북통일을 위한 최선 조치이며 북조선을 위하여 의원 공석을 두어 최소한 시일을 기다리고 있는 것으로 잘 알 것이다. 전국정부는 국내적으로도 3분지1에 지나지 못하는 북조선에서, 그중에서도 일부 인사들이 정부를 수립할 수도 없고 또 유엔 결의에 반대되는 일을 하는 것은 사설단체로는 자유나 전국정부라는 것은 당치 않은 말이다."

정도의 차이는 있지만 대한독립촉성국민회, 조선청년동맹, 민족통일총본부의 답도 남북협상에 대해 비판적인 견해로 일관했다. 남북협상에 대한 평가만을 살펴보자면, 대한독립촉성국민회는 "남북협상은 원칙과 이론에 있어서는 좋은 일이며 누구나 다 이러한 방법으로 통일할 것을 주장할 것이다. 그러나 세계 정세와 우리 조선의 현실을 볼 때에는 그 성공이 불가능할 것으로 본다"라고 했다. 조선청년동맹은 "남북협상은 좌우합작과 미소공동위원회의 재판으로서 그 성공이 불가능할 것이며 총선거를 방해하려는 행동"이라고 평했고, 민족통일총본부는 "그것은 현실에 맞지 않는 원칙이요, 또 민중이 선출한 대표가 아닌 이상 인정할 수 없다. 그러므로 기대는 가지지 않으나 다만 민중을 현혹케 할 우려가 있다. 이번 협상은 총선거를 방해하는 것이 목적인 만큼 북에서도 그 근본 이념을 변치 않고 어느 정도 양보할 것으로 본다"라고 했다.

미군정도 남북협상을 강하게 비판했다. 하지 사령관은 5월 3일 장문의 특별성명을 발표했다. 그는 북한의 연석회의가 "크레믈린의 열렬한 지령을 받은 공산당의 선전장"이라고 비난하고 "남북회담에는 폭동 살인 방화 및 파업을 지령 또는 감행했던 자들이나 공산당의 조종을 받는 자들이 참여했으며, 유일한 예외는 김구, 김규식의 참가"이며,

김구·김규식이 "무견식(無見識)한 비공산주의자들을 끌어넣기 위해 만들어놓은 공산당의 모략에 빠졌다"고 비판했다. 또한 "남북회의는 북한 정권의 공산주의적 통일헌법을 승인하는 작업을 은폐하기 위해 만든 연막"이었고, 그러한 연막 뒤에서 한반도 전체의 '조선인민공화국 정부'가 곧 발표될 것이 틀림없으며, 그러한 발표는 "그 정부가 남북조선인 전체를 대변하는 남북회의에 참석했던 남북조선의 대표들로부터 동의를 얻은 정부"라는 선전과 함께 이루어질 것이라고 예측했다.*

김구, 북의 단독정부 수립 비판하며 2차 지도자협의회 불참

이승만과 한국민주당, 미군정의 경우 김구와 김규식의 방북 전부터 남북협상을 극렬하게 반대한 데다가 남한만의 단독선거 추진의 중심 세력이라는 점에서 남북협상의 성과에 대해 부정적으로 예측하는 것은 당연하다.

반면 남북협상에 참가하였던 정당·단체들의 비판적 평가는 찾아보기 어렵다. 이런 점에서 〈조선일보〉 1948년 10월 10일자에 실린 '남북협상을 비판: 모당의 결산서'는 흥미롭다. 당명을 공개하지 않고 있는 이 결산서는 남북협상의 소득으로 국제적으로는 민족적 권위를 제고하고, 특히 미국 인사에게 미국의 대한정책 재검토의 기회를 주었다는 점과 국내적으로는 남한 군정의 부당성을 지적하고, 통일독립운동

* FRUS(1948) Vol. 6, pp.1188-1191.; 국사편찬위원회,《자료 대한민국사》7(1974), pp.10-13.

실현 노력으로 남북한 절대다수의 "애국적 민중의 옹호지지를 더욱 증강"하고 굳은 신념과 희망을 주었으며, 위원장이 "명실상부한 전국적 지도자"로 부상하게 되었다는 점 등을 들고 있다. 한편 손실로는 모스크바 3상회의 결정을 찬성하는 것으로 타인이 오해하기 쉽게 되었으며, 미국의 정책만 비난하고 소련의 잘못은 지적하지 않음으로써 당에서 주장하는 국제협조 구상을 손상시켰고, 이승만을 민족반역자로 지칭하는 데 가담한 것처럼 되어 일부 우익 민중의 오해를 야기할 우려가 있다고 평가했다.*

남북 단독선거 단독정부 수립을 막아보고자 하는 마지막 시도로서 남북협상에 참여했지만, 김구와 김규식이 귀환한 며칠 후 예정대로 남한만의 총선거가 실시되었다. 그리고 6월 초 김일성과 김두봉은 김구·김규식에게 해주에서 2차 회담을 가질 것을 제안했다. 그들은 "정세의 급격한 변화가 생겨 북한에도 새로운 선거를 실시하여 정권을 수립해야겠다"라는 통보와 함께 김구와 김규식에게 북한정부 수립에 호응해 달라고 요청했다.** 그러나 김구·김규식은 "남한에서 단정이 수립되니 여기 대항하여 북한에서도 또 단정을 수립하겠다는 것은 민족 분열 행위가 아니고 무엇인가"라고 책망하는 답신을 보냈다. 김규식은 "민의에 의한 통일이라 주장하면서 인민회의라는 것을 통하여 그들이 일방적으로 결정한 헌법에 의하여 인민공화국을 선포하여 국기까지 바꾸었다. 물론 시기와 지역과 수단 방법에 있어서 차이가 있을지언정 반

---

* 〈조선일보〉, '남북협상을 비판: 모당의 결산서', 1948년 10월 10일.

** 심지연, 《송남헌 회고록: 김규식과 함께한 길》(한울, 2000), p.125.

조각 국토 위에 국가를 세우려는 의도는 일반인 것이다. 그로부터 남한 북한은 호상 경쟁적으로 국토를 분열하여 동족상잔의 길로 나갈 것이다"라고 비판했다. 결국 1948년 6월 29일부터 7월 5일까지 평양에서 열린 제2차 남북제정당사회단체지도자협의회는 민족주의 우파가 참석하지 않은 채 진행되었다.

2차 지도자협의회가 끝난 이후 김구와 김규식은 7월 19일 다음과 같이 공동성명을 발표했다.

"그 회의가 일방의 독단일 뿐 아니라 그 참가단체로 보더라도 제1차 협상에 남한을 대표해 참가한 정당·사회단체 31개에 비하여 과연 요요무문(寥寥無聞)이었다. 그래도 이것이 민의에 의한 통일이라고 주장하며 인민회의라는 것을 통해 그들이 일방적으로 결정한 헌법에 따라 인민공화국을 선포하고 국기까지 바꿨다. 물론 시기와 지역과 수단·방법에 있어서 차이가 있을지언정 반조각 국토 위에 국가를 세우려는 의도는 일반인 것이다. 이로부터 남북은 호상 경쟁적으로 국토를 분열해 동족상잔의 길로 나갈 것이다. 이에 우리는 진정한 애국동포와 더불어 민주적 자주통일의 국가를 건립하려는 그 노선을 더욱 굳게 지켜 최후까지 노력할 것을 천하에 정중하게 성명한다."

3

남북협상의 좌절과 분단정권 수립

이승만, 단독정부 수립 차근차근 진행

김구와 김규식 등이 남북협상을 통해 단선단정 수립을 막아보려고 노력하는 동안 남측에서는 이승만을 중심으로 남한만의 단독정부 수립이 차근차근 진행되고 있었다.

이승만과 한국민주당은 기존의 대한독립촉성국민회, 한국민족대표자대회, 한국민족대표단, 정당사회단체대표자대회, 한국독립정부수립대책협의회 등의 기구를 통해 자신들의 조직 기반을 강화했다. 유엔소총회를 앞두고는 과도입법회의에서도 남한만의 단독선거 결정을 끌어내기 위한 시도가 벌어졌다. 2월 19일 과도입법회의의 민선의원들을 중심으로 한 단독선거 지지의원 43인이 유엔 소총회에 가능한 지역만이라도 선거 실시를 요청하자는 긴급동의안을 제출했고, 23일 김규식 등 이에 반대하는 24명의 관선의원들이 퇴장한 가운데 이 동의

안이 40대3으로 통과되었던 것이다. 김규식 의장과 최동오 부의장, 20여 명의 관선의원들은 이에 항의해 사퇴하기도 했다.

이러한 가운데 2월 26일 유엔 소총회에서 '가능한 조선지역 내에서의 총선 실시' 즉 남한 단독선거를 결정했고 이후 본격적으로 남한 단독선거 준비가 추진되었다. 3월 1일 하지 사령관은 남한 지역에서 5월 9일에 총선을 실시할 것을 공표했고, 3일에는 국회선거위원회가 설치되었다. 17일에는 국회의원 선거법이 공포되고 22일에는 국회의원 선거법 시행세칙이 공포되는 등 총선 준비는 일사천리로 진행되고 있었다.

한편 미군정은 농민들의 선거 참여를 유도하기 위한 정치적 고려에서 신한공사 소유 토지에 대한 농지개혁을 시행했다. 신한공사 소유 토지는 남한 전체 경지면적의 13.4퍼센트에 이르렀고, 이 토지를 소작하고 있는 농가호수는 전체 농가호수의 27퍼센트인 55만 4,000여 호로 미군정 농지개혁의 정치적 효과는 매우 컸다. 미군정은 이러한 정치적 의도를 반영하듯 5.10선거를 알리는 포스터와 농지개혁을 알리는 포스터를 나란히 부착하기도 했다.*

3월 30일부터 4월 8일까지는 선거인 등록이 실시되었다. 유엔 한국임시위원회의 자료에 따르면 1948년 4월 1일의 인구를 1,994만 7,000명으로, 일률적으로 그 49.3퍼센트인 983만 4,000명을 유권자 수로 잡았고, 이 중 79.7퍼센트인 783만 7,504명이 등록한 것으로 파

* 황한식, '미군정하 농업과 토지개혁 정책', 《해방전후사의 인식》 2(한길사, 1985), p.279.

악했다.*

4월 16일 입후보자 등록을 마감한 결과 200개 선거구에 총 938명의 후보자들이 입후보했다. 주요 정당별로 보면, 대한독립촉성회 239명, 한국민주당 91명, 대동청년단 89명, 민족청년단 21명, 대한노총 22명 등이 입후보했고, 무소속으로는 413명이 입후보했다.** 이승만 역시 동대문갑구에 입후보했다.

한편 미군정은 5.10선거가 며칠 앞으로 다가올 때까지도 김규식에 대한 미련을 버리지 못하고 있었다. 이와 관련 송남헌은 다음과 같이 증언하기도 했다.

> 민주의원·좌우합작위원회·입법의원 이래로 미군정은 그네들의 입장을 적절히 이해하면서도 한국 지식층의 지지도가 높았던 김규식 박사에게 기대가 컸었다. 그런 까닭에 김 박사가 남북협상운동에 가담, 평양에까지 다녀왔음에도 5.10선거 이후 남한에 펼쳐질 새로운 정치 구도의 전면에 내세우고 싶어 했다. 정확히는 김 박사를 중심으로 한 정치 세력 재편성이었다. 이승만 박사를 정치적으로 패배시키기 위해, 그가 입후보한 동대문갑구의 경쟁자인 최능진 씨가 후보등록 서류를 빼앗겨 곤란에 빠져 있을 때 등록마감기일을 연기해 주면서까지 미군정측이 적극 지원한 것도 이런 맥락에서 이해할 수 있다.

---

* 국사편찬위원회,《대한민국사 자료집: 유엔 한국임시위원단 관계문서》II(1988), p.755.

** 〈조선일보〉, 1948년 4월 25일.

미군정이 매일같이 버취 중위를 삼청장으로 보내 설득을 시도했음에도 김규식은 정계 은퇴 결심마저 비추면서 이를 거부했다. 결국 미군정은 김규식에 대한 미련을 버렸을 뿐만 아니라 깡패들을 동원해 후보등록 서류를 날치기하는 등 최능진 후보의 등록을 방해하면서까지 무투표 당선을 꾀하는 이승만의 공작을 방관하는 자세로 돌아섰다.

남북협상에 참여했던 인사들이 서울로 귀환한 직후인 5월 10일, 남한에서는 예정대로 남한만의 총선이 시행되었다. 선거 과정에서 5월 8~10일 동안 경찰 및 좌우 민간인 등 총 80여 명이 사망하고 경찰서 및 투표소 90여 곳 이상이 습격을 받는 등 남로당의 선거파탄 투쟁이 격렬하게 전개되었지만 제주도의 2개 선거구를 제외한 남한 전 지역에서 선거는 비교적 무난히 치러졌다. 1948년 4월 인구수를 기준으로 할 때 유권자수에 대한 등록자수 비율은 80퍼센트 정도였고, 투표자수 비율은 74퍼센트 정도로, 유권자 10명 중 7.4명 꼴로 선거에 참여했다.*

선거 결과 제헌의회는 한국민주당, 이승만 세력, 무소속 등 3파가 주축이 되어 구성되었다. 선거 무효가 된 북제주군 2개 선거구를 제외한 전국 선거구에서 선출된 198명 의원의 정당별 분포는 우선 당선자 자신들이 공개적으로 표명한 정당 소속으로 볼 때, 한국민주당 28명, 대한독립촉성국민회 55명, 한국독립당 1명, 대동청년단 12명, 민족청년단 6명, 조선민주당 1명, 기타 정당 10명, 무소속 85명 등이었다. 그러

* 정해구, '남북한 분단정권 수립과정 연구', p.234.

나 상당수 후보자들이 선거에서 유리할 것이라고 판단하여 무소속으로 출마했기 때문에 실제는 차이가 있었다. 국회선거위원회는 각 정당의 실제 의원수를 한국민주당 76명, 대한독립촉성국민회 61명, 한국독립당 17명, 대동청년단 16명, 민족청년단 10명, 중도파 10명, 기타 10명 등으로 파악했다.*

5.10선거에서 남북협상 진영이 큰 영향 미쳐

5.10선거는 이승만 세력과 한국민주당 세력이 주도했기 때문에 단선단정을 거부하고 남북협상에 참가했던 인사들은 정치권에서 배제될 수밖에 없는 구도였다. 그러나 예상과 달리 남북협상 진영과 유사한 노선을 추구한 의원들, 즉 제헌국회에서 무소속 의원들을 중심으로 결집된 소장파 의원들이 다수 배출되어 남북협상 진영이 미친 영향이 얼마나 컸는지를 보여주었다.**

이들 무소속 의원들은 조봉암·김약수 의원 등의 주도로 무소속 그룹을 결성했는데, 이들의 제반 성향은 김구·김규식 등 남북협상 진영과 상당히 유사했다. 조봉암은 민족의 주체적 역량이 부족해서 미·소가 이끄는 냉전 체제에 휘말려 원하는 길을 갈 수 없다면 차선이라도 택할 수밖에 없지 않겠느냐는 생각에서 불가피한 상황이라면 단독정부 총선에라도 참여해서 일단 국권을 회복한 뒤 다시 소련과 협의해 통일독립을 완수해야 한다는 입장을 취했다.

---

* G-2, W/S, No. 141(1948. 5. 21.-28) "주간정보 요약" 5, pp.253-257.

** 정해구, 위의 글, p.145.

제헌국회는 서너 차례의 예비회의 끝에 5월 31일 개원했다. 국회의장에는 이승만이 선출되었고 부의장에는 대한독립촉성국민회의 신익희와 한국민주당의 김동원이 선출되었다. 의장단 선출에 이어 국회는 헌법과 정부조직법, 국회법 제정 작업에 들어갔는데, 애초 헌법 및 정부조직법 기초위원회에서 내놓은 내각책임제를 채택한 헌법 초안은 이승만의 강력한 반대에 부딪쳐 대통령책임제로 바뀌어 본회의에 상정되었고 7월 12일 국회를 통과했다. 국회법이 7월 10일, 정부조직법이 7월 16일 통과되면서 7월 17일 헌법과 정부조직법 공포식이 열렸다.

7월 20일 재석의원 196명 중 180표라는 압도적 다수로 이승만이 대통령에 선출되었고 부통령으로는 상해 임시정부의 원로인 이시영이 당선되었다.* 이어서 8월 2일 이범석 국무총리가 국회 인준을 받았고 내각이 구성되었다. 이승만 내각으로 외무장관 장택상, 내무장관 윤치영, 국방장관 이범석(겸임), 재무장관 김도연, 문교장관 안호상, 상공장관 임영신, 법무장관 이인, 농림장관 조봉암, 교통장관 민희식, 사회장관 전진한, 체신장관 윤석구 등이 임명되었으며 무임소 국무위원에는 이청천, 이윤영, 김성수 등이 임명되었다.

이러한 과정을 거쳐 마침내 1945년 8월 15일 이승만 대통령은 대한민국 정부수립을 선포하기에 이른다. 서울 중앙청 광장에서 열린 대

* G-2, W/S, No. 149(1948.7.16.-23), '주간정보 요약' 5, p.393. 한편 부통령 선거 1차, 2차 투표에서 단정에 참여하지 않은 김구가 60표 이상의 표를 얻었는데 이와 관련 정해구는 무소속 의원들이 부통령에 김구를 추대하고자 했기 때문이라고 설명한다.

한민국 정부수립 선포식에서 이승만 대통령은 기념사를 통해 민주주의에 대한 믿음, 인권과 개인의 자유 보호, 관용과 협조, 고통받는 사람들의 생활 조건의 개선, 외국 경제 원조의 필요성 등을 강조하며 대한민국 정부수립을 선언했고 하지 사령관은 축사를 통해 미군정의 종료를 알렸다.

김구, 5.10선거 후 전국 총선 촉구하며 '유엔 외교' 돌입

5.10선거 후 남북협상에 참여했던 인사들이 보인 대응은 여러 가지로 나뉜다. 첫 번째는 5.10선거를 부정하는 세력이다. 이들은 대한민국의 정통성을 부정하고 통일운동을 계속 전개해 나갔다. 5.10선거 이후 김구는 유엔 한국임시위원회의 활동을 비판하면서 유엔과 유엔 총회에 전국 총선을 다시 한 번 호소하는 '유엔 외교'에 돌입했다. 김구와 김규식은 1948년 6월 10일 한국독립당과 민족자주연맹의 제4차 연석회의에서 새로운 통일운동기구를 발의했고 7월 21일 통일독립촉진회가 결성되었다. 총 25개의 정당·단체가 참여한 협의체인 통일독립촉진회는 주석에 김구, 부주석에 김규식을 추대하고 13명의 상무위원을 선출했다. 통일독립촉진회는 통일독립운동자의 총역량 집결을 기함, 민족문제의 자주적 해결을 꾀함, 민족 강토의 일체 분열공작을 방지함 등을 강령으로 내세웠다. 통일독립촉진회 결성식에서 김규식은 다음의 내용으로 연설하며 착잡한 가운데 통일독립촉진회에 거는 기대를 밝혔다.

"우리나라는 대소를 불구하고 남쪽이라도 철갈이 단결하여 독립 쟁취에 매진해야 할 것이다. 국회에서 독립을 찾는 길을 추진한다는 데 대해서는 반대도 찬성도 안 하나 잘되기를 바란다. 그 반면에 북쪽에서 정부가 된다면 남쪽 정부와 하나가 되어서 우리 민족의 살 길이 되기를 바란다."*

1948년 9월 5일 유엔 총회를 앞두고 통일독립촉진회 상임위원회는 설의식, 황진남, 장자일, 엄항섭, 배성룡, 신기언 등으로 외무위원회를 구성하고 유엔 사무총장에게 보내는 서한을 작성했다. 서한의 주요 내용은 유엔의 대한민국 정부 승인 반대와 1947년 11월 14일 유엔 결의에 의한 전국 총선의 실시였다.** 이 서한은 9월 27일 유엔 한국임시위원회를 통해 유엔 본부로 발송되었다.

이어서 9월 29일 김구는 별도로 한국독립당 주석 명의로 '유엔 총회에 대한 메시지'를 제출했다. 진정한 한인 대표에게 유엔 총회에서 발언 기회를 부여할 것, 미·소 양군은 즉시 철퇴하고 그 진공 기간의 혼란을 방지하기 위하여 유엔에서 치안의 책임을 질 것, 남북지도자회의를 소집하여 남북을 통한 통일적 임시정부 수립 방안을 작성할 것, 유엔 감시하에 절대 자유 분위기를 조성하여 남북에서 새로운 총선을 실시할 것을 촉구하는 내용이었다.*** 그러나 미국과 이승만 정부는 김구와 김규식의 유엔 외교에 대해 단호한 반대 입장을 표명했다. 정부

---

* 조죽봉, '통측과 양 김씨', 〈민성〉 1948년 8월호.

** 영문 편지와 초역본은 도진순, 《한국 민족주의와 남북관계》, pp.396-399의 첨부 '자료 15-1, 2' 참조.

*** 〈자유신문〉, 1948년 9월 30일.

의 공식 대표만이 유엔과 교섭할 수 있다는 주장이었다.

김구와 김규식의 이러한 유엔 외교 노력에도 불구하고 1948년 12월 12일 유엔은 대한민국 정부를 승인했다. 이와 함께 유엔은 유엔 한국임시위원단을 다시 파견하여 미·소 양군 철퇴를 감시하며 남북통일을 위한 노력을 계속하기로 결정했다.

1949년 1월 김구는 이러한 유엔의 결정에 공동 노력하겠다고 밝혔지만 그 성명에는 한번 실패한 유엔과 유엔 한국임시위원단에 대한 불신이 깔려 있었다.

> UN이 백림 문제(伯林 問題)도, 이스라엘 문제도, 인도네시아 문제도 해결하지 못하는 것은 한국 문제에서 위신이 추락된 관계라고 볼 수 있을 것이다. 그러나 한국 문제에 있어서 UN은 많은 위신을 잃어가면서 행한 그 가능한 지역의 선거만이라도 위신을 보존하려고 이로써 생긴 결과를 합리, 합법화하였다.

김구는 주둔을 용인하고 있는 유엔이 과연 철군 감시를 철저하게 할 수 있을 것인가, 그리고 만약 1948년과 마찬가지로 북한이 유엔 한국임시위원단의 입경을 거부할 경우에 대한 대책이 있는가 하는 점에서 유엔과 유엔 한국임시위원단의 미·소 양군 철수 감시와 남북통일 추진 노력의 효과성에 회의를 가지고 있었다.* 예컨대 김구는 유엔을 외

* 김구, '第六屆 第五次 中央執行委員會(臨時)에 際하야 同志諸位께 告함(1949.1.16.)', 《백범 김구 전집》 8권, p.701.

교상으로 환영하고 응대하면서도 큰 기대는 하지 않았다는 것인데, 한국 문제의 핵심인 미·소 양군의 철수와 남북의 통일문제에 있어서 전자는 미·소가, 후자는 남북이 실질적인 변수가 될 것이고, 결국 "유엔의 활동은 이러한 양대 변수를 거중 조정하는 보족적인 것이 될 수밖에 없다"라고 보았던 것이다.*

김규식은 유엔의 대한민국 정부 승인에 대해 이렇게 소감을 밝혔다.

"물론 한인으로서는 기뻐하고 경하(慶賀)치 아니할 사람이 없는 줄로 믿는다. 미국과 중국 이외의 여러 우방들의 성심노력을 감사하며 현실 한국 정부와 그 대표단의 강렬한 활약으로 된 것을 혜사(惠賜)하는 바이다. (…) 이 승인은 과거 40여 년 동안을 두고 남북 만주에서 우리의 독립군이 희생 분투한 결과라고 하지 않을 수 없는 동시에 민족진영의 모든 애국자들이 한 목표로 분공(分工) 노력한 까닭인 것을 각오하여야 한다. 앞으로도 우리의 완전한 자유를 얻을 때까지 더욱 성의적인 분공합작이 청요(淸要)된다고 본다."**

한편 통일독립촉진회를 결성하면서 민주주의민족전선계의 인사들을 배제하고, 평양에 남아서 북한정권 수립에 참여하고 있는 민족자주연맹 소속 인사들을 정권(停權)시킨 점에서나, 6월 29일부터 7월 5일까지 북한에서 개최된 제2차 남북지도자협의회를 '비법적'이라고 비판하고 북한에서 추진 중인 정권이 4.30평양공동성명에 위배되는 것이므로 인정하지 않을 것이라고 선언한 점 등을 미루어볼 때 김구와

---

* 도진순, '1948~49년 김구 평화통일론의 내면과 외연', p.103.

** 〈민국일보〉, 1948년 12월 15일.

김규식 등 남북협상파는 남한만의 선거에도 참여하지 않았지만, 남북협상 추진 과정에서 형성했던 남북 좌익과의 연대도 일정 부분 정리했다.*

5.10선거 후 조소앙의 대응

두 번째 부류는 5.10선거에 참여하지는 않았지만 그 불가피성과 나아가서 대한민국 정부의 정통성을 인정한 세력이다. 조소앙과 안재홍이 대표적이다. 조소앙은 선거에는 불참했지만 선거가 끝난 후에는 대한민국 정부수립의 불가피성을 인정했다. 비록 자신이 추구했던 남북한 총선거가 아니라 남북한에 각각 단독정부가 수립되는 결과라 하더라도 "그것이 국민의 선택인 이상 받아들일 수밖에 없다"라는 입장을 취한 것이다. 이는 선거 당일 삼균주의청년동맹 명의로 발표된 '삼균주의청년동맹의 한국 정치정세에 대한 결정서'에서도 확인된다. 삼균주의청년동맹은 이 결정서에서 남한만의 선거를 통해 수립된 단독정부를 이른바 '건국강령을 범주로 한 균등사회'인 '정식 정권'으로 나아가는 과도적 정부로 인정하겠다는 입장을 표명하고 있다. 또한 이를 위해서는 점진주의적인 접근이 필요하며 남쪽에서의 삼균사회의 실현을 통해 점진적으로 북쪽으로 이를 확대하겠다는 입장을 밝혔다. 여기에서 '정식 정권'이란 '독립국가, 민주정부, 균등사회'의 조건을 갖춘 남북한의 통일정부를 말한다.

---

* 조성훈, '민족자주연맹에 관한 연구', 한국정신문화연구원 한국학대학원 석사학위논문, 1989, p.87; 양동안, '1945-1948년 기간 중도좌파의 정치활동에 관한 연구', p.247.

조소앙은 제헌국회에서 이승만이 대통령으로 선출된 직후 가진 기자회견에서도 남북통일에 대한 구체적인 방안을 묻는 질문에 "과거의 남북통일 방법과 현재, 장래의 방법은 차이가 있어야 할 것이다. 즉 남북의 양 정권이 분립되어 있는 만큼 그 방법론은 종래와 달라야 될 줄로 생각한다"라고 답하기도 했다.*

조소앙의 노선이 이렇게 변화함에 따라 삼균주의청년동맹의 남북협상에 대한 평가도 달라지게 되었다. 삼균주의청년동맹은 1948년 5월 10일 '남북회담에 관한 결정서'도 발표했는데, 여기에서 남북회담의 기본 취지에는 찬성한다고 하면서도 "미·소 양군의 철퇴와 국토 양단의 구급책에 대해 언급했지만, 그것을 실천하기 위한 구체적인 방법 문제가 제기되지 않았으며, 모스크바 3상회의 결정을 다시 제기함으로써 반탁 진영의 혁명세력을 배제하는 민족분열적인 사고를 보여준다"라고 문제를 지적하고 있다. 나아가 삼균주의청년동맹은 남북회담이 올바른 통일운동이 되기 위해서는 '집행 능력과 자유의사를 구비한 양방 대표'로 새롭게 시작해야 한다고 주장했는데, 이는 5.10선거를 계기로 "남쪽을 대변하는 실질적인 집행 능력을 갖춘 정부"가 조직될 것이므로 향후 남북회담이 진행될 경우 이 정부가 남북회담의 당사자로 나서야 된다는 의미로 해석할 수 있다.**

조소앙은 이러한 맥락에서 1948년 7월 대한민국 정부에 대한 지지 의사를 밝혔다. 또한 제헌국회 무소속 구락부에서 국회의원 100명의

---

* 〈조선일보〉, 1948년 7월 23일.

** '남북회담에 관한 결정서'(삼균주의청년동맹, 1948.5.10.), 《소앙 선생 문집》 하, pp.108-109.

서명을 받아 조소앙을 국무총리로 임명할 것을 이승만 대통령에게 건의했을 때도 대한민국 정부에 참여를 고려하는 듯한 언급을 했다. 비록 이승만 대통령의 반대로 국무총리에 선임되지는 못했지만 조소앙은 계속해서 대한민국 정부를 지지했다. 그는 1948년 9월 15일 한국독립당 상무위원회에서 남북한 양쪽의 단독정부 수립을 '남북통일의 과정'으로 보아야 한다면서 대한민국 정부에 참여할 것을 강력하게 요청하기도 했다.*

조소앙은 더욱이 단정 반대에 기초한 통일운동 노선을 고수하는 의견에 의해 자신의 의견이 관철되지 못하자 이청천, 신익희, 명제세, 박용희 등과 협의하여 새로운 정당을 결성하기로 뜻을 모으고, 결국 같은 해 1948년 11월 사회당을 결성했다. 한국독립당을 탈당하기 직전인 1948년 10월 11일에는 성명서를 통해 대한민국 정부가 대한민국 임시정부를 계승하여 민주주의 원칙 아래 수립된 민족의 최고기관으로 역사적 정통성을 갖는다고 주장했다.**

여기에서 그는 특히 "자신이 참가하지 않았다는 이유로, 자당의 정책이 집행되지 못했다는 이유로, 주권과 영토가 완성되지 못했다는 이유로, 대한민국을 거부할 이유가 발견되지 않는"다고 선언했다.

나아가 조소앙은 통일의 방법에 대해 다음과 같이 주장했다.

> 통일의 방법으로는 전 민중의 공론을 채용할 것과 권력 형태의 조직을

---

* 노경채, 《한국독립당 연구》(신서원, 1996), pp.260-261.

** 조소앙, '성명서'(1948. 10. 11.), 《소앙 선생 문집》 하, p.110

통할 것과 국제기구의 협조를 고려할 것 등이다. 이 세 가지를 전체적으로 매진하자면 삼균주의의 사상을 향촌에 있는 농민층에, 도시와 항만에 있는 노동계와 각 상점에 있는 소시민과 사용인층에, 중학 이상의 학생층에, 관공리 각층급에까지 요해시키며 인식시켜 민족적 견해가 정치, 경제, 교육의 균등제도의 궤도로 들어서게 하여야만 할 것이다.

조소앙, 2대 국회의원 선거에서 조병옥 상대로 전국 최다 득표

조소앙을 중심으로 하는 사회당은 이러한 맥락에서 대한민국의 정통성을 인정하는 전제 위에 "대한민국의 자주독립과 남북통일을 완성하고 정치, 경제, 교육상 완전평등한 균등사회 건설에 일로매진할 것"을 선언했으며, 남북한의 균등사회 건설, 정부 당국의 통일방안 추진과 실현, 유엔을 통한 남북통일운동의 전개를 사회당의 3대 노선으로 채택했다.*

1948년 12월 1일에는, 첫째, 통일의 방법으로는 전 민중의 공론을 채용하고 권력 형태의 조직을 통하고 국제기구의 협조를 고려한다. 둘째, 기성 정당으로서는 이같은 민족적 지상과업을 집행할 수 없다고 단정하고 민족진영을 재편성, 총단결한다, 셋째, 균등사회의 법률화하는 현실적 행동론, 넷째, 신조직 기구론 등 4원칙을 내세워 "완전한 통일국가와 독립정부의 완성에까지 노력하는 깃발"로서의 사회당을 창당했다.

---

* '사회당 제1차 중앙집행위원회 결의안'(1948. 12. 14.), 위의 책, p.116.

조소앙의 삼균주의는 다음과 같은 사회당의 강령에 뚜렷하게 드러나 있다.

① 우리나라의 인민, 주권, 영토를 통일하고 민족자주의 독립국가 조직을 완성한다.

② 국비교육과 전민정치와 계획경제를 실시하여 균지, 균권, 균부의 사회를 건설한다.

③ 개인 대 개인, 민족 대 민족, 국가 대 국가의 평등과 호조를 원칙으로 한 세계 일가를 실현한다.

사회당은 창당 초기 극심한 재정난을 겪었지만 창당 6개월 만에 당원 총수가 20여만 명을 넘어설 정도로 빠르게 세력을 확대했다. 한편 사회당은 1948년 12월 창당 당시부터 이른바 '민족진영 재편성 운동'을 주장했다. "1당 1파를 초월하여 거국적으로 결속된 협의체를 구성하고 한국의 통일을 결의실천하는 민족 대동단결 체제하에 국론을 통일하자"라는 주장이었다. 이를 위해 24개 정당·사회단체 대표들이 모여 여러 차례 회합을 열고 김규식을 의장으로 선출했다. 그러나 회합이 거듭될수록 정당·사회단체의 민족진영통일협의체 구상의 차이가 좁혀지기는커녕 "영도권을 어느 쪽에서 쥐느냐는 분파적 작용이 표면화"되면서 민족 대동단결 체제 구성은 실현되지 못했다.

이후 조소앙은 1950년 5월 제2대 국회의원 선거에서 서울 성북구에서 출마했다. 당시 사회당으로 입후보한 이들은 모두 28명이었다.

5.30선거 두 달 전인 1950년 3월 조소앙은 '나의 출마 이유와 그리고 정견'이라는 글에서 근로대중의 보호와 실업자 대책이 특히 시급하다고 강조했다. 이와 함께 당시 헌법이 노동자 보호의 기본원칙을 명시하고 있음에도 아직 법률로 구체적으로 보장되지 않았다면서 제헌국회 2년 동안 노동입법이 한 건도 없었다고 비판하고, 500만에 이르는 실업자의 민생 해결을 위해 각종 건설사업 등을 통해 완전고용 정책을 중요 국책으로 삼아야 한다고 강조했다.

그러나 자금난에 사회적 인식 부족, 사회당 후보자들을 '공산주의의 사촌'으로 몰아세우는 타당 후보의 공격과 관권의 노골적 개입 등으로 사회당 28명의 후보 중 조소앙과 그의 동생 조시원을 제외한 26명의 후보는 모두 패배했다. 하지만 조소앙은 "단선단정 수립을 반대하고 소위 남북협상을 하러 북한에 갔다 온 자를 국회에 보낸다면 대한민국의 존립이 위험한 궁지에 빠지게 된다"라며 공격한 조병옥을 상대로 전국 최다득표를 얻어내기도 했다.* 당시 조병옥은 1만 3,498표를 얻었고 조소앙은 3만 4,035표를 얻었다.

안재홍, 정부수립 문제에 현실주의적 입장 견지

안재홍의 경우 5.10선거 1년 후에 기고한 글에서 "급작히 통일정부가 수립되기는 어렵고 민족 총의는 정부가 아니고서는 효과적으로 표현할 수 없는 것이기 때문에 38선 이남만이라도 정부를 세우는 것도

---

* 조병옥, 《나의 회고록》(민족사, 1959), p.278.

차선책으로 요당한 조치"라고 주장했다.* 1946년 5월부터 시작된 좌우합작운동에 김규식, 원세훈, 최동오, 김붕준과 더불어 좌우합작위원회 우측 5인 대표의 한 사람으로 활동하는 등 좌우합작회담 추진에 적극 참여했고 남조선과도입법의원 관선의원으로 미군정청 민정장관을 지내기도 했던 안재홍은 신탁·반탁 논쟁 때부터 일관되게 정부수립과 관련해서는 현실적으로 판단해야 한다는 입장이었다. 또한 그는 남북협상의 주역인 김규식이 이끌던 민족자주연맹에 상임위원으로 참여하기도 했지만 남북협상에는 회의적인 입장을 보였다. 남북협상에 반대하는 것까지는 아니지만, 실패로 끝날 것이라고 본 것이다. 이러한 그의 시각은 안재홍의 장남 최용이 남긴 미발표 유고에 잘 드러나 있다.

> 부친은 남북 총선거는 최선이요, 가능지역만의 총선거는 차선인데, 군정을 무기한으로 끌어갈 수 없는 이상 차선이라도 취해야 한다는 현실적인 이론에 지지를 표명하고 있었다. 평양에서 준비된 협상에 이남에서 월북 참가하는 피동성과 제약받는 조건을 근심하고 성산 없는 것으로 여겨서, 〈한성일보〉를 통하여 수차 그 취지를 표명하고 주의를 환기한 바 있었다. 뿐만 아니라 협상에 참가하는 것과는 별문제로 남한 총선거에는 각 당에서 일률적인 참가를 역설하였으나 명분론적인 선거 참가 반대론이 부친의 주장을 거부하였던 것이다.**

---

* 안재홍, '1주년 회고와 전망' 1, 〈조선일보〉 1949년 8월 15일.

** 김재명, 〈한국 현대사의 비극〉, pp.263-264.

이처럼 안재홍은 남북협상에 참여 여부를 떠나 5.10선거에 민족 양심 세력이 적극 참여, 정치권력을 장악해야 한다는 생각을 품고 있었고, 이로써 평화적 통일을 위한 민족 양심 세력의 진지한 역할을 기대할 수 있다고 생각했다.

"남북협상 당시 선배와 동지들이 남한 선거를 거부치 말고 그 산하의 인물들로 대거 참가케 하였던들, 오늘날 의정단상 다수의 투사와 함께 통일공작의 동지로 하여금 대다수를 확보하여 자못 신축자재한 기동적인 작전을 하였을 것인데, 그의 오류 이미 추급할 수 없고 역시 다만 간과지인의 탄을 발할 뿐이다"* 라는 글에서 그는 직접적으로 그러한 아쉬움을 표현하기도 했다.

제헌국회 개원 직후 민정장관에서 사임한 안재홍이 정치무대로 다시 돌아온 것은 1950년 5월 30일 제2대 국회의원 선거를 통해서였다. 그는 고향인 경기도 평택에서 무소속으로 입후보해서 9명의 후보자를 누르고 압도적 다수표를 얻어 당선되었으나 국회 등원 일주일도 안 되어 6.25전쟁이 발발했고, 전쟁 중 납북되고 말았다.

북한, 남북협상 추진 중에도 단독정부 수립 지속

한편 북한에서는 한반도 북쪽에 소련에 우호적인 공산 정권을 수립한다는 소련의 계획이 남쪽의 정세와 무관하게 해방 직후부터 차근차근 진행되고 있었다.

---

* 안재홍, '조선 민족의 정치적 진로', 《민세 안재홍 선집 2》(서울: 지식산업사, 1983), p.318.

1945년 8월 14일 38선 설정에 대한 미국의 제안에 스탈린은 바로 다음 날 그 제안을 받아들였다. 미국의 입장에서 이 제안은 소련이 남한까지 점령하도록 해서는 안 된다는 부정적인 의미였지만, 소련 측에는 '소련이 북한을 점령해도 좋다는 긍정적인 의미'일 수 있었다. 두 달여 만인 10월 10일에는 조선공산당 북조선분국이 설립되었고, 10월 28일에는 북조선5도행정국이 설치되었다. 북조선5도행정국은 이듬해인 1946년 2월 8일 북조선임시인민위원회로 재발족하여 3월 무상몰수·무상분배의 토지개혁을 실시했다. 한편 5도행정국의 위원장이자 조선민주당의 당수 조만식은 1946년 1월 초에 연금된데 이어 1월 23일에는 김일성이 공식석상에서 조만식을 반동으로 규탄하고 2월 24일 최용건이 북조선민주당 당수로 임명된다. 조만식의 연금은 이북 우익 세력 전체에 대한 '선전포고'나 다름없던 것이었다. 1946년 1월, 소련은 북한에서 소련에 우호적인 정권을 수립할 제반의 준비를 완료했다.

그리고 남북협상이 진행 중이던 1948년 4월에는 조선인민군 창설과 임시헌법까지 마련되어 있었다. 김일성은 1948년 4월 21일 남북연석회의 북조선 정치정세 연설에서 임시헌법 초안을 검토하는 의의를 다음과 같이 설명했다.

> 금년 2월 초에 북조선인민회의는 헌법제정위원회를 조직하여 거기에서 작성한 조선 림시헌법 초안을 전 인민적 토의에 붙일 것을 결정하였읍니다. 지금 전개되고 있는 헌법 초안 토의 정황 중에서 제일 중요한 것

은 북조선에서뿐만 아니라 남조선에서도 절대다수의 인민들이 우리가 토의에 부친 조선 림시헌법 초안을 열렬히 지지찬동하고 있는 사실입니다. 이것은 물론 우연한 사실이 아닙니다. 그것은 헌법 초안이 북조선에서 이미 실시한 제민주개혁들을 확고시키는 것이며, 또한 남조선 인민들이 나아갈 가치를 명확히 밝히어주는 때문입니다.*

이런 점으로 미루어볼 때, 단선단정을 반대한다는 명분으로 남북협상을 추진하는 가운데 북한 역시 북한 단독정부 수립을 차근차근 밟아나가고 있었으며, 한편으로 남북협상에서 남과 북 참가자들이 함께 남한 단독선거를 비판함으로써 이어질 북한 단독정부의 정당성을 확보하고자 한 것으로 해석할 수 있다. 남한 단선단정이 가시화될 경우 북한 역시 정부수립의 수순을 밟을 수밖에 없고, 이렇게 될 경우 정통성의 경쟁이 불가피한 상황이 되기에 "통일정부 수립을 둘러싼 논쟁을 덮어둔 채 우파들을 단선단정 반대투쟁에 묶어 세우기만 한다면, 북측으로서는 손해 볼 것이 없는 유리한 국면"이었다.** 연석회의가 진행되던 기간인 4월 28일과 29일에 북조선인민회의특별회의가 열렸으며, 여기에서 헌법초안을 찬동한 것도 연석회의 참가자들이 북의 "헌법초안을 찬동하는 것처럼 보이게 하려는" 의도가 있었다고 볼 수 있다.***

---

* 김일성, '북조선 정치정세', 《전조선정당사회단체대표자연석회의 보고 급 결정서》(1948), pp.11-12.

** 이신철, '특집 정부수립 60년, 남북회담 60년, 남북정상회담의 전사-남북협상과 1950년대 통일논의', 〈성대사림〉 30권(2008), p.77.

*** 서중석, 앞의 책, p.164.

그러나 이 헌법안을 경계하고 있었던 김구·김규식 등은 북의 권유에도 불구하고 이 회의에 참석하지 않았다.

남한에서 5.10선거가 실시되고 뒤이어 제헌국회가 구성된 이후 북한에서도 본격적으로 정부수립에 나섰다. 먼저 1948년 6월 2일 북조선로동당 정치위원회 확대회의에서 헌법을 전국적으로 시행하고 통일적인 최고입법기구를 세우기 위한 총선을 치른다는 방침을 결정했으며, 3일 남한 민주주의민족전선 대표들도 포함하여 개최된 북조선 민주주의민족전선 확대중앙위원회에서 제2차 남북조선정당사회단체지도자협의회를 소집하기로 결정됐다. 이에 따라 6월 29일부터 7월 5일까지 제2차 남북정당사회단체지도자협의회가 개최되었고, 여기에서 남북한 총선거를 바탕으로 하는 최고인민회의 구성이 결정되었다. 이 결정에 따라 남북한에서 선거가 치러졌다. 남쪽에서의 선거는 지하선거로 치러졌다. 이 선거 결과에 따라 남북한 대의원으로 구성되는 최고인민회의가 구성되었으며, 9월 9일 조선민주주의인민공화국이 수립되었다.

김구, 북의 정권수립 결정한 2차 지도자협의회에 거세게 반대

한편 북한은 제2차 남북정당사회단체지도자협의회를 개최하는 과정을 통해 북한 정권의 '전 국민적' 대표성을 확보하고자 했다.* 제2차 남북정당사회단체지도자협의회는 김일성이 제안하고 소련이 그 제안

* 정해구, 앞의 논문, p.234.

을 받아들여 진행되었는데 김일성이 소련공산당 중앙위원회에 제출한 결정서 초안을 보면 김일성이 이 협의회를 통해 무엇을 얻고자 했는지를 잘 알 수 있다. 김일성은 북한에 곧 수립될 정부가 북한의 단독정부임을 분명히 하면서도 그것이 "조선중앙정부"임을 강조하여 대한민국 정부가 아닌 자신들에게 더 정통성이 있다고 주장한 것이다.

1948년 6월 10일, 김일성·김두봉은 공동명의로 서한을 보내 6월 23일에 해주에서 2차 회담을 개최하자고 제의했다. 그러나 김구와 김규식은 2차 회담 제의와 북한 정부수립 방침에 반대한다는 의사를 표명했다. 김구는 "회담의 구체적인 내용과 방법을 협의하기 위해 평양에 체류 중인 홍명희가 연락위원으로 서울에 오기를 바란다는 답장"을 보내는 방식으로 간접적으로 불참 의사를 밝혔고, 김규식은 공식적인 언급은 없었지만, "우리가 남한 단정을 반대한 것은 그것이 국토 양단과 민족 분열 때문이었는데, 4월에 합의를 보았음에도 불구하고 남한에서 정부를 수립한다고 해서 북쪽에서도 또 정부를 수립하면 북한 단정이 아니냐"라며, 차라리 북에서 선거를 실시해 남한 국회에 남겨둔 의석 100명을 파견하고, 이를 중심으로 남북회담을 대행해 통일방책을 협의하자고 요청* 하는 등 부정적 회답을 보냈다.

1948년 6월 29일, 북측은 김구·김규식의 불참에도 불구하고 제2차 남북조선제정당사회단체지도자협의회 예비회담을 개최했다. 이 회의에는 북한 15개 정당·단체 대표 16명, 남한 대표 17명 등 총 32개 정

* 손세일, 앞의 책, p.332; 〈조선일보〉 1948년 8월 11일 ; 국사편찬위원회, 앞의 책, pp.755-756.

당·단체 대표 33명이 참여했다. 예비회담에서 2차 지도자협의회 의제로 '남조선 단독선거와 조선통일방책'을 채택한 후 예비회담 참석자와 동일한 참석자들이 7월 2일부터 5일까지 본회의를 개최했다.

본회의에서 각각 북조선 민주주의민족전선, 남조선 민주주의민족전선, 남측의 우익과 중간을 대표하여 발표한 김일성, 박헌영, 홍명희, 리영의 보고 내용은 모두 조선중앙정부를 수립해야 한다는 당위성으로 수렴되었다. 이어진 토론 역시 앞의 4명의 보고 내용을 지지·찬동하는 내용이었다.

2차 지도자협의회에서는 마지막 날 "현하 정세의 구국 대책으로 선거에 기초하여 조선최고인민회의를 창설하고 남북조선 대표자들로 조선중앙정부를 수립할 것"을 주요 내용으로 하는 결정서를 채택했다. 이 결정서에서는 단독선거 반대와 부정을 다시 한 번 명확히 했으며, 그 대안으로 선거에 기초한 조선최고인민회의 창설, 남북조선 대표자들로 구성된 조선중앙정부 수립을 통한 '통일적 민주주의 조선독립국가' 수립을 결정하고 조선최고인민회의 창설과 조선중앙정부 수립을 위한 급선무로는 외국군 철수를 결정했다. 이와 함께 이러한 결정을 실현하기 위한 구체적 방안으로 '조선최고인민회의 대의원선거 절차에 관한 협정'을 채택했다.* 북한에서는 1948년 4월 29일에 합의된 조선민주주의인민공화국 헌법에 기초하여 직접선거를 실시하되 직접선거 실시가 불가능한 남한에서는 간접선거로 선거를 실시한다는 내

* 손세일, 위의 책, pp.51-54.

용이었다.

예컨대 북한은 제1차 지도자협의회 공동성명서에서 제시한 ③항의 내용 중 자신에게 필요한 부분만 선택적으로 취한 것이다. 제1차 지도자협의회 공동성명 ③항은 "외국 군대 철수 후 제정당 공동명의의 전조선정치회의를 소집하여 민주주의 임시정부 즉시 수립"이라는 부분과, 임시정부 주도 아래 "총선에 의한 조선입법기관 선거 후 조선헌법 제정하고 통일적 민주정부 수립"이라는 크게 두 개의 부분으로 구성되어 있는데 북한이 앞부분은 남한 단독정부 수립 등의 정세 변화로 실현할 수 없지만 뒷부분은 실천해야만 한다는 식으로 결정한 것이다.

그런 점에서 전조선정치회의를 통한 임시정부 수립 절차를 생략한 채 곧장 헌법을 시행하고 정식정부를 수립하겠다는 제2차 지도자협의회 결정은 엄밀한 의미에서 4월의 제1차 지도자협의회 결정에 대한 '위반'이라고 볼 수도 있다. 제1차 지도자협의회의 결정이 "통일정권 수립의 방책"이었다면, 제2차 지도자협의회의 결정은 사실상 "북한정권 수립을 위한 결정"이었다.

이 결정 내용을 접한 김구와 김규식은 당연히 반발했다. 김구와 김규식은 7월 19일 공동성명을 발표, "미·소 양군 철퇴 후 남북협상에 참가했던 정당·사회단체의 주동으로 전조선정치회의를 소집해 자주통일 임시정부를 수립하기로 한 약속을 이행할 것"을 북측에 촉구했으며 2차 지도자협의회에 대해 "일방의 독단"이라고 주장했다. 이들은 북측의 정부수립 의도에 대해 "시기와 지역과 수단 방법에 있어서 차이가 있을지언정 반 조각 국토 위에 국가를 세우려는 의도는 일반인 것"이라고 비판했다.

북한 정권 수립과 남북 분단

김구와 김규식의 반발에도 불구하고 "그 형식상 남북한 전체 인민을 대표할 수 있는 지위를 가지고 있는" 제2차 지도자협의회에서 사실상 북한 정권 수립이 결정된 이후 북한의 정부수립 움직임은 일사천리로 진행되었다.

먼저 7월 9일부터 10일까지 개최된 제5차 북조선인민회의에서 "전조선이 통일되기 전까지 (…) 조선민주주의인민공화국 헌법을 북조선지역에서 실시할 것"과, 조선민주주의인민공화국 헌법에 의거하여 조선최고인민회의 대의원 선거를 실시할 것을 결정했다.* 이러한 결정을 축하하기 위한 군중대회(7월 11일) 개최에 이어 7월 12일과 13일 북조선로동당 제2차 중앙위원회에서 헌법 실시와 선거 시행에 따른 대책을 검토하는 등 각 단위에서 회의를 열고 대책을 검토했다.

1948년 8월 25일 주민들이 대의원을 직접 선출하는 방식으로 최고인민회의 대의원 선거가 치러졌다. 선거 결과 유권자의 99.97퍼센트가 선거에 참여하여 그중 98.49퍼센트가 북조선민주주의민족전선이 추천한 공동후보에게 찬성표를 던졌다. 이로써 북한 지역에서는 212명의 최고인민회의 대의원이 선출되었다.**

북한 지역에서 선거가 치러지는 동안 남한 지역에서도 간접선거의

---

* '북조선인민회의 제5차 회의 회의록', 《북한 관계 사료집》 8, pp.341-408.

** 《한국 현대사 자료 총서》 12, pp.352-353.

방법으로 지하선거가 치러졌다. 남한의 유권자들이 먼저 북한 해주에서 열리는 남조선인민대표자대회에 참석할 대표를 선출하고, 이 대회에서 다시 최고인민회의 대의원을 뽑는 2단계 선출방식이었다. 인구 5만 명당 1인의 대의원을 뽑도록 되어 있는 선거 규정에 따라 남한 유권자들은 남한 지역에 할당된 최고인민회의 대의원 360명의 3배수에 해당하는 1,080명의 대표들을 지하선거를 통해 선출하게 되었다. 남조선로동당이 중심이 되어 면 단위 수준에서 조직했던 약 5,000개에 달하는 전권위원회의 약 8만여 명의 전권위원들이 유권자들과 직접 접촉, 입후보자가 등재된 명부에 서명을 받는 식으로 선거를 진행했다. 7월 15일부터 8월 10일까지 이어진 지하선거 기간 선거위원회위원, 전권위원, 대회대표 등 957명이 검거, 투옥되었다고 한다.

지하선거를 통해 선출된 대표들은 비밀리에 38선을 넘어 8월 21일부터 26일까지 해주시에서 개최된 남조선인민대표자대회에 참가했다. 월북 중 80여 명이 남한 당국에 체포되어서 대회에 참가한 대표들은 1,002명이었다. 남조선인민대표자대회는 360명의 최고인민회의 대의원 선출을 마무리 짓고 26일 폐막되었다. 이렇게 해서 남한측 360명, 북한측 212명 등 전체 572명으로 구성되는 최고인민회의 대의원들이 선출되었다.

최고인민회의 제1차 회의는 9월 2일부터 9월 10일까지 진행되었으며 9월 8일 의장 허헌, 부의장 김달현, 이영의 최고인민회의와 의장 김두봉, 부의장 홍남표, 홍기주의 최고인민회의 상임위원회가 구성되었다. 같은 날 북조선인민위원회 위원장 김일성은 북조선인민위원회의 정권과 권한을 최고인민회의에 이양했고, 이에 최고인민회의는 김일성을 수상으로 선임, 내각 인선을 김일성에게 위임했다. 9월 9일 김일성은 수상 김일성, 부수상 박헌영, 홍명희, 김책, 국가계획위원회위원장 정준택, 민족보위상 최용건, 외무상 박헌영, 산업상 김책 등 내각을 발표했다.*

내각 인선을 마무리 지은 최고인민회의는 9월 9일 조선민주주의인민공화국 창립을 선언했다. 최고인민회의 마지막 날인 9월 10일에는 수상으로 선출된 김일성이 조선민주주의인민공화국 정강을 발표했다. 이 정강은 남한 정권을 '남조선 반동괴뢰정부'로, 북한 정권을 "남북조선 인민의 총의에 의하여 수립된 통일적 조선중앙정부"로 규정했다.** 이로써 남과 북 양쪽에 분단 정권이 들어서게 되었다.

---

* 국토통일원 편,《북한 최고인민회의 자료집》 제1집(국토통일원, 1988), pp.116-118.

** 위의 책, pp.95-97.

4 김구 암살과 남북협상파의 몰락

"1차 협상을 실패라고 규정 짓는 것은 조급"

1949년 1월 16일 '한국독립당 제6계 제5차 중앙집행위원회(임시)에 제하야 동지제위께 고함'이라는 글에서 김구는 다음과 같이 주장했다.

> 그러면 우리는 어떻게 할 것인가. 전쟁이냐, 타협이냐. 우리는 서슴치 아니하고 타협의 길을 취하자고 주장한다. 과거도 그러하였고 현재도 그러한 것이다. 이것이 인류의 염원이며 삼천만의 애국심이다. 금일 삼천만의 갈망하는 바는 외국의 간섭 없이 동족의 유혈이 없이 오직 평화로운 민주방식에 의하야 조국의 통일독립을 완성하는 것이다. 조국이 평화롭게 통일을 하지 못하면 정치적으로 독립을 얻을 수 없고 경제적으로 생존을 구할 수 없는 것을 그들이 투철히 인식하고 있다. (…) 우리가 무엇

때문에 우리끼리 피를 흘리겠느냐. (…) 그러므로 남북통일은 남북협상의 도경을 통하야만 얻을 것이다.

이어서 4월 19일에 남북협상 1주년을 맞아 김구는 다음과 같이 소회를 밝혔다.

회고컨대 나는 작년 4월 19일에 조국의 통일을 위하여 만난을 무릅쓰고 38선을 넘어서 북행했었다. 그 뒤에 조국의 현실은 마침내 분리의 형태를 가지게 되었다. 이것은 오직 국제적 제약성에 기인한 데 불과한 것이며, 삼천만 동포의 마음속에는 다만 하나의 조국이 있을 뿐으로 남북동포의 통일을 갈망하는 열렬한 의욕은 시간과 함께 더욱 성장하고 있다. 제1차 협상을 실패라고 규정 짓는 것은 조급한 생각이다. 국제적 압력으로 첨예하게 대립된 상극의 세력을 정치적으로 통일시키기 위하여는 여러 가지 난관을 극복시킴에 필요한 오랜 시간과 꾸준한 노력이 필요한 것이다. 1차 협상은 복잡한 정치적 교섭의 도정(途程)을 계시하는 한갓 서곡에 불과하고 종국은 아니다. 협상에서 세워진 통일의 원칙은 국제적으로도 영향을 주게 되었다. 남북의 통일을 위한 협상은 반드시 있을 것이다. 지금과 같이 분단된 현실에 대하여 누구나 만족하게 생각할 사람은 없다. 미·소 양군 철퇴는 우리의 주장이 부분적으로 실현돼가는 것이다. 역사는 언제나 전진하며 정의에서 우러나오는 정당한 주장은 반드시 실현될 것을 확신한다.

1949년 1월에도 김구는 남북이 분단된 것은 남북회담 그 자체의 실패가 아니라 국제적 제약성에 의한 것이라는 점, 1948년의 남북연석회의는 통일 역사의 시작이며 끝이 아니라는 것, 미·소 양군 철수 문제와 마찬가지로 남북협상도 결국 성공할 것 등을 주장하고 있었던 것이다.*

이처럼 남북의 타협과 협상을 통한 통일, 그리고 이를 통한 평화 달성을 신념으로 했던 김구였지만 1948년 6월 제2차 남북지도자협의회 제안이나 1949년 5월경부터 북에서 추진한 조국통일민주주의전선 결성에는 반대 입장을 표명했다. 1949년 5월 12일 남조선로동당을 비롯한 남한의 8개 정당·사회단체가 조국통일민주주의전선 결성을 제의하는 서한을 발표했을 때, 김구와 한국독립당은 다음과 같은 비판적인 성명을 발표했다.

> 평양방송이 전하는 소위 조국통일민주전선은 신(新) 형태의 민주주의 민족전선(민전)을 의미하는 것이다. 해주의 남북협상과 같은 방식의 남북협상은 아무런 의의가 없는 것이다. 남의 좌익과 북의 좌익이 협상한다는 것은 좌익에 관한 문제이다. 우리는 미·소의 협조로써 절대 자유분위기가 조성된 위에서 남북의 정당·사회단체 대표들이 서울에 회합하야 민주주의 방식에 의하야 남북 화평통일에 대한 협의를 하여야 한다는 것을 거듭 강조하는 바이다.

* 도진순, 앞의 글, p.122.

김구는 또한 다른 글에서 북의 통일전선 결성에 응하지 않은 이유에 대해 이렇게 밝혔다.

"우리가 주장한 협상이나 통일은 그들이(북측) 말하는 그것과는 질적으로 큰 차이가 생긴 것이다. (…) 다시 말하면 우리가 말하는 협상이나 통일이란 결코 공산당만을 위한, 또는 그들의 정권만으로서의 통일은 아니다. 오직 평등한 입장과 자유 분위기에서 피차의 권리를 용인하면서 협상한 결과로써 얻어지는 평화만이 조국을 위한 광영의 평화이며, 민주적 통일이라고 하겠다."

비슷한 시기인 1949년 5월 31일 김구는 유엔 한국임시위원단에 제출한 의견서에서 남북의 통일방안으로 세 가지 유형의 선거를 제시했다.

> ① 1948년 5월 10일에 유엔 감시하에 실시된 가능한 지역의 선거 당시에 북한을 위하여 보류하였다는 100명의 대표를 유엔 감시하에 북한으로부터 선출하여 대한민국 국회에 보내는 것
>
> ② 대한민국 국회의원을 전체 새로 선출하기 위하여 유엔 감시하에 남북을 통한 총선거를 실시하는 것
>
> ③ 1947년 11월 14일 유엔 총회에서 채택된 결의안에 의한 남북을 통한 총선거를 실시하는 것

김구는 ①항이나 ②항은 북한의 반대로 불가능하다고 보아 ③항 유형의 선거를 실시하되, "유엔 한국임시위원단의 결함을 보완

하여 1948년과 같이 실패하지 않기 위해서 남북 민간지도자 회담a parley of civilian leaders in North and South 또는 정당사회단체회의a joint conference of the representative of political parties and social organizations를 개최하여 통일을 실현하기 위한 방법을 협의해 보는 것이 좋겠다고 제기"했다. 김규식 역시 1949년 4월 22일 신 유엔 한국임시위원단과의 협의과정에서 남북정부의 승인하에 비공식적으로 정당·사회단체들의 대표자들을 모아서 회담을 개최할 것을 제의하기도 했다.*

이승만 정권의 중도파 탄압과 김구 암살

그러나 남북의 평화와 통일독립국가에 대한 김구의 염원과는 달리 이미 남과 북은 전쟁으로 치닫고 있었고 대한민국의 정통성을 인정하지 않는 김구와 김구를 중심으로 하는 중도파에 대한 이승만 정권의 탄압도 점점 거세지고 있었다.

특히 이승만은 1948년 10월 발생한 여순사건을 중도파와 통일운동 세력을 척결하는 절호의 기회로 삼았다. 여순사건이 일어나자 당시 국무총리 겸 국방장관 이범석은 이미 10월 1일 대한민국 전복 쿠데타 음모혐의로 체포되어 있던 최능진, 오동기, 서세충 등을 배후세력으로 지목했으며 나아가 이들이 여수에서 "단순한 하사관들을 선동하고 공산주의를 선전하는 한편 극우진영인 해외와 국내의 정객들과 직접 간접으로 연락하여 가지고 러시아 10월혁명 기념일을 계기로 전국적인

---

* 〈동아일보〉 1949년 4월 23일.

기습 반란을 책동"한 것이라며 김구측을 압박했다.

1948년 11월 4일에는 사회민주당 여운홍, 한국독립당 상무위원이자 통일독립촉진회 선전부장인 엄항섭, 한국독립당 선전부장 엄도해, 합동통신사 편집국장 이갑섭 등 정계, 언론계 등에서 약 700명이 남조선로동당 계열과 남북협상 계열의 폭동 음모 계획을 이유로 검거되기도 했다. 당시 수도경찰청장 김태선은 기자와의 질문에서 이들이 11월 7일 러시아혁명을 전후하여 폭동을 계획하고 있어 관계자를 조사 중이라면서 현 대한민국을 불승인한다면 단연 경찰로서 조사하겠으며, 정부를 불승인한다면 각오가 있어야 할 것이라고 경고했다. 폭동 음모보다 '대한민국 불승인'이 더 큰 문제라는 것을 시사하는 발언이었다.

여순사건과 김구를 연결시키려는 이러한 시도에 대해 미국도 일정하게 수긍을 하고 있었던 것으로 보인다. 미국 대사관에서도 김구 지지 세력의 불만이 반란과 연관이 있음을 시사하면서 다음과 같은 내용의 평가 보고서를 작성했다.

"김구가 쿠데타를 일으킨다면 공산주의자들이 결과적으로 생긴 혼란을 재빨리 활용할 것이라고 생각할 수 있다. 대한민국은 공산주의자 단독의 공격을 막아낼 수 있지만 또 쿠데타도 진압할 수 있지만, 양자를 동시에 견뎌낼 수 있을지는 매우 의심스럽다."

이승만 정권의 공안정국은 1948년 12월 1일 국가보안법 공포, 국회 내 진보적 소장파 그룹에 대한 탄압, 반민특위 해체, 김구 암살 등 이승만 정부의 '1949년 6월 대공세'로 이어졌다. 그리고 1949년 6월

26일 김구는 안두희에 의해 암살되고 만다. 안두희는 군사법정에서 "국가를 위해서 선생을 죽이는 것이 좋겠다고 나는 단정했다"라고 당당히 외쳤다.*

김구의 암살 원인과 관련, 김구가 남과 북에서 전개된 새로운 통일 협상에 적극적인 모습을 보이자 이를 두려워해 자행한 것으로 보는 시각과 다가올 선거를 앞두고 태풍의 눈이 될 최대의 정적에 대한 사전 제거라고 보는 시각이 있다.

김구가 암살된 이후 이승만 정권의 탄압은 더욱 공공연하게 진행되었다. 김구 일행은 암살 후 두 달이 채 되지 않아 경교장을 떠나야 했을 뿐만 아니라 건국실천원양성소도 해산해야 했고, 《김구 주석 최근 언론집》도 북한 노선에 찬동한다는 죄목으로 차압당했다. 《백범일지》 재판 발행도 불가능했다. 백범김구선생기념사업협회 결성이 추진되어 1949년 8월 6일 제1차 발기인대회가 열렸지만 1950년 6월 25일 전쟁 발발로 1주기 추도식도 갖지 못했다. 공식 추도식은 김구 암살 11년 뒤인 4.19혁명 이후에야 11주기 추도식으로 진행될 수 있었다.**

---

* 서중석, 《남북협상-김규식의 길, 김구의 길》, p.49.
** 선우진, 앞의 책, p.237.

가장 큰 쟁점은 이승만과 미국의 관련성

김구 암살 순간과 암살의 배후

김구의 비서 선우진은 암살 당시의 상황을 이렇게 전한다.

백범 서거 소식을 듣고 경교장 앞뜰에 몰려와 애도하는 시민들의 모습이다. 암살범의 총알이 유리창을 뚫고 나간 흔적이 선명하다.

1949년 6월 26일 오후 1시 20분경, 김구는 공주에서 열리기로 된 건국실천원양성소 입소식이 당국의 탄압으로 취소당했다는 소식을 듣고 무척 울적했다. 선우진이 마음을 돌려드리려고 주일예배를 위해 남대문교회에 모시고자 했으나, 때마침 차가 없어 김구는 2층 거실에서 울적할 때면 들기 마련인 붓을 들어 글씨를 썼다.

그때 안두희는 비서실에서 면회 차례를 기다리고 있었다. 서북청년들이 대거 한국독립당에 입당했을 때 당원이 된 안두희는 이전에 한국독립당 조직국장인 김학규 씨의 소개로 김구를 한 번 뵌 적이 있었다. 그때 김학규 씨는 안두희 소위가 다시 오더라도 잘 안내해 주라고 부탁했다.

차례가 되어 선우진은 안두희를 2층으로 안내했다. 안두희는 아무 말 없이 들어서서 모시옷 차림인 김구에게 경례를 했다. 붓글씨를 쓰다가 쳐다본 김구는 "언제 왔느냐"고 물었고, 안두희는 "어제 왔습니다"라고 대꾸했다.

선우진은 식사 마련 때문에 지하실 식당에 급히 내려가 식모에게 물었더니 만둣국을 끓이고 있다고 대답했다. 바로 그때 2층에서 잡역을 보던 이씨가 뛰어내려와 김구 선생이 총 맞고 돌아가셨다고 아우성을 쳤다. 안두희를 안내한 지 2~3분밖에 되지 않을 때였다.

선우진이 황급히 2층 계단을 뛰어오르자 안두희가 "내가 쏘았다"라면서 계단을 내려오며 힘없이 권총을 떨어뜨렸다. 선우진이 거실에 쫓아들었을 때는 김구가 의자에 처진 채 숨져 있었다. 의사를 부르려 현관까지 뛰어나왔을 때 경교장 살림을 도맡아 보던 이씨가 의자를 들고 안두희를 내리치고 있었다. 안두희는 반항 없이 맞고 있었다.

정문 순경이 달려온 것은 그 무렵, 바로 뒤이어 근처를 배회하던 정체불명의 사복 셋이 들어와 "이러지를 말라"라면서 안두희를 분노의 뭇매로부터 보호했다. 서대문서 경찰이 달려들자 이 정체불명의 사나이들은 "이 사람은 군인이니까 우리가 맡아야 한다"라면서 연행해 갔다. 경교장의 성난 측근들과 경찰관은 닭 쫓던 개 모양으로 멍해졌다.* (후략)

이 증언을 들으면 처음부터 수상한 점이 보인다. 사건이 일어나자마자 근처에 절체불명의 사복 차림 셋이 마치 기다렸다는 듯이 경교장에 들어와 안두희를 연행해 갔다. 경찰관조차도 손을 쓸 수 없을 만큼 안두희가 누군가의 보호를 받고 있음을 알 수 있다. 이후 안두희는 이승만이 쫓겨날 때까지 호의호식하며 사는 등 김구 암살을 둘러싸고 숱한 의문이 제기되었으나 배후에 관해 명쾌하게 밝혀진 것은 없었다.

1995년 국회 '백범암살진상조사 소위원회(위원장 강신옥)'는 김구 암살이 안두희 개인에 의한 우발적 범행이 아니라 면밀하게 준비 모의되고 조직적으로 역할 분담된 정권 차원의 범죄라고 규정했다.

---

* 〈조선일보〉, 1965년 12월 24일.

4장

끊임없는 소환-통일운동과 김구

1

제헌의회 이후 소장파 의원들과 조봉암의 통일 노선

남북협상 정신을 이어받은 소장파 의원들의 부상

제헌의회 이후 무소속 의원들의 움직임은 그들의 성향이 남북협상 진영과 상당히 유사하다는 점에서 남북협상파 정신이 이들을 통해 이어졌다고 볼 수 있다. 이들 소장파 의원 집단은 의회 내의 강력한 대정부 공격을 주도했던 진보집단으로 헌법과 반민족행위처벌법, 지방자치법, 농지개혁법, 국가보안법 제정 과정에서는 물론 친일분자 숙청, 외국군 철수, 평화통일 등의 쟁점에서 이승만의 보수 노선에 도전했다. 특히 이들의 활동이 두드러졌던 제2회 국회 기간을 '소장파의 전성시대'라 불렀을 정도였다.* 제헌국회의 세력관계는 한국민주당 세력, 이승만 지지 세력, 소장파 세력 등 3개 세력의 정립구도를 보였는

* 백운선, '제헌국회 소장파의 활동과 역사적 재평가', 〈역사비평〉 1993년 가을호, p.233.

데, 초기에 이렇게 보수 진영이 이승만 세력과 한국민주당 세력으로 분화됨으로써 어느 한 세력이 원내에서 지배력을 확보하지 못한 가운데 상대적으로 제3의 세력권인 소장파 집단이 강력한 영향력을 발휘할 수 있었다.

조봉암의 경우 1947년 제2차 미소공동위원회 결렬과 민족자주연맹 결성 당시까지만 하더라도 남한 단독선거에 반대한다는 입장이었지만 유엔에서 '가능 지역에서의 총선거안'이 결정되자 그 불가피성을 인정하는 입장으로 전환했다. 그는 다음 정국에서의 준비를 위해 남한만의 선거를 인정하고 중간파 민족 세력의 총선 참여를 종용하고 통일독립정부 수립은 다음 단계로 넘길 수밖에 없다고 주장했다. 이와 관련해서 그는 김규식 등 여러 선배에게 "총선거에 참가함이 옳다는 것을 많이 주장도 해보았고 노력도 해보았지만" 이들이 끝끝내 반대 태도를 견지하여 어쩔 수 없이 단독으로 총선거에 응하게 되었다고 설명했다.*

단독정부에 참여, 제3세력을 구축함으로써 다음 단계의 통일정부를 쟁취하려는 노력으로 5.10선거에 무소속으로 출마한 조봉암은 좌우양 진영의 협공에 시달려야 했다. 우익 진영은 그를 '공산당'이라 매도했고, 좌익 특히 공산당에서는 '이승만의 앞잡이, 반동분자'라고 공격했다. 벽보조차 제대로 붙이지 못하고 모조리 찢길 정도의 탄압을 받았지만, 그를 따르던 동지들과 빈민들, 조선민족청년단 인천지부 단원

---

* 조봉암, 《나의 정치 백서》, 〈신태양〉, 1957년 5월호 별책.

들의 희생적인 선거운동에 힘입어 조봉암은 압도적 다수표로 당선될 수 있었다.*

제헌국회에 입성한 조봉암은 제헌의회가 소집된 직후인 1948년 6월 1일 52명의 의원을 조직해 반이승만·한국민주당 및 민주통일 노선의 6.1구락부를 결성했다. 얼마 후에는 비슷한 노선을 가진 20여 명의 경북 의원들로 구성된 민우구락부를 흡수하여 무소속구락부를 결성했다. 비한국민주당, 비국민회 노선을 내세우며 조봉암과 김약수가 주도했던 이 무소속구락부는 평화적 남북통일의 전취와 균등사회 건설을 추구할 것을 천명했다. 한편 국민회의 신익희와 대동청년단의 이청천의 주도 아래 주로 한국민주당에 대항하기 위한 목적으로 약 60명의 의원들로 구성된 3.1구락부도 만들어졌다.** 6월 28일에는 무소속구락부와 3.1구락부가 무소속구락부라는 이름으로 통합되었다.

무소속구락부와 3.1구락부가 반한국민주당 연대를 구축하기 위해 통합되기는 했지만 기본적으로 우파적 성향을 지닌 3.1구락부와 중도적 성향을 지닌 무소속구락부 사이의 성격 차이로 인해서 통합 1개월이 채 못 되어 분열되었다.*** 이후 무소속 세력은 친여적인 이정회, 한국독립당계 의원 중심의 동인회, 진보적 색채의 성인회, 민족청년단계의 청구회 등으로 분화되었다. 특히 이 중 동인회와 성인회가 소장파

---

* 정태영, 《조봉암과 진보당-한 민주사회주의자의 삶과 투쟁》(도서출판 후마니타스, 2006), p.121.

** G-2, W/S, No. 143(1948. 6. 4.-11), No. 144(1948. 6. 11.-18), '주간 정보 요약' 5, p.286, 301. 〈서울신문〉 1948년 6월 15일.

*** 정해구, 앞의 논문, p.161.

의 핵심세력으로 이야기된다.

조봉암이 남북협상파의 노선을 계승했다는 것은 1948년 6월 12일 국회에서 '북한 동포에게 보내는 메시지'를 채택할 때 그가 한 발언을 보면 잘 알 수 있다. 조봉암은 미소공동위원회가 3,000만 민족의 의사에 배치된 것이라고 주장하고 남북협상을 낮추어 본 것을 비판했으며, "미국이 좋고 소련은 나쁘다든지 소련만은 좋고 미국이 나쁘다든지" 하여 둘을 분열시키고 감정을 격화시키면 완전 자주독립, 곧 자주적 통일민족국가 수립은 될 수 없다고 단언하는 등 해방 정국에서 중도파 민족주의자들이 주장한 바와 같은 의견을 "과감히 천명"했다.*

조봉암은 또한 1948년 11월 20일을 전후하여 지방 순회강연에서 "완전 자주독립이 미·소 양국의 전쟁 유발로써 온다고 보고 있는 사람들이 있으나 이것은 대단히 유감이며, 우리는 남북통일을 촉진시키기 위해서 평화적인 양군 철퇴를 주장해야 할 것이고, 이것이 곧 민족적 선결과업"이라고 말했다.

1948년 12월 20일 개회한 제2회 국회에서는 농지개혁법 등 쟁점 법안의 심의를 계기로 원내 정파의 세력 판도가 재편되었다. 이정회 회원 중 친여 의원들이 이탈하여 일민구락부를 구성함으로써 이정회에는 소장파 의원들만 남게 되었고, 동인회와 성인회는 동성회로 통합되었다. 이 동성회를 주축으로 청구회, 이정회, 그리고 여순사건 후 무소속 의원 일부가 결성한 대한노농당 등이 공동보조의 연합전선을 형

---

* 국회사무처, 《국회속기록》 제1회 9호, 1948. 6. 12.

성, 소위 '소장파 전성기'를 이루었다.*

이렇게 평화통일과 균등사회를 주장하는 등 '이데올로기적 지향'이 김구·김규식의 남북협상파의 주장과 상당 정도 유사한 무소속 의원들이 국회 내 한 집단으로 등장한 것은 주목할 만한 일이다. "남북 분단에 대한 거부와 평화통일에 대한 심정적 동조"가 제헌국회 내에 광범위하게 존재한다고 볼 수 있는 부분이다.**

소장파 몰락은 "통일에 대한 이상주의적 접근의 좌절"

백운선의 분석에 따르면 소장파의 약 50퍼센트가 제헌국회 구성 이전 건국준비위원회, 한국독립당, 대동청년단, 민족청년단, 독립촉성국민회, 민족자주연맹, 사회당, 한국민주당 등의 조직에 참여하여 정치활동을 한 경험을 가지고 있었으며, 일부는 단독정부 수립에 반대했던 김구·김규식 계열 및 중도세력과 직·간접적인 연계가 있었다. 미군정 정보보고서는 무소속구락부 72명의 의원 가운데 조봉암을 따르는 김구·김규식계 의원은 20~30명일 것이라고 추산했다.*** 남북협상파 중도세력이 공식적으로는 5.10선거에 불참했지만 실제로는 이들 중 소장 인사 상당수가 제헌국회에 진출하여 소장파의 핵심세력을 형성했다는 것이다. 백운선은 김구를 소장파의 배경 혹은 정신적 지주로 보

* 백운선, 앞의 책, p.235.

** 소장파 세력에 대해서는 백운선, '제헌국회 내 '소장파'에 관한 연구', 서울대 박사학위논문, 1992 참조.

*** 〈미군정 정보보고서〉 통권 제15권(일월서각, 1986), pp.194, 222, 235.

는 시각이 있었다는 점, 국회 프락치 사건으로 소장파 의원 일부가 구속되기 시작하자 김구를 이들의 배후로 지목하는 분위기가 있었다는 점, 이승만이 소장파 의원들에 대해 좌익으로 주목받는 의원, 좌익분자 등으로 지칭했던 점도 이러한 인적 연계에 근거한 것이었다고 본다.

이들 소장파들은 외군 철퇴에 대해서도 남북협상파의 노선을 따랐다. 이들은 "남북협상에 의한 평화통일, 통일을 통한 완전 자주독립국가의 형성을 궁극적인 지향점으로 삼고, 구질서의 청산과 과감한 체제개혁, 경제적 특권세력화 배제와 균등경제의 실현" 등을 주장했다. 이와 함께 "친일 기득권의 재기득권화, 정부수립 후 미군의 계속 주둔, 대미종속적인 경제관계 형성, 통일세력 탄압을 위한 국가보안법 제정, 지주계급의 이익 온존을 위한 농지개혁 시도, 지방자치 실현 지연" 등을 당시의 주된 모순으로 인식했고, 따라서 "반민특위 활동의 방해와 무산공작에 맞서 친일 반민족 행위자의 척결 활동을 사실상 주도"했으며, "주한미군의 조속한 철수를 관철시키려고 노력"했고, "반공우선주의, 안보제일주의에 반발하면서 국가보안법 제정에 반대"했고, 소작농의 이익이 보장되는 진보성을 반영한 농지개혁 법안을 위해 보수세력과 대립했다.

소장파 의원들은 몇 차례에 걸쳐 집단행동을 펼쳤다. 소장파 의원 26명은 제1회 국회 69차 본회의에서 "주권 침해와 불평등성으로 논란을 야기"시켰던 한국정부와 미국정부 간 재정 및 재산에 관한 협정 동의안 표결에 항의하여 "한국의 자주권을 찾으려는 국민의사를 존중하고 한미 간의 진정한 친선을 유지하기 위하여 표결에 반대한다"라는 성명을 발표하고 퇴장했다.

1948년 11월 20일 제1회 국회 109차 본회의에서는 미군의 계속 주둔을 요청하는 결의안 표결에 반대하여 13명의 소장파 의원들이 항의성명과 함께 집단 퇴장했고, 이어서 제2회 국회 22차 본회의에서는 소장파를 주축으로 하는 72명의 의원들이 "민족 진영의 단결을 위해 노력할 것과 평화통일을 위해 한국 주둔 외군 즉시 철퇴를 실현하도록 유엔 한국임시위원단에 요청할 것"을 내용으로 하는 긴급결의안을 제출했다. 1949년 3월 18일에는 김약수 부의장을 대표로 한 소장파 의원들이 유엔 한국임시위원단을 방문하여 62명의 연서로 외군 철수를 촉구하는 청원서를 전달하기도 했고, 이어 6월 17일에는 미국 군사고문단을 두는 것까지도 자주국방을 위하여 반대하니 그것마저 철퇴시키라는 내용의 서한을 유엔 한국임시위원단에 제출했다.

제1회와 제2회 국회 회기 기간 소장파의 노선은 크게 8가지로 분석할 수 있다.

① 헌법의 기본적 의의는 민족의 평화적 통일, 민족문제의 자주적 해결, 독립수호의 보장, 균등사회의 건설, 민주정치의 구현에 있으며 이를 위해 헌법에 개혁적 성격이 반영되어야 한다.

② 주권을 침해하고 내정 간섭을 초래할 수 있는 미국과의 경제협정을 반대한다. 외세 의존의 경제 구조를 시정하여 민족 자주 경제 토대를 마련하여야 한다.

③ 남북 분열과 자주성 상실이 우려되는 미군 주둔 연장 기도를 반대

한다. 미군 철수는 자주독립의 획득과 민족자주권 확보, 그리고 자주적 남북통일의 전제조건이다.

④ 남북통일은 평화적으로 달성되어야 하며 이를 위해서는 외세의 간섭이 배제된 상태에서 북한과의 협상이 추진되어야 하고, 남한에서의 민주적 개혁이 선행되어야 한다.

⑤ 민주국가 건설, 민족적 양심 배양, 그리고 완전 독립의 성취를 위해 친일세력의 철저한 숙청이 필요하다.

(중략)

⑧ 민주정치의 실현과 민권의 보장, 그리고 개혁을 위해 지방자치의 시급한 실시가 필요하다.

이처럼 소장파의 노선은 이승만 정부가 추진했고, 한국민주당 등 보수세력이 동조했던 '분단 대응 의지'에 본질적으로 대치되는 것이었다. 무엇보다도 소장파의 통일 노선은 '남북한 간 협상'을 전제로 하는 것이었기 때문에 북한 정권의 자진해산과 남한 흡수를 전제로 하는 이승만정부에 심각한 경계의 대상이었다.

이승만정부는 이승만에게 도전하는 세력은 용공 혹은 친공분자라는 단선적인 반공 논리를 적용했으며, 소장파는 그 일차적인 표적이었다. 소장파를 좌익 혹은 친공적인 것으로 규정하는 정부의 공세는 여순사건을 계기로 더욱 표면화되었다. 여순사건을 "이승만정권에 대한 민심의 이반"으로 해석하고 대정부 공세와 자주적 평화통일 노선을 강화하려 했던 소장파의 의도는 이 사건을 "소련의 지령 아래 공산당에 의해 자행된 폭력적 반란"으로 규정하고 더 강력한 반공체제 구축의 계기로 삼으려 했던 이승만정부의 입장과 양립될 수 없었기 때문이었다.

이런 분위기에서 소위 국회 프락치 사건이 벌어지게 된다. 1949년 5월 20일 소장파의 대표격인 김약수 부의장 등 소장파 의원 세 명이 남로당과의 연계 혐의로 체포, 구속되었다. 그 직후부터 구속된 의원은 물론이고 이들의 석방을 요구하는 다른 소장파 의원을 공산당으로 몰아 규탄하고 반민특위 활동의 중단을 요구하는 관제 시위가 이어졌다. 1949년 6월 6일에는 중부경찰서장의 인솔하에 50여 명의 무장경찰과 다수의 사복경찰이 반민특위와 반민특별검찰부를 포위하고 특위 위원장, 검찰총장을 비롯한 특별위원, 재판장, 검찰관, 특경대원, 기타 직원 전원을 총기로 위협하고 소지한 무기, 서류, 통신기기, 차량, 기타 장비를 압수하고 특경대원과 특위, 특별검찰부 및 특별재판부 직원 35명을 체포, 구금하는 일이 발생했다. 이와 같은 경찰의 실력 행사는 "물리력에 의한 반민특위 활동의 파괴"이자 소장파를 주축으로 한 국회 내 "대정부 대립구조에 대한 정면도전"이나 다름없었다.

서중석은 이 시기를 이승만의 '6월 공세'라고 지칭할 만한 반격이라고 표현했다. 경찰의 6.6 반민특위 테러로 반민법이 유야무야 되면서 대의정치는 무력화되고 자유민주주의는 실험 초기에 형해화의 길을 걷게 되었으며, 국회 프락치 사건과 김구 암살사건으로 통일운동은 거대한 암초에 부딪쳤다는 것이다. 또한 6월 5일에는 어떠한 법적 근거도 없이 공안당국에 의해 결성된 국민보도연맹이라는 이름하에 해방 후 변혁운동, 단선단정 반대운동 등에 참여했던 사람들의 손발이

묶였다.*

국회 프락치 사건으로 제4회 국회 폐회 시까지 모두 15명의 소장파 의원이 남로당과의 연계 혐의로 구속되었다. 한편으로 이 기간 소장파에 대한 대대적인 여론 공세도 진행되었다. 유엔 한국위원단에 국회 소장파 의원들을 반역세력으로 지목하여 비난하는 서한을 보냈던 단체들은 6월 10일부터 3일간 서울과 각 지방에서 대규모 군중궐기대회를 열고 미국의 군사 원조와 국방 강화를 요구했다. 국회 제20차 회의가 진행되던 국회의사당 안에 반공투쟁단의 이름으로 '소장파 의원들의 맹성을 촉구한다'는 협박 전단이 살포되었고(6월 18일), 방위강화국민위원회라는 단체는 6월 27일 반동국회의원 성토대회를 열고 국회 프락치 사건으로 구속된 의원들을 반동의원으로 규정하여 규탄하는 결의문과 국회, 사법당국, 선거구에 보내는 서한을 채택했다. 구속의원 지역구에서도 성토대회와 국회의원 소환 결의대회에 주민이 동원되었다. 1949년 6월 26일에는 김구 저격 사건이 발생했다. 이렇게 소장파 핵심세력의 대량 구속, 공권력의 실력 행사, 관제단체의 폭력 시위, 테러 등의 물리적 공격과 맞물리면서 소장파 세력은 결국 몰락하고 만다. 남북협상파에 이어 또 하나의 "분단 문제를 민족 내적 노력으로 극복하려 했던 이상주의적 접근의 좌절"이었다.

* 서중석, 《조봉암과 1950년대》 상, pp.36-37.

조봉암의 정당 조직 시도는 거듭 실패

조봉암 역시 이러한 소장파의 부상과 몰락을 같이했다. 막강한 무소속구락부의 힘으로 이승만의 초대 내각에 농림부장관으로 입각했지만 조봉암이 펼친 농업개혁 정책은 이승만과 한국민주당계 수구파의 반발을 샀다.

사실 초대 내각의 농림부장관으로 임명된 것은 조봉암 자신으로서도 뜻밖의 일이었다. 조봉암의 농림부장관 기용에 대해 "건국 초 농정의 중요성에 비추어 조봉암 같은 사람이 적임자라고 판단한 하지 중장과 이시영 부통령의 추천에 의한 것"이라는 설과 이승만 자신의 판단에 의한 것이라는 설이 분분했다. 이승만의 판단에 의한 것이라는 설과 관련, 이승만이 조봉암을 "마음에 두고 있었던 것은 그가 쓴《삼천만 동포에게 격함》이라는 책자, 즉 박헌영 등 공산당과 결별하겠다는 것을 이 박사가 읽은 다음부터였다"라는 분석이 있다.* 또한 미군정 정보보고서도 다음과 같이 복합적인 이유가 있다고 판단했다.

"국회의원으로 당선된 뒤 조씨는 한국민주당과 이승만의 대한독립촉성국민회에 반대하는 6.1구락부를 조직하는 데 주도적 역할을 했다. 6.1구락부는 그 뒤 무소속구락부의 다른 구락부와 통합했고 현재 조씨가 그 구락부의 지도자이다. 이승만 박사가 대통령으로 선출되기 전, 조씨는 안재홍 씨를 대통령, 김규식 씨를 부통령으로 선출되게 하려는 공산당의 책동과 연관되어 있었다 한다. 조씨를 각료로 임명한

---

* '조봉암과 진보당 사건', 〈흑막〉(신태양사, 1960. 6).

것은 한국 정부가 우익 인사 일색으로 조직되고 있다는 여론을 무마하고자 하는 이 박사 자신의 희망에 따라 결정된 것으로 믿어진다. (…) 이범석의 총리 지명에 대한 지지를 대가로 무소속에게 한 양보일 것이다. 조봉암 의원과 윤석구 의원의 지명은 교환 조건에 따른 것으로 믿어진다."

한편 후에 진보당 간부 최희규가 입당 직전 왜 미군정을 지지하고 농림부장관을 했냐고 물었을 때 조봉암은 이렇게 답했다.

"(공산당과 결별했는데) 공산당을 나쁘다고 해놓고 가만히 있으면 나는 패배하고 결국은 죽게 된다. 살아남기 위해서는 이겨야 하고, 이기기 위해서는 조직이 필요했고 이 박사와의 협력이 필요했다."*

농림부장관에 취임한 조봉암은 의욕적으로 여러 농업개혁 정책을 추진해 나갔지만 이승만과 한국민주당계 수구파의 맹렬한 반발에 부딪쳤다. 특히 그들은 조봉암이 구상하는 농업협동조합운동을 좌익적인 것으로 규정하여 반대했으며 조봉암의 대민 접촉을 향후 정권을 노린 예비 정치활동으로 보고 비난했다. 한국민주당은 농림부장관 관사 수리를 공금 횡령이라 비난하고 나섰고, 한국민주당의 영향력 아래 있던 감찰위원회에서 농림부장관의 파면을 결정한 데 이어, 감찰위원회나 검찰을 동원하여 조봉암을 체포, 구금하여 심문하려고 시도했다. 결국 조봉암은 취임 반년 남짓 만인 1949년 2월 장관직에서 물러났다.**

이후 국회로 돌아와 소장파 의원들과 함께 원외 조선민족청년단 세

---

* 〈중앙일보〉, '진보당 사건 39', 1982년 11월 15일.

** 조봉암, 앞의 책, pp.371-372.

력을 묶어 민주민족 노선의 대중정당을 조직하려 했지만 국회 프락치 사건 등으로 조봉암의 정당 조직 작업도 무산되고 말았다. 하지만 1950년 5월 30일 제2대 국회의원 선거에서 인천에서 출마해 당선된 조봉암은 2대 국회에서 다시 한 번 정당 조직 작업에 나섰다. 조봉암이 의장으로 추대한 사회당의 조소앙이 국회의장에 낙선하고 신익희가 당선된 후 조봉암은 부의장 선거에 출마했고, 중간파 진보적 정치인의 지지와 무소속 소장파 의원들의 지지를 받아 국회 부의장에 당선되었다.

이후 조봉암은 다시 정당 조직 작업에 나섰지만 개원 7일 만에 6.25전쟁이 일어나고 조봉암을 지지하던 20여 명의 소장파 의원들이 행방불명 되거나 납북, 또는 사망하면서 다시 중단될 수밖에 없었다. 그러나 조봉암은 여기에서 물러나지 않았다.

9.28수복과 1.4후퇴의 혼란과 국민방위군사건, 거창양민학살사건 등이 발생하고 이승만이 국민과 국회의 지지를 상실한 가운데 조봉암은 국회 안에서 반이승만 정당 조직을 모색했다. 그는 원내에서는 '자유당'이라는 당을 중심으로, 원외에서는 이영근을 중심으로 농민회의를 조직한 끝에 1951년 12월 회장으로 추대되면서 원내 자유당과 원외 농민회의를 접합하여 진보적 대중정당을 조직하려고 꾀했다. 그러나 이영근을 중심으로 한 간첩단 사건 조작으로 조봉암의 주변에 모였던 국회의원들이 뿔뿔이 흩어지면서 조봉암의 신당 조직은 또다시 좌절되고 만다.

이런 가운데 이승만은 여당인 자유당을 만들어 차기 정권을 장악하려 했으나 정책 이견으로 지지부진하게 되자 현행 헌법으로 국회에서 대통령을 간접선거 할 경우 자신이 선출될 가능성은 전혀 없다는 판단하에 1951년 11월 30일 대통령 직선제와 양원제 개헌안을 국회에 제출했다. 그러나 이 개헌안은 1952년 1월 18일 민주국민당 39명, 민우회 25명, 원내 자유당 93명, 무소속 18명으로 구성된 국회에서 재적의원 163명 중 가(可) 19표, 부(否) 143표, 기권 1표의 압도적 반대로 부결되었다.

이어서 국회는 1952년 4월 17일 국회의원 123인의 발의로 내각제 개헌안을 국회에 제출했다. 이에 이승만은 1952년 5월 10일 지방의회 의원 선거에서 강권·강압 선거로 압승을 거둔 후 그 여세를 몰아 1952년 5월 14일 다시 한 번 대통령 직선제 개헌안을 국회에 제출하였고 5월 25일에는 공산 게릴라의 부산 시내 침투를 구실로 계엄령을 선포했다. 계엄령 아래 국제공산당 사건을 조사한다는 이유로 40여 명의 국회의원이 헌병대로 연행되었고 20여 명이 구속, 수감되었으며 30명이 넘는 야권 의원들이 몸을 숨겨야 했다. 그리고 7월 4일 경찰과 군인들이 국회의사당을 포위한 가운데 이승만이 발의한 개헌안과 국회 발의 개헌안에서 발췌해 대통령 중심제에 내각책임제 형식을 가미한 이른바 '발췌 개헌안'을 기립투표 방식으로 가결했다.

조봉암, 이승만 독재에 맞서기 위해 대선 출마

이승만의 독재 횡포에 대항하기 위해서는 정치적 대안이 필요하다고 생각한 조봉암은 이승만의 무경쟁 단독 출마에 대항해 직접 대통령에 입후보 하기로 결심하고 2대 대통령 후보로 출마했다. 조봉암은 "이승만의 거듭된 실정, 자신의 권력 야욕을 위해 헌정 질서를 무참히 짓밟은 부산 정치 파동 등으로" 당시 민심이 이미 이승만으로부터 이탈해 있었다고 보았다. 조봉암은 당선 여부와 관계없이 대통령 선거에 입후보함으로써 이탈된 국민 대중을 자신의 지지 세력으로 굳힐 수 있다고 생각했고, "정치란 하루에 승부가 나는 것이 아니라 만리장정의 길이다, 다음에도 기회가 있고 또 그 다음에도 기회는 있다"라고 말하며 출마했다. 출마를 선언한 다음 날인 1952년 7월 25일 조봉암은 이렇게 밝혔다.

"나는 대통령이 되리라고는 조금도 생각하지 않고 있다. 다만 이 대통령과 싸울 사람조차 없으면 국민이 너무 불쌍하다. 이 대통령의 애국 정열, 혁명 경력, 건국의 공로는 존경한다. 그렇지만 행정 책임자로서는 적합하지 않다는 것이 드러났다. 나는 이 대통령에 대한 국민의 실망을 대변하기 위해 대통령 후보에 나서기로 했다. (…) 진정히 민중을 위하여 일할 수 있다고 생각하는 분이 대통령 후보로 나오기를 바랐으나, 그런 분이 나오지 않기 때문에 미숙한 나라도 고쳐보겠다는 생각으로 입후보한 것이다. 나는 국가의 원수라는 지위를 꿈꿀 처지도 아니며, 과대망상증에 걸린 것도 아니다. 또 높은 지위를 탐내는 것도 아니다."*

한편 조봉암이 범 야권을 대변해 이승만과 일대일로 대결하는 것을

---

* 〈조선일보〉, 1952년 7월 27일.

막기 위한 노력으로 민주국민당이 뒤늦게 이시영을 대통령 후보로 옹립했다. 7월 18일 대통령 선거 공고, 7월 26일 입후보 등록 마감, 8월 5일 투표로 선거운동 기간이 불과 열흘밖에 되지 않는 빡빡한 일정 때문에 조봉암은 선거운동다운 운동을 거의 하지 못했다. 선거 포스터도 제대로 준비할 수 없었고 선거 운동원들은 곳곳에서 테러를 당하거나 체포되고 벽보를 탈취당하기도 했다. 선거사무장이던 윤길중조차 테러 위협에 쫓겨 은신해야 했고 조봉암은 선거 연설도 부산, 서울 등지에서 겨우 몇 차례 할 수 있었을 뿐이었다. 특히 민주국민당 부통령 후보로 출마한 조병옥은 자신이 부통령으로 출마한 동기 중의 하나가 "공산주의자로 알려진 조 후보를 퇴진시키려는 것"이었다면서 "유권자의 판단이 현명치 못하여 그의 세력이 우월하면 차라리 이시영에게 투표하지 않는 사람은 이 박사에게 투표하는 것이 타당하다"라거나 "조봉암 씨에게 자리를 맡길 것이라면 차라리 김일성과 타협했을 것"* 이라는 등 계속해서 조봉암을 빨갱이로 몰고 공격했다.

이와 관련하여 조봉암은 이러한 선거운동 소감을 밝히기도 했다.

> 시일이 없어 경부 연선(沿線) 몇몇 도시에서 유세하였을 뿐인데 어디서나 음연, 공연의 방해를 받았으며, 선거 간섭이 심하다는 것이다. 예를 들자면 한이 없는데, 오늘 탑동공원에서 개최할 예정이던 정견발표회는 벌써 낸 집회계를 이 핑계 저 핑계 하고 잘 접수하여 주지 않는 관계로

---

* 〈조선일보〉, 1952년 8월 5일.

유회되고 말았고, 아현국민학교에서의 집회에서는 무기 연기되었다는 괴삐라가 주변에 범람하였을 뿐더러, 회장으로 들어가려는 사람을 막고 유회되었으니 가라고 설득하는 방해자도 있었다. 도회지가 이럴진대 농촌은 가히 짐작할 수 있다. 만약에 명실상부한 자유 분위기가 확보된 조건하라면 90퍼센트의 득표는 절대 자신이 있다.

그렇게 짧은 기간에 선거운동조차 제대로 할 수 없었지만 이승만과 민주국민당의 이시영 후보에 비해 조봉암의 선거공약은 가장 짜임새가 있었고, 경륜과 구체적인 정책이 함께 들어 있었다고 평가되었다.* 조봉암은 10대 정견을 내세웠는데 그 내용은 다음과 같다.

① 국민 총력 집결의 체제를 확립하여 유엔군과 적극 협조를 함으로써 하루빨리 승리에의 길로 성전의 완수를 기할 것이다.

② 주권 강화와 아울러 민족의 단결을 공고히 하여 자주적 외교를 확립할 것이다.

③ 국제관계에 있어서의 감정 대립을 완화시키고 민주우방과의 우호친선을 증진할 것이다.

④ 동포가 서로 사랑하고 아끼는 정신을 크게 일으키어 국민의 사상을 순화시키고, 억지로 반대파를 공산당으로 만들려는 죄악적인 파쟁을 근절할 것이다.

---

* 서중석,《조봉암과 1950년대》상, p.64.

(중략)

⑩ 노동자의 정당한 이익의 보장을 위해 노동법을 급속 제정한다.

이처럼 '이대로는 4년을 더 살 수 없다'는 선거 구호를 걸고 나온 조봉암에게 국민은 열렬한 환호로 호응했다.

조봉암에 대한 미국의 분석은 다음과 같았다.

"이승만 정부에 대한 통렬한 비판으로 많은 청중을 끌어들여 최근의 여론 평가에서는 조병옥을 누르고 이승만과 차이가 심한 차점자가 될 것임을 보여주고 있다."

선거운동 없는 선거, 공포 분위기 속에 진행된 데다가 투개표 참관인도 없는 상태에서 나온 1952년 8월 5일 선거 결과는 유효 투표 702만 684표 가운데 이승만이 523만 8,769표, 조봉암이 79만 7,504표, 이시영이 76만 4,715표, 신흥우가 21만 9,696표를 얻었다.

선거운동 방해에 부정으로 얼룩진 조봉암은 비록 패배했지만 이 선거를 통해 "이승만에 대항한 유일한 의미 있는 정치인"으로 부각되었다.* 하지만 이후 대통령선거에서 이승만에게 맞섰던 이유로 조봉암은 이승만의 철저한 경계 대상이 되었고, 동해안 반란음모 사건부터 국제공산당 사건, 김성주 사건 등 '정치색 짙은 사건'이 일어날 때마다 조봉암 관련설이 돌고 수사의 최종 과녁이 되었다. 조봉암에 대한 압박은 계속되어 1954년 5월 20일에 실시된 3대 민의원 선거에는 노골적

---

* '주한미국대사관 주간보고서' 6, 1956. 3. 9., p.51; 박태진, '조봉암', 《현대 한국 정치가 91인집》(신조사, 1957), pp.42-43.

인 등록 방해로 출마조차 할 수 없었다.

조봉암은 처음에 인천을구에 낼 입후보 등록서류를 준비했지만 도중에 탈취당했다. 그래서 서울 서대문구와 부산에서 입후보 할 준비를 진행했다. 그러나 부산에서는 등록 방해를 염두에 두고 서류를 2부 작성해서 등록을 시도했지만 결국 다 실패했고, 서울 서대문구에서는 마감일에 맞추어 선거관리위원회에 등록서류를 제출했지만 갑자기 추천인들이 취소하는 사태가 벌어지면서 추천인 서류 미비로 등록이 취소되었다.

조봉암의 김구 통일론 계승과 신당 창당

이렇게 해서 조봉암은 정치계에서 퇴출되고 말았지만, 이승만의 계속되는 실정과 사사오입 개헌 등 무소불위의 행동은 야당계 의원들의 결집을 불러왔고, 이것이 은퇴 중인 조봉암을 다시 정치의 장으로 끌어냈다. 또한 그가 그토록 만들려던 신당이 가능하게 되는 역설을 가져왔다.

이승만이 사사오입으로 개헌안이 통과되었다고 주장한 지 며칠 만에 61명의 야당 의원들이 호헌동지회를 구성하였으며, 원내 단일 교섭단체를 구성한 호헌동지회에서 신당을 강력히 추진하고 나왔다.

조봉암은 호헌동지회에 호응한 이유에 대해 "호헌동지회가 추진하는 신당은 뚜렷이 야당 연합전선적 성격을 가진 당으로서, '호헌을 하자! 반독재 투쟁을 하자! 그러기 위해서는 전 야당의원은 무조건 대동단결 한다'는 이념 아래 호헌동지회가 탄생하였고, 그리하여 그 정신으로 재야의 모든 민주 세력이 무조건 총단결해서 호헌 반독재 투쟁에 나설 것을 호소"했기 때문이라고 말했다.*

호헌동지회는 1954년 12월 24일 다음과 같은 신당 발기취지서를 발표했다.

> 우리는 다시 한 번 엄숙하게 우리들이 자유민임을 선언하며, 우리 대한민국이 민주국가임을 확인합니다. 빛나는 3.1운동의 전통을 계승하고 시대 사조의 이념을 취택하여 자유와 민주와 진보의 기초 위에 건설된 우리 조국입니다. 이 위대한 이상을 수호 육성하기 위하여 3,000만이 분기 노력하여야 할 때는 다시 왔습니다. 외적의 유린으로부터 피로써 보위된 자유와 민주주의는 이제 내부의 자상(自傷)으로 쇠퇴의 길을 걷는 비통한 현실이 우리 앞에 박두한 것입니다.
>
> 권력의 편재와 과도한 집중은 필연적인 비정(秕政)의 만연을 초래하여, 밖으로 국위를 훼손함이 그 얼마였으며, 안으로 민생을 도탄에 빠뜨림이 그 어떠하였습니까. 국정의 위급을 도외시하면서 오직 세도의 연장을 기도함에 인하여 날이 갈수록 비법의 수단이 가중되어, 이대로 간다면 시폐(時弊)는 굳어서 고질이 되고 민주건설의 이상은 환영에 그칠 것이며, 자주통일의 위업은 더욱 멀어지지 않을 것을 뉘라서 보장하겠습니까. (이하 생략)

* 조봉암, '내가 본 내외 정국'(15), 〈한국일보〉, 1955년 6월 30일.

서중석은 이 발기취지서에 '자주통일'이나 '민주독립'이라는 말이 사용된 것이 의미가 있다고 분석한다. 김구가 1948년에 줄곧 사용했던 자주적 통일독립운동과 비슷한 의미로 해석될 수 있다는 것이다. 특히 이 발기취지서에서 밝힌 기본정강 또는 기본원칙 4대 항목 (공산주의와 일체 비민주적 요소의 배제, 건전한 대의정치와 책임정치제도의 확립, 사회정의에 입각한 수탈 없는 국민경제체제의 발전, 민주우방과의 협조·제휴) 중 경제체제에 대한 제③항은 후에 평화통일, 피해 대중을 위한 정치와 함께 진보당의 3대 모토가 된다.

그러나 호헌동지회를 중심으로 한 이 범야신당조직운동은 1955년 1월 중순부터 보수측에서 갑자기 조봉암이 지금도 '공산주의자'라고 주장하고 나서면서 조봉암의 참여를 둘러싸고 갈등을 겪었다. 신당 추진 인사들이 조봉암 영입문제를 둘러싸고 혁신파와 보수파로 갈려서 대립하는 가운데 김성수의 중재로 보수파는 조봉암이 반공 노선을 견지하겠다는 것을 공적으로 약속한다면 허용하겠다는 쪽으로 입장을 정했고, 조봉암은 2월 22일 김성수가 권고한 대로 성명을 발표했다.

> 호헌동지회가 반공산·반독재의 기치를 들고 재야 전 민주 세력의 집결을 목표로 하는 당 조직까지 제기하기에 이른 것은 모든 국내외 정세로부터 오는 직접적인 결과로서 결코 우연한 일이 아니다. (…) 나는 8.15 이후 즉시 공산당과 절연하고 오늘날까지 민주주의 국가로 장래가 약속된 대한민국에 비록 미미하나마 모든 심력을 바쳐왔고, 공산주의가 인류에게 끼치는 해독을 누구보다도 깊이 알기 때문에 이론적으로나 실제적으

로나 대공산 투쟁에 여생을 바칠 것을 나의 임무로서 자부하는 터이지만 그와 동시에 나는 여하한 독재 정치도 이를 반대한다. 공산당의 독재는 물론이고 관권을 바탕으로 한 독점자본주의적 부패분자의 독재도 어디까지 반대한다.

이번에 조직될 신당은 발안자인 호헌동지회에서 누차 성명한 바와 같이 반공산·반독재 투쟁을 위한 재야 민주 세력의 총집결을 기도하는 것이니만큼 정권 담당을 목표로 하는 주체적인 정강 정책 그것보다도 법질서의 유지와 개인의 창의가 존중되는 합리적 경제 정책의 시행을 위한 국구운동인 것이며, 조직의 성격 규정이 이렇듯 명확히 된 점에서 우리는 이 운동을 높이 평가하는 것이다. 이 운동의 주도체인 호헌동지회의 중요한 분들이 이 운동을 위하여 나의 협조를 구하기에 비록 미력하기는 하지만 지팡이를 짚고서라도 따라 갈 것을 작정하고 이 글을 널리 동포 앞에 드리는 터이다.*

그러나 조봉암이 이러한 성명을 발표했음에도 불구하고 조병옥과 장면의 완강한 반대로 결국 3월 4일 민주국민당 정례 상임집행위원회에서 "신당은 야당연합이 아니므로 통일된 이념을 가져야 하며 일관된 주의주장과 노선을 가진 인사들이 규합되어야 한다"라고 결의하기에 이른다. 그리고 4월 1일 총회에서 조봉암 제거를 목적으로 조직요강 제①항의 단서조항 "단, 국무위원과 국회의원을 지낸 자는 예외로 한

* 조봉암, '신당운동에 호응할 터', 〈동아일보〉 1955년 2월 24일.

다"라는 구절을 삭제한 6대 조직요강이 가결되면서 호헌동지회 중심의 신당운동은 보수파(자유민주파)의 신당운동으로 변질되고 말았다. 9월 1일 이들은 민주당을 창당했다.

조봉암의 통일론은 "민족주의 세력의 정통"

범야신당 조직이 조봉암을 둘러싸고 대립과 분열을 거듭하게 된 주요 원인 중의 하나로 서중석은 한국민주당-민주국민당측과 조봉암의 오랜 대립관계를 들고 있다. "민주국민당 내 극우 세력이나 장면측은 해방 후 단정운동과 정부수립 과정을 통해 일관된 모습을 보여주었"는데 그들에게 조봉암은 이단으로 볼 만한 정치이념을 가지고 있었다는 것이다. 중도파는 누가 보아도 "항일 · 민족자주 면에서 민족주의 세력의 정통"이었고, "민족문제나 통일문제에서 자신들의 약점을 비수로 찌르듯이 추궁"하고 있었기 때문에 그들이 가장 싫어하고 두려워하는 것은 공산주의자가 아니라 중도파 민족주의자였을 것이며, 김구 · 김규식에 이어 이제 이 세력을 이끌고 있는 조봉암을 "이단시, 사갈시하지 않을 수 없었다"는 것이다.

한편으로 이렇게 범야신당 추진이 분열되어 보수파 중심으로 야당 창당이 진행되는 동안 조봉암을 중심으로 진보적 정당을 만들기 위한 준비가 진행되었다. 진보적인 신당 추진세력들은 민주당이 창당되던 9월 1일 가진 광릉회합 등 여러 차례의 회합을 거쳐 신당 조직 원칙으로, 혁신세력의 규합, 정치 혁신, 계획성 있는 경제정책 구현, 민주주의 승리하의 평화적 남북통일을 합의했다.

1955년 12월 22일 진보당(가칭) 발기취지문과 강령 초안이 발표되었다. 발기인은 조봉암, 서상일, 박기출, 이동화, 김성숙, 박용희, 신숙, 신백우, 양운산, 장지필, 정구삼, 정인태 등 12명이었고, 총무대표위원에 최익환, 기획위원에 신도성, 선전위원에 윤길중이 선임되었다. 발기취지문과 강령 초안의 요지는 다음과 같다.

취지문

우리 민족의 자주독립과 민주주의 쟁취의 역사적 성업인 3.1운동의 숭고한 정신을 다시금 환기 계승하여 우리가 당면한 민주 수호와 조국통일의 양대 과업을 수행할 수 있는 혁신적 신당을 조직하고자 이에 분연히 일어섰다. 우리는 진정한 혁신은 오로지 피해를 받고 있는 대중 자신의 자각과 단결 위에만 실현될 수 있다는 것을 깊이 인식하고 관료적 특권 정치, 자본가적 특권 경제를 대신하여 진정한 민주 책임 정치와 대중본위의 균형 있는 경제체제를 확립할 것을 기약하고 국민 대중의 토대위에 선 신당을 발기하고자 한다.

강령

① 공산 독재는 물론 자본가와 부패분자의 독재도 이를 배격하고 진정한 민주주의 체제를 확립하여 책임 있는 혁신 정치의 실현

② 생산·분배의 합리적 통제로 민족자본 육성

③ 민주 우방과 제휴하여 민주 세력이 결정적 승리를 얻을 수 있는 조국통일 실현

④ 교육체제를 혁신하여 국가보장제를 수립

1956년 1월 17일, 진보당추진준비위원회 간판을 걸고 본격적인 사무 태세를 갖추었지만 진보당 창당은 예정대로 추진되지 못했다. 이런 가운데 이승만 정부는 창당한 지 얼마 안 된 민주당이나 아직 창당하지 못한 진보당측이 선거 전열을 갖추기 전에 정부통령 선거를 실시하고자 5월로 정부통령 선거일을 앞당겼다. 이렇게 해서 3월 28일 정부통령 선거 일자는 5월 15일로, 후보등록 마감은 4월 7일로 공고되었다.

진보당추진준비위원회는 정부통령선거가 앞당겨 실시될 상황에서 정당의 정식 출범은 시기상 불가능하다고 판단하여 1956년 3월 31일 진보당전국추진위원대표자회의를 열고 정부통령선거대책위원회를 구성했다. 이날 오후 정부통령선거대책위원회에서는 대통령 후보에 조봉암, 부통령 후보에 서상일을 천거했다.* 4월 7일 정부통령 후보 등록 마감 결과 대통령 후보로는 이승만, 신익희, 조봉암, 부통령 후보로는 이기붕, 장면, 윤치영, 이윤영, 박기출, 백성욱, 이범석, 이종태가 등록했다.

자유당에 맞서 야당이 승리하기 위해서는 야권 후보 단일화가 필요하다는 인식하에 정부통령 후보 등록 마감을 즈음해서 야당 연합전선 운동이 펼쳐졌지만 민주당과 진보당은 남북통일안을 놓고 의견 충돌

* 서중석, 앞의 책, p.111. 서상일이 부통령 후보를 고사하면서 나중에 박기출이 부통령 후보가 되었다.

을 보였다.

4월 9일 진보당선거대책위원회는 민주당에 다음의 3개 원칙을 제시했다.

① 진실로 모든 국민 앞에 책임지는 정치체제를 실현

② 모든 국민이 다같이 생존권을 확보받고 균등하게 번영할 수 있는 수탈 없는 경제체제를 실현

③ 어디까지나 피 흘리지 않고 민주주의 승리에 의한 평화적 방법으로 남북통일을 이룩함

이에 4월 10일 민주당은 다음의 3개항을 원칙으로 제시했다.

① 국민에게 책임지는 정치체제는 내각책임제일 것

② 수탈 없는 경제체제란 자유경제에 의한 공정한 분배를 의미함

③ 평화적 남북통일은 유엔 감시하의 민주주의 방식에 의한 남북 총선거를 말하는 것이어야 함

그러나 바로 이틀 후인 4월 12일 민주당은 이것을 많이 수정한 내용을 통고했다.

① 책임정치란 내각책임제하의 정치임

② 수탈 없는 경제체제란 헌법이 보장하는 한도 내에서 필요에 따라

종합적인 계획정책을 실시할 수 있는 경제정책임

③ 평화적 통일이란 유엔 감시하의 북한만의 선거를 통한 남북통일이어야 한다는 것이었다.

이러한 결정적인 의견 차이와 함께 정부통령 후보 사퇴를 둘러싼 갈등, 민주당 신익희 후보의 갑작스러운 사망 등으로 결국 야권 단일후보는 성사되지 못했다.

조봉암 처형으로 김구 통일론 부활 실패

민주당과 진보당을 반공과 반일 정서를 자극해서 공격하던 자유당 이승만 후보측은 5월 5일 신익희 후보 사거 이후 조봉암 후보를 집중 공격하고 나왔다. 특히 조봉암의 평화통일론을 비난했다.

"금반 정부통령 선거는 (…) 강력한 반공 민주주의 노선을 택할 것인가?이고, 다른 하나는 공산주의에 굴복하는 유화 협상 노선을 택할 것인가이다. (…) 괴뢰도당이 4월 28일 평화적 통일방안을 채택하였으며, 그 주구들인 조소앙, 안재홍, 윤기섭, 김약수, 송호성 등이 연일 대남방송을 한다. 이와 같이 이북 공산당 괴뢰측의 노골적인 방송과 남한 선거의 야당측 정책을 대조해볼 때 과연 어느 무엇을 의미하는 것인가?"

실제로 진보당은 5.15정부통령선거에서 평화통일론을 전면에 부각시켰다. 대통령 입후보등록 다음날인 4월 8일 조봉암이 북진통일 구호를 비판하면서 유엔 지지하의 평화적 방법에 의한 통일을 제시한 데 이어 4월 하순에는 이승만과 민주당의 무력통일론은 현실과 유리된 주장으로 통일을 단념하자는 것과 다름이 없다고 비판했다. 5월 1일 발표한 공약 10항에서는 그 첫 번째로 "남북한에 걸쳐 조국의 통일을 저지하고 동족상잔의 유혈극의 재발을 꾀하는 극좌극우의 불순세력을 억제하고 진보세력이 주도권을 장악"하여 유엔 보장하의 평화통일을 성취하겠다는 것을 제시했다.

조봉암의 입장은 출마에 즈음하여 발표한 '나는 이렇게 하련다'라는 제목의 입후보 포부에서 잘 드러난다.

> 나는 입후보 변을 한마디로 요약하면 '이 겨레의 삶을 찾기 위해서'라고 명언하고 싶다. 우리는 군정 3년을 체험했고 이 박사 영도하의 수난 6년도 겪어봤다. (…) 정당이란 정권을 잡기 위한 정치 집단임에 틀림없으나 만일 정당이 스스로 대중에게 약속한 자기주장을 식언하기 일쑤라면 그것은 자살 행위인 동시에 인민으로부터 버림을 받지 않을 수 없는 행위인 것이다.
>
> 어쨌든 이 나라의 기형적 현실은, 대통령이 되어야만 행정의 책임을 지고 고칠 것은 고치고 바로잡을 것은 바로잡을 수 있게 되어 있기에 나는 재차 대통령에 입후보 하기로 결심한 것이다. 만일 내가 대통령에 당선된다면 첫째로, 만성적으로 부패된 내정을 개혁하여 민주 역량의 신장을 도모할 것이요, 둘째는, 민족의 비원인 남북통일을 가능케 하기 위하여 거국적 총력을 여기에 동원할 것이다. (…) 현재 일부에서 주장하는 바와 같은 북진통일 정책은 결국 무력을 통해서 국토를 통일하자는 것인데, 전쟁의 재발은 전 세계의 인류가 원치 않을 뿐만 아니라 이미 수백만에

달하는 귀중한 희생을 치른 우리 민족이 이 이상 더 동족상잔의 피를 흘린다고 하면 그것은 곧 민족의 자멸을 의미하는 것이다. 그러므로 우리는 어디까지나 피 흘리지 않고 민주 진영의 주동에 의한 평화적인 방법으로써 남북통일을 이룩해야 한다.

5월 15일 투표와 개표 과정에서 엄청난 부정이 발생했다. 여러 지역에서 무더기 투표를 한 것이 지적되었고 투표 장소 내에서까지 여당 후보에게 투표하라고 윽박지르는 일이 벌어지기도 했다. 개표 과정에서도 진보당은 참관인을 거의 내지 못했고 민주당은 참관인 등록 때부터 폭행을 당하거나 참관인으로 등록되더라도 폭력 때문에 투개표소에 들어가기 어려운 상황들이 발생했다. 이러한 가운데 개표과정에서 표 바꿔치기나 샌드위치 표가 적지 않았고, 여야 후보자의 득표에 대해서 개표결과가 실제 투표와 반대로 나오기도 했을 정도였다.*

이렇게 엄청난 투개표 부정이 있었음에도 투표 결과 이승만은 전체 유효투표자수 906만 7,063명 가운데 504만 6,437표를 얻은 것으로 집계되어 55퍼센트의 지지밖에 받지 못했다. 특히 서울에서는 60만 8,741명의 투표자수 가운데 20만 5,253표를 얻는데 그쳐 3분의1밖에 얻지 못한 데다가 대부분이 신익희에 대한 추모표로 간주되는 무효표 28만 4,359표보다 훨씬 적었다. 조봉암은 11만 9,129표를 얻었다.

선거 이후 투개표만 공정하였더라면 조봉암이 이승만을 이겼을 것

* 《국회속기록》 제22회 23호, 1956.6.1., 김선태 의원 발언.

이라는 주장이 제기되었다. 진보당측이 참관인을 거의 내지 못한 데다가 극히 일부가 들어갔더라도 쫓겨났던 상황에서 그나마 선거구 감시가 잘된 곳에서는 압도적으로 이승만을 눌렀으나 그렇지 못한 곳에서는 조봉암 표가 대폭 삭감되어 이승만 표로 옮겨졌다는 주장이었다. 개표 결과 지역적 편차가 심했던 것은 이러한 주장에 힘을 실어준다. 서울과 대구의 경우 각각 신익희와 조봉암 지지표가 이승만 지지표보다 많았고, 경남, 전북도 조봉암과 신익희의 표가 꽤 많이 나왔다. 하지만 강원도와 제주도, 충북에서는 압도적으로 이승만 지지표가 많았다. 강원도 정선의 경우 이승만 표는 2만 5,000표가 나왔는데 조봉암 표는 34표에 그쳤고, 같은 경상도 산골인데도 한 군에서는 많이 나왔는데 이웃 군에서는 적게 나오는 경우도 적지 않았다.

이런 정황을 미루어 진보당 관계자들은 사실상 이 선거의 승자는 조봉암이었음을 주장했다. 부통령 후보로 나왔다가 사퇴했던 박기출은 1956년 5월 17일 기자에게 "조작한 표수야 얼마든지 만들어낼 수 있는 것"이라고 말했으며, 조봉암이 유효투표 70~80퍼센트를 획득했다고 생각되므로 조봉암이 600만 표를 상회하고, 이승만의 득표는 100만 표 전후가 아닐까 생각한다고 말하기도 했다.

조봉암 역시 1956년 5월 17일 담화에서 어려운 환경과 강압된 분위기 속에서 패배했음을 자인하고 이승만의 당선을 축하했지만, 1957년 나온 《내가 걸어온 길 내가 걸어갈 길》이라는 소책자에서 "선거의 결과는 항용 말하는 것처럼 투표에는 이기고 개표에는 졌습니다"라고 말했다.*

조봉암은 1956년 11월 10일 진보당을 결당했지만 "진보당의 결당은 동시에 조봉암과 그 지지 세력을 말살시키는 시발이 되기도 했다. 국민 대중과 조봉암을 차단하는 데 실패한 이승만·자유당은 조병옥·민주당과 마찬가지로, 조봉암이 국민에 뿌리를 내렸을 때 위기감을 느꼈으며, 보수 양당제를 지향하던 이들 보수 세력 못지않게 미국에게도 위기감을 조성"** 했기 때문이었다.

진보당 창당 1년여 만인 1958년 1월 12일, 진보당의 평화통일론이 국시에 위배되고 북의 간첩과 접선했다는 이유로 조봉암을 비롯한 진보당 핵심 간부들이 모조리 검거되었고 2월에는 진보당의 등록이 취소되었다. "1심 재판까지도 진보당에 대한 탄압으로만 생각되었던 진보당 사건은 2심, 3심에 이르러 조봉암 제거 작업의 성격을 드러냈다." 재심 기각 다음날인 1959년 7월 31일, 조봉암은 처형되고 만다.

이처럼 김구의 남북협상 정신은 소장파와 조봉암으로 단독정부 수립 이후에도 이어졌지만, '건국' 이후 김구의 노선을 지지한 의회 내 인사들이 대부분 "급진, 진보 노선의 소장파들"로 이승만-한국민주당 연합에 도전하기에는 역부족이었다는 점을 생각해보면, 김구가 만약 대한민국 정부수립에 참여하여 이들과 함께 "강력한 야당 블록, 민족 블록, 개혁 블록, 통일 블록을 구축"했다면 어땠을까 아쉬움이 드는 것이 사실이다.***

---

* 조봉암, 앞의 책, p.176.

** 정태영, 앞의 책, p.170.

*** 박명림, '대한민국 건국과 한국 민족주의-김구 노선을 중심으로', 〈한국 정치외교사 논총〉 31(2009), p.194.

김구의 통일론과 맥이 닿은 평화통일론

조봉암의 통일론과 진보당 사건

조봉암은 한때 엘리트 사회주의자였으나, 1946년 1차 미소공동위원회가 실패한 직후 조선공산당의 실질적 지도자인 박헌영과 갈라서서 전향했다. 그는 당시 좌익도 우익도 아닌 통일정부 수립을 촉구했다. 하지만 대부분의 민족주의자들이 단독정부 수립에 불참했음에도 그는 농림부장관으로 참여하는 등 철저한 현실주의자의 면모를 보였다. 이후에도 현실 정치나 제도권 밖에서 머물기만 한 것이 아니라 적극적으로 정치에 참여하여 자신의 이상을 실현하려고 노력했다.

그가 내세운 평화통일론의 핵심 근거는 세 가지였다. 첫째, 수천 년 동안 단일민족이었고, 둘째, 분단 상태로는 민족경제의 정상적 발전이 어려우며, 셋째, 한반도의 평화통일이 인류 평화에 기여할 것이라는 주장이다. 이는 당시 흐루쇼프의 평화공존론 등 국제사회의 흐름에도 편승하는 것이기는 했지만, 결국 김구의 통일론과 맥이 닿아 있다. 조봉암은 비록 김구와 사이는 좋지 않았으나, 김구의 통일론을 계승한 셈이다.

'중공과의 즉시 결전'이나 '원자전만이 공산주의자를 굴복시킬 유일한 방도'라고 외치던 이승만 정권은 1956년 제3대 대통령 선거에서 조봉암에게 강력한 위협을 느끼자, 평화통일론을 트집 잡아 조봉암을 빨갱이로 몰기 시작했다. 이후 '진보당 사건'으로 일컬어지는 조봉암의 재판과 사형 집행 과정은 우리나라의 부끄러운 사법 살인의 대표적인 사례가 되었다.

2011년 1월 20일, 대법원이 조봉암에 대해 무죄를 선고함으로써 조봉암은 사형당한 지 52년 만에 복권되었다.

2 "가자 북으로, 오라 남으로"

4.19혁명 이후 민간 차원의 통일논의·운동 활발

1960년 4.19혁명 이후 민간 차원의 통일논의와 운동이 다른 어떤 시기보다도 강하게 분출되었으며 이 과정에서 1948년 남북협상론이 부활했다. 4.19혁명 이후 처음으로 민간 통일운동단체를 결성한 것은 4.19혁명의 주역인 학생들이었다. 1960년 11월 1일 서울대학생 300여 명은 민족통일연맹(민통련)을 발기해 전 사회적으로 파문을 불러일으켰다.*

민족통일연맹은 4.19혁명 직후의 국민계몽대 운동과 맥락이 닿는 부분도 있지만, 그 구성원과 내용 면에서 많이 달랐다. 이들은 기존 학생 집단 안에서 더욱 이념적인 집단의 구성원이었다. 따라서 학생운동

* 홍석률·정창현, '4월민중항쟁 연구의 쟁점과 과제', 한국역사연구회 4월민중항쟁연구반, 《4.19와 남북관계》(도서출판민연, 2000), p.34.

을 반독재운동·시민계몽운동의 차원이 아니라 남한 사회의 본질적인 문제를 제기하는 방향에서 이끌어 가려고 했다. 때문에 이들은 기존 학생회와 국민계몽대의 틀을 벗어나 새로운 단체를 결성한 것이었다.

서울대 민족통일연맹은 1961년 5월 3일 남북학생회담을 제기했다. 5월 5일에는 민족통일연맹 주도로 추진된 민족통일전국학생연맹이 결성준비대회를 갖고 공동선언문과 결의문을 발표하면서 '남북학생회담'을 지지했다. 이러한 인식에 기초해 제기된 남북학생회담은 민족자주통일중앙협의회(민자통)를 비롯한 진보적 정당·사회단체들의 지지 찬동을 받으며 추진되었으나 5.16쿠데타로 좌절했다.

이 시기의 통일논의와 운동에 대해, 객관적인 현실과는 괴리된 낭만적이고 비과학적인 것으로, 보수와 진보 사이에 불필요한 이념적 갈등을 심화한 주된 요인으로 파악하는 견해가 있다. 그러나 이 무렵 양대 세계 공존의 정착과 제3세계 민족주의의 대두, 북한의 평화통일 공세 강화 등 내외적인 환경을 볼 때 당시에 통일 문제가 쟁점화할 수밖에 없는 객관적 요인이 있었다. 따라서 이 시기 통일운동을 무조건 객관적 현실과 괴리된 비과학적이고 낭만적인 것이라 볼 수 없다는 반론도 있다.* 또한 당시의 통일논의의 양상을 볼 때 보수와 혁신이 무조건 양극화를 심화시킨 것이 아니라 남북교류 등 몇 가지 사안에서는 보수세력 일부가 혁신세력의 문제 제기를 수용하는 등 이전에는 찾아볼 수 없던 새로운 양상이 나타남도 주목되고 있다.

* 홍석률, '1953~1961년 통일논의의 전개와 성격', 서울대 박사학위논문, 1997, pp.88-114.

이 시기 전개된 통일운동에 대한 초기의 평가는 "아노미적이며 과격하고 자기소모적인 운동"이라거나 "낭만적이고 급진적이어서 기층민중과의 연대를 파괴했다"는 등 부정적인 시각이 많았다.

최근에는 이 시기 통일운동이 지나치게 낭만적이었다거나 당시의 일반적 의식수준에 비해 지나치게 급진적·모험주의적이었다는 비판은 상당히 극복되었다. 당시의 사회적·역사적 조건이 갖는 여러 제약에도 불구하고 민족통일연맹이 주도한 통일운동은 분단체제에서 금기시되었던 통일논의를 대중운동의 차원에서 제시한 점, 냉전 이데올로기를 분쇄한 점은 높이 평가할 수 있다. 또한 이 운동과정에서 수많은 진보적 학생들을 배출해 그후 1964년의 6.3항쟁으로 이어지는 자주민주통일운동의 큰 흐름을 형성했다는 점에서도 역사적 의미를 찾을 수 있다.

1960년 이승만 하야 이후 허정 과도내각은 6월 15일 개헌안을 공포하고 7월 29일을 선거일로 공고했다. 입후보 등록 결과 민의원 선거에는 233개 선거구에 1,563명이 등록해 6.7대1의 경쟁률을 보였고, 58명을 선출하는 참의원 선거는 214명이 등록해 3.7대1의 경쟁률을 기록했다. 입후보 등록의 가장 큰 특징은 무소속 출마자가 압도적으로 많았다는 점인데 이는 4.19 이후 새로운 정치에 대한 기대 상승과 인적 교체의 열망이 반영된 것이었다.*

* 이혜영, '1960년 7.29총선거의 전개과정과 성격', 한국역사연구회 4월 민중항쟁연구반, 앞의 책, p.58.

7.29총선에서 보수·혁신 정당의 가장 큰 차이점은 통일 분야

선거 과정에서 보수정당과 혁신정당의 차별성이 가장 잘 드러났던 부분은 통일 관련 공약에서였다. 이승만 정부하의 북진통일론과 무력통일론이 자취를 감추고 '유엔 테두리 내에서의 평화통일'에 대한 공감대가 형성된 것은 보수와 혁신 모두에서 공통적으로 나타났지만 세부적인 부분에서는 차이가 나타났다. 그러나 휴전협정 체결 후 채 10년이 되지 않은 상태에서 용공 시비에 휘말릴 것을 우려해 혁신세력 역시 자신들의 통일 방안이 반공에 토대한 것임을 강조했다. 이 때문에 지나치게 몸을 사린다는 비판과 함께 보수정당에게는 자신들과 별 차이가 없다는 공격의 빌미가 되기도 했다. 또한 이렇게 '반공'을 강조했음에도 선거운동 과정에서 보수진영은 혁신세력을 용공으로 몰아 비판하고 나섰다. 전체적인 선거 분위기가 '보수 대 혁신이 아닌 민주 대 공산 같은 인상을 줄' 정도로 혁신계 입후보자들에 대한 인신공격이 빈번하게 벌어졌으며, 7월 중순에는 검찰총장이 "혁신정당 당원의 60퍼센트 이상이 과거 남조선로동당 당원으로 구성되어 있다"는 내사 결과를 발표했다. 이런 가운데 결국 7.29총선거는 민주당의 승리와 혁신세력의 참패로 끝났다. 그러나 혁신세력은 총선 실패에 좌절하지 않고 이를 뛰어넘어 자주민주통일운동으로 나아갔다.

이 자주민주통일운동의 조직적 결정체가 바로 민족자주통일협의회였다. 민족자주통일협의회는 1961년 1월 15일 준비위원회 명의로 1,000여 명의 준비위원 명단과 함께 통일선언서와 강령을 발표했다.

통일선언서와 강령의 핵심 내용은 다음과 같다.

우리는 외세에만 좌우될 것이 아니라 자주적으로 해결하려는 노력이 있어야 하겠고, 미·소 양국 및 국제의 공정한 협조를 촉구해야 할 것이다. 또한 이 문제는 우유부단한 정부의 활동에만 맡기고 있을 것이 아니라, 범민족운동을 통하여 정부를 독려하고 유엔에 제청하는 등의 온갖 활동이 요청되는 것이다.

[강령]

① 우리는 민족자주적이며 평화적인 국토통일을 기한다.

② 우리는 민족자주 역량을 총집결한다.

③ 우리는 민족자주의 처지에서 국제 우호와 돈독을 기한다.

이어서 1961년 2월 25일 민족자주통일협의회는 결성식장에서 통일 문제에 대해 다음과 같은 결의문을 발표했다.

① 우리는 외세에 의존하는 사대 노예들의 난무를 배격하고 민족통일 역량을 총집결하여 통일에 매진할 것을 엄숙히 맹서한다.

② 우리는 '통일 유보' 또는 '선건설 후통일론'으로 국민을 현혹케 하여 통일을 방해하는 일체의 세력을 철저히 분쇄한다.

(중략)

⑥ 우리는 통일에 앞서 민족 친화의 정신 밑에서 다음 사항을 실천에 옮기도록 노력할 것을 정부 및 국회에 건의한다.

가. 완충지대에 우편국을 설치하여 남북 간의 서신왕래를 실시할 것

나. 남북 간의 경제 교류를 촉진케 할 것

다. 완충지대에 민족 친화의 기구를 설치하여 때때로 남북 동포가 서로 만나 민족혼과 민족정기가 얽히도록 할 것

라. 신문기자 및 민간 사절단을 북한에 파견할 것

마. 금후 국제적인 모든 경기대회는 남북 간의 혼성 선수단을 파견할 것

남북협상파의 정신을 계승한 민자통의 통일 방안

민족자주통일협의회의 통일방안 논의 과정에서는, 소속 주요 정당·사회단체 간 통일방안에 대한 의견 차이로 상당한 갈등을 겪었다. 무엇보다도 민족자주통일협의회 상무위원회는 민족자주적 남북협상을 강조한 반면, 민족자주통일협의회의 구체적인 통일방안 논의를 맡은 민족통일방안심의위원회는 중립화 통일론에 가까웠던 것이다.

갈등 끝에 사회대중당·혁신당·사회당은 3당 합당 논의과정에서 "조국통일은 민족자주원칙 하에서 남북협상과 국제적 협조로써 미·소 양대 세력에 예속되지 않는 평화통일"로 잠정적으로 통일방안을 합의하기에 이른다.* 또한 민족자주통일협의회는 구체적인 통일방안으로 다음의 3단계 방안을 제시했다.

1단계: 민간 단체의 교류, 즉 서신 왕래에서부터 경제·문화 교류

2단계: 남북 간의 두 정권이 통일적 견지에서 경제발전 계획, 통일 후

* 〈민국일보〉, 1961년 5월 16일 조간.

〔표 3〕 민족자주통일협의회 소속 주요 정당·사회단체의 통일방안

정당·사회단체	구체적인 통일방안	기본적인 통일방안
사회대중당	남북한 대표가 참석하는 미·소 중심의 관계국 국제회담이나 남북협상에서 해결 남북의 대표로 조국통일위원회를 구성, 중립국으로 국제감시위원회 구성 제의	국제적으로 보장된 영세중립
혁신당	남북한 정부 및 민간 대표가 참석하는 국제회의와 남북협상을 동시에 진행 남북한의 대표로 全한국위원회를 구성, 중립국 선거감시위원단 구성 제의	
사회당	남북협상에 의해 자주적으로 마련된 방안을 유엔이나 국제회의에 반영해야 하며, 선거감시 문제도 남북협상에서 결정될 문제	남북협상에 의한 자주적 통일
경북민족통일연맹	민족자결에 의한 자유선거로 평화통일	
민주민족청년동맹 (민민청)	경북민족통일연맹과 같음	
통일민주청년동맹 (통민청)	사회당과 같음	
민족건양회	남북의 대표로 민주민족통일건국최고임시위원회를 조직하여 국제 관계 세력들로부터 지지를 얻기 위해 국제회의를 평양 또는 서울에서 개최	

자료: 김지형, '4월민중항쟁 직후 민족자주통일협의회의 노선과 활동', 한국역사연구회 4월 민중항쟁연구반, 앞의 책, p.116.

〔표 4〕 4.19 시기 대표적 통일론

	주장 세력 및 개인	핵심내용 (통일방안, 대북인식, 대유엔 인식)	비고
유엔 감시하 남북한 총선거론	민주당, 신민당을 포함한 보수세력	북진통일론 폐기, 반공통일, 선건설 후통일, 북한 불인정, 유엔에 의존	남북협상론 · 중립화 통일론 모두를 배격, 통일 유보론으로 비판됨
중립화 통일론	김삼규 · 김용중 · 김문갑 중립화통일연맹준비위(통일사회당 · 사회대중당 · 혁신당)	미 · 소의 세력 균형에 입각한 통일론, 남북한 당국이 참여하는 국제협상에서 한국의 영세중립화 보장, 유엔에서 결정되는 중립국 감시하의 총선거	국제적 해결 강조, 남북협상의 필요성 인정, 북한은 중립화 안을 완전히 무시함
남북협상론	김영춘 · 이재춘 민족자주통일중앙협의회(사회당 · 민족건양회 · 민민청 · 통민청)	외세의 간섭 없는 남북 당사자 간의 협상으로 결정, 반제국주의적 관점, 단계적 접근방법-남북교류론, 반제 · 반봉건 · 반매판 민족혁명=통일	반제국주의적 관점에서 유엔 감시하 총선거론 반대, 중립화론도 외세 의존적이라고 반대

자료: 김보영, '4월민중항쟁 시기의 남북협상론', 한국역사연구회 4월민중항쟁연구반, 앞의 책, p.145.

의 제반 예비사업의 진행

3단계: 최후 단계로서, 협의해서 민주주의적 선거법의 제정, 제자유의 보장, 자유선거*

이 방안은 남북협상을 통해 자주적인 통일이 완성된다고 본 것으로,

---

* 〈민족일보〉, 1961년 5월 8일.

이런 점에서 1948년 남북협상파의 정신을 계승했다고 볼 수 있다.

한편 장면 정권은 반미투쟁의 대중화 경향, 통일운동의 본격화를 저지하기 위한 방안으로 반공법과 데모규제법 제정을 추진했다. 이에 민족자주통일협의회와 혁신정당, 교원노조 등 사회단체들은 반민주악법 반대공동투쟁위원회를 구성하고 강력한 2대 악법 반대투쟁을 벌여나갔다. 1961년 5월 3일 서울대학교 민족통일연맹의 남북학생회담 공개 제의는 이러한 대중운동에 불을 지폈다.

학생들의 남북회담 제의에 대해 정부 여당은 시기상조이자 경솔한 짓이라며 반대했지만 혁신 세력은 적극 지지하고 나섰다. 민족자주통일협의회는 5월 6일 "남북학생회담이 시기상조라는 보수정객들은 평화도 통일도 원하지 않으며 사욕을 누리려는 자기의사의 표명"이라고 보수정당을 비난했다. 5월 13일에는 남북학생회담 환영 및 민족통일 촉진결의대회를 열고 다음과 같은 내용의 결의문을 채택했다.

> ① 우리는 남북학생회담을 전폭적으로 지지한다.
>
> ② 남북의 정당·사회단체도 조속한 시일 내에 민족자주적인 평화통일을 달성하기 위하여 남북 정치협상의 만반 태세를 갖춘다.
>
> ③ 남북학생회담에 참가할 학생들에게 물질적 준비를 제공하기 위하여 일대 성금운동을 전개한다.
>
> ④ 유엔군은 남북학생회담으로 가는 길을 스스로 열어주라.
>
> ⑤ 판문점으로 출발하는 학생들을 거족적으로 환영하며 보호할 것을 맹세한다.*

결의대회 후 참가자들은 "가자 북으로, 오라 남으로, 만나자 판문점에서", "이 땅이 뉘 땅인데 오도가도 못 하느냐", "배고파 못살겠다. 통일만이 살길이다"라는 구호를 외치며 시가행진을 진행했다.

남북학생회담을 민족자주통일협의회에서 일관되게 주장한 '남북협상 노선'의 구체적인 한 방식으로 이해하고 민족자주통일협의회가 적극적으로 지지하면서 이는 '남북협상에 의한 자주적 통일'이라는 통일노선을 주장하는 범국민운동으로 전개되었다.

이러한 과정을 거쳐서 북진통일론이 공식적으로 폐기된 지 채 1년이 지나지 않아서 남북협상론이 통일방안으로 체계를 갖추어 나갔다. 서울대 민족통일연맹은 1961년 4월 19일 4.19혁명 1주년을 맞아 '4.19 제2선언문'을 발표했는데, 여기에서 이들은 평화적 통일을 위해 '전 민족자주 세력'의 결집과 비정치적 분야의 남북교류, 반외세가 중요하다고 주장했다.

> 조국 분단의 전 책임은 국제공산주의와 독점자본주의 및 그들의 추종자인 반민족적 사대주의자들의 냉전 청부 행위에 존재한다. 민족의 조속한 평화적 통일을 위하여 전 민족자주 세력은 총집결하여 남북한의 문화교류, 서신 왕래, 경제교류 및 학생회담을 포함하는 비정치적 인사교류를 위하여 제1차적 투쟁을 전개하고 외세에 의하여 강제되는 분단 상태의 고정화와 군사기지에의 심화를 분쇄하라.

* 〈민국일보〉, 1961년 5월 14일 조간.

학생들은 이 선언문의 내용을 기초로 하여 남북학생회담 제의까지 나아가게 되는데, 이러한 학생들의 논리는 당시 언론에서도 "남북협상-통일협의체 구성-총선거-총선거 결과에 따라 국가 형태를 일임한다는 남북협상론자들의 주장으로 기울고 있다"라고 평가할 정도로 1948년 김구와 김규식으로 대표되는 남북협상파의 논리와 닮았다. 학생들은 이어서 5월 6일 민족통일전국학생연맹결성준비대회를 열고 '학생회담 장소는 판문점으로, 회담 시일은 5월 이내로 하며, 민족통일전국학생연맹이 지역별로 회담 대표를 선정한다'라는 구체적인 계획을 발표하면서 대중적 지지를 높여나갔다.* 그러나 며칠 후 5.16쿠데타가 발생하면서 학생들과 혁신세력을 중심으로 전개되던 남북협상통일론은 좌절되고 말았다.

* 〈민족일보〉, 1961년 5월 6일.

'남북협상에 의한 자주적 통일'이 범국민운동으로 전개
4.19혁명 이후 봇물처럼 쏟아진 통일론

이승만 정권이 무너지고 들어선 제2공화국에서는 비록 유지된 기간은 짧았지만 통일운동이 매우 활발하게 일어났다. 그 배경에는 1955년 반둥회의 이후 제3세계의 등장, 쿠바의 공산화, 알제리와 콩고 등에서의 반제국주의투쟁 등이 자리한다.*

먼저 일본과 미국에서 통일운동을 벌였던 김삼규와 김용중의 중립화 통일론이 1960년 7.29총선 전후로 국내에 소개되면서부터 통일논의가 활발해지기 시작했다. 중립화 통일론은 과거 김규식이 제기한 바 있는데, 같은 해 10월 22일에 미국의 상원의원인 마이크 맨스필드Mike Mansfield가 오스트리아 식의 한국 중립화 통일을 모색해야 한다는 발언이 파문을 일으키면서 큰 힘을 얻었다.

하지만 장면 정부는 곧바로 이에 반대하면서 오히려 국가보안법을 강화했다. 사실 장면은 통일론에 관한 한 이승만 시대의 사고방식과 별다르지 않았다. 4.19혁명 1주년을 며칠 앞두고 국내외 통일론에 관해 국회에서 '용공통일보다는 분단 지속이 낫고, 유엔 결의라고 하더라도 우리에게 불리하다면 받아들일 수 없다'라는 발언은 야당의 거센 반발을 샀다.

1961년에는 혁신 정당이 정비되면서 민족자주통일협의회(민자통)가 결성되었다. 민자통은 민족자주에 입각한 남북협상론을 내세웠는데, 이는 당시 언론으로부터 김구의 통일론에 기울어 있다는 평가를 받았다. 5월 13일에는 민자통 주최로 약 3만 명이 모여 남북학생회담 환영 및 통일촉진 궐기대회가 열렸다. 이때의 주요 구호가 "가자 북으로, 오라 남으로, 만나자 판문점에서", "이 땅이 뉘 땅인데 오도가도 못 하느냐" 등이었다.

이러한 일련의 통일운동은 반공세력을 자극했고, 5.16쿠데타 모의자들한테 구실을 제공하기도 했다. 민자통의 간부인 문한영, 이재춘, 기세충, 김달수 등은 5.16쿠데타 직후 북한의 활동을 고무했다는 죄명으로 영장도 없이 체포되어 혁명재판소에 회부된 뒤 징역 10~15년을 선고받았다. 이들은 2010년 재심을 통해 무죄선고를 받았으나, 문한영, 이종신, 기세충은 이미 사망한 뒤였다.

---

* 서중석, 《한국 현대사 60년》.

3

박정희 정권하의 통일논의와 장준하

1960년대 박정희 정권의 통일 정책은 '선건설 · 후통일'

4.19혁명 이후 잠깐 부활했던 남북협상 통일론은 1년여 만인 1961년 5.16쿠데타로 박정희 군사정권이 들어서면서 다시 좌절되고 말았다. 박정희 정권의 혁명공약 제⑤항 "민족적 숙원인 국토통일을 위하여 공산주의와 대결할 수 있는 실력배양에 전력을 기울인다"에서 분명하게 드러나듯 박정희 정권은 처음부터 민족주의와 반공을 국시로 내세웠다.

1960년대 후반까지 박정희 군사정권의 공식 통일정책은 한마디로 '선건설 · 후통일'이었다. 이러한 박정희 대통령의 선건설 · 후통일론은 1967년 연두교서에 잘 나타나 있다.

> 공업입국의 조국 근대화가 이루어질 1970년대에는 국토통일의 전망

은 보다 밝아올 것입니다. 이때에 이르면 우리를 둘러싼 통일에 대한 우리의 자주적인 기반과 기회가 마련되며 국제정세도 크게 변동될 것으로 나는 내다봅니다. (…) 통일은 단순한 염원이나 국토 분단을 개탄하는 것으로만은 가까워질 수 없으며 더욱이 현실의 냉엄한 사리에 어두운 사람들의 막연한 소망에 영합하려는 비현실적 통일론이나 방책은 도리어 유해무익한 것입니다. (…) 착실하고 꾸준한 통일의 노력은 통일을 위한 과정에 있어서 수많은 정치적, 경제적, 문화적 과업에 충실하는 데서 소기의 성과를 쟁취할 수 있는 것입니다. (…) 결국 오늘의 단계에 있어서 통일의 길은 경제건설이며 민주역량의 배양입니다. 우리의 경제, 우리의 자유, 우리의 민주주의가 북한으로 넘쳐흐를 때 그것은 곧 통일의 길입니다.*

한편으로 1964년 제3공화국 국회에 보낸 연두교서에서 밝혔듯 "유엔을 통해 자유민주주의 원칙에 따라 통일을 달성할 수 있도록 적극적인 외교활동을 전개"할 것이라고 천명했다. 예컨대 경제발전 등 내부적으로 북한에 대응할 수 있는 '실력'을 배양한 후에 유엔을 통해 대한민국이 통일을 주도해 나가는 '승공통일'을 추구한 것이다.

이 시기 제도권 내의 주요 정당들의 통일 정책 역시 정부 정책에서 크게 벗어나지 않았다. 자유민주당의 국토통일 정책은 "유엔 감시하의 자유선거를 원칙으로 하되 대한민국 주권에 의한 평화통일 방략을

---

* 송건호, '한국 정당의 통일정책', 《한국 통일의 이론적 기초》(아세아문제연구소 공산권연구총서 19, 1972), p.305.

수립한다"는 것이었으며, 신민회 역시 "조국통일의 실력 배양"과 "유엔 감시하의 자유선거를 원칙으로 한 대한민국 주권에 의한 통일 방책"을 내세웠다. 자유당도 "우리는 국제연합 헌장을 준수하고 자유 우방과의 유대를 더욱 공고히 하며 국력을 배양하여 승공 태세를 갖추고 유엔 감시하의 총선거로써 국토를 통일할 것을 기한다"라고 했으며, 민중당도 "유엔 감시하의 자유선거"에 의한 "반공 민주 통일"을 주창했다.

1966년 창당한 통일사회당 역시 "유엔 승인하의 중립국 감시하에 실시되는 남북 총선거를 통한 통일방안"을 천명했지만, 다른 정당들과는 달리 "언어 및 민족문화 영역에서의 학술 교류, 서신 교류, 물자 교류, 노령자 귀향, 수학여행, 기자와 시찰단의 교환 등의 남북교류를 실시할 방안"을 검토할 것을 주창했다. 그러나 이와 함께 "내전 범죄자인 김일성 일파의 퇴진을 요구하는 유엔 및 소련에 대한 외교 공세의 전개"도 이야기하고 있어 북한을 대화의 동등한 상대로 보지는 않았다.* 같은 해 12월 창당한 민주사회당의 경우 "국제적 여건을 감안하여 민족자결을 토대로 부분적 통일로부터 완전 통일을 성취할 수 있는 정치의 실현"을 강령으로 내세우면서 "유엔 및 그 밖의 국제기구를 통해 부분적 통일로부터 완전통일에 이르도록 합법적인 남북교류를 실시"할 것을 통일 정책으로 제시했다.

1964년 11월 4일 발표된 〈조선일보〉의 여론조사에 의하면, '통일

* 노중선 편,《민족과 통일(I)-자료편》(사계절, 1985), pp.449-450.

문제에 대단한 관심을 가지고 있다'는 응답자가 85퍼센트에 이를 정도로 높았지만,* 1960년대 박정희 군사정권하에서 북과의 대화나 협상은 전면 부정되었다. 반공을 제1의 국시로 삼았던 만큼 민간 차원의 통일논의는 더더욱 탄압을 받을 수밖에 없었다. 5.16쿠데타 직후 그동안 통일운동에 앞장섰던 〈민족일보〉 관계자, 혁신계, 학생들, 그리고 남북협상, 한·미 경협 반대, 외군 철수 등을 주장한 인사들이 일제 검거되었고, 1961년 5월 22일에는 학술·종교단체를 제외한 모든 정당·사회단체가 해산되었다. 이어서 1961년 7월 4일 반공법이 공포되면서 사실상 정부와 의견을 달리하는 민간 차원의 통일론은 "통제를 넘어 용공으로 매도"되는 시련을 당하게 되었다. 실제로 1966년 창당한 민주사회당은 통일정책으로 남북교류를 제시했는데 민주사회당 대변인 이필선이 "남북한 서신 교류, 기자 교류, 문화인 및 체육인 교류 그리고 동서독에서 이루어지고 있는 친척 교류를 뜻한다."고 설명한 것이 북한의 주장과 같다고 하여 반공법 저촉 혐의로 구속되기도 했다. 결국 민간 차원의 통일논의는 억압되고 사실상 "정부의 통일논의 독점시대"가 된 것이다.

이렇게 선건설·후통일론과 반공을 국시로 하여 "대화 없는 대결 시대"를 구가하던 박정희 정권이 남북협상, 즉 "대화 있는 대결 시대"** 로 나아가게 된 것은 대내외적인 조건이 복합적으로 작용했다고 볼 수 있다.

---

* 송건호, '한국 정당의 통일정책', 앞의 책, p.304.

** 신영석, 《역대 정권의 통일 정책 변천사》(평화문제연구소, 2008), p.109.

국내적으로는 1960년대 중반부터 남북 간 긴장이 고조되기 시작했다. 1965년부터 베트남전쟁 참전으로 한국의 전투병력은 축소되고 있던 반면, 북한 김일성은 1966년 10월 조선로동당 대표자회의에서 "전쟁을 두려워하는 것은 부르죠아 평화주의의 표현이며 수정주의적 사상 조류"* 라면서 투쟁적인 대남 정치공세를 전개했다. 1968년에는 1월 21일에 감행한 북한의 정규군 특공대인 제124군 부대의 청와대 기습사건, 1월 23일의 미함 프에블로호 납북사건, 4월 15일의 EC-121형의 미 군용기 격추사건, 10월 30일에 일어난 124군 부대 소속 유격대의 삼척, 울진 지역 침투사건 등으로 남북 간의 긴장이 극도로 고조되었다.

동서 해빙과 7.4남북공동성명

1971년 3월 주한 미군 7사단의 철수 완료로 최악에 달했던 한반도의 군사적 위기는, 그러나 1971년 7월 키신저 미 국무장관의 중국 방문, 1972년 2월 닉슨 미 대통령과 저우인라이 중국 수상의 정상회담 등 미·중 해빙 분위기 속에서 함께 전환을 맞게 되었다. 1972년 5월에는 미·소 정상회담에서 평화공존을 위한 12개 기본원칙 합의가 이루어지고 전략 핵무기 제한 조약을 비롯한 일련의 협정이 체결되면서 미·소 상호협력 체제가 구축되었다. 이렇게 한반도를 둘러싼 주요 열강인 미·중, 미·소의 화해·협력 분위기는 한반도의 긴장 완화 추구로

---

* 김일성, '현 정세와 우리 당의 과업', 〈근로자〉, 1966년 10월호, p.30.

이어졌다.

한반도의 분단과 전쟁은 사실상 미·중, 미·소 양극 냉전의 산물인 만큼, 남과 북은 한반도에 영향력이 큰 주요 열강들의 화해 분위기에 편승할 필요가 있었던 것이다. 내부적으로도 남북 모두 전략상의 변화를 추구해야 할 시점에 와 있었던 것도 사실이다. 한국의 입장에서는 그동안 선건설·후통일론으로 추진해온 경제 개발에 어느 정도 성공하여 남북관계에서 힘의 균형이 이루어졌다고 판단했으며, 박정희 군사정권 등장 이후 "남한의 혁명 역량을 상대적으로 중요시하고 남한의 혁명 세력이 주체가 되어 정권을 장악'하게 되면 북한의 사회주의 역량과 합작해 통일을 실현한다는 전략"*인 '남조선 혁명론'을 통일방안으로 채택한 북한은 국제적인 여건의 변화로 남측과의 대화가 유리한 국면이 조성되었다고 판단한 것이다.

1970년 8월 15일 광복 25주년 기념 경축사에서 박정희 대통령은 "인도적 견지와 통일 기반 조성에 기여할 수 있으며 남북한에 가로놓인 인위적 장벽을 단계적으로 제거해 나갈 수 있는 획기적이고 보다 현실적인 안을 제시, 시행할 용의가 있음"을** 표명한 데 이어 이듬해인 1971년 8월 12일 대한적십자사 1천만 이산가족 찾기 남북적십자회담을 제안했다. 그리고 8월 14일 북한이 이를 수락함으로써 1948년 남북 단독정부 수립 이후 처음으로 남북 간의 대화가 시작되었다. 그

* 신영석, 앞의 책, p.121.

** 박정희, '8.15 선언(광복 25주년 기념 경축사, 1970. 8. 15.)', 국토통일원 남북대화사무국, 《남북대화 백서》(동아인쇄, 1982), pp.300-305.

리고 다음 날인 8월 15일 박정희 대통령은 8.15 경축사에서 남북대화에 임할 것을 천명하고 나왔다.

남북적십자회담이 진행되는 동안 남과 북은 최고 당국자의 밀사에 의한 막후협상을 진행하고 있었다. 그 결과로 1972년 7월 4일 전격 발표된 것이 바로 7.4남북공동성명이었다.

7.4남북공동성명 7개항의 주요 내용은 다음과 같다.

① 쌍방은 다음과 같은 조국통일 원칙들에 합의를 보았다.

첫째, 통일은 외세에 의존하거나 외세의 간섭을 받음이 없이 자주적으로 해결하여야 한다.

둘째, 통일은 서로 상대방을 반대하는 무력행사에 의거하지 않고 평화적 방법으로 실현하여야 한다.

셋째, 사상과 이념·제도의 차이를 초월하여 우선 하나의 민족으로서 민족적 대단결을 도모하여야 한다.

② 쌍방은 남북 사이의 긴장 상태를 완화하고 신뢰의 분위기를 조성하기 위하여 서로 상대방을 중상 비방하지 않으며 크고 작은 것을 막론하고 무장도발을 하지 않으며 불의의 군사적 충돌사건을 방지하기 위한 적극적인 조치를 취하기로 합의하였다.

③ 쌍방은 끊어졌던 민족적 연계를 회복하며 서로의 이해를 증진시키고 자주적 평화통일을 촉진시키기 위하여 남북 사이에 다방면적인 제반 교류를 실시하기로 합의하였다.

④ 쌍방은 지금 온 민족의 거대한 기대 속에 진행되고 있는 남북적십

자회담이 하루빨리 성사되도록 적극 협조하는 데 합의하였다.

⑤ 쌍방은 돌발적 군사 사고를 방지하고 남북 사이에 제기되는 문제들을 직접, 신속 정확히 처리하기 위하여 서울과 평양 사이에 상설 직통전화를 놓기로 합의하였다.

⑥ 쌍방은 이러한 합의사항을 추진시킴과 함께 남북 사이의 제반 문제를 개선 해결하며 또 합의된 조국통일 원칙에 기초하여 나라의 통일문제를 해결할 목적으로 이후락 부장과 김영주 부장을 공동위원장으로 하는 남북조절위원회를 구성 · 운영하기로 합의하였다.

⑦ 쌍방은 이상의 합의사항이 조국통일을 일일천추로 갈망하는 온 겨레의 한결같은 염원에 부합된다고 확신하면서 이 합의사항을 성실히 이행할 것을 온 민족 앞에 엄숙히 약속한다.

7.4남북공동성명의 각론과 해석은 남 · 북 간에 큰 차이 보여

7.4남북공동성명은 1948년 남과 북에 각각 단독정부가 들어선 이후 남북한의 통치세력 간 처음으로 합의한 정치문서로, "인사왕래도, 서신교환도, 교역도, 제한된 교통도, 특정 지역에서의 회담도 일체 단절된 채 중상, 첩자 침투, 무장 도발, 이데올로기 공세, 외교적 포위, 경제 봉쇄, 국제적 선전전, 위험한 군사적 대치 등 현대적 냉전의 요건들을 모두 갖추고 있던 남북한의 극한적 대립 상태"에서 극비의 교섭과 왕래를 통해 합의된 문서였다.*

---

* 양호민, '남북공동성명의 정치적 의미', 《남북공동성명 발표 6주년 학술세미나 주제논문 및 토의록》(1978), pp.346-347.

그런데 7.4남북공동성명의 제①항에서 통일의 원칙을 첫째, "통일은 외세에 의존하거나 간섭을 받음이 없이 자주적으로 해결하여야 한다"는 것, 둘째, "통일은 서로 상대방을 반대하는 무력행사에 의거하지 않고 평화적 방법으로 실현하여야 한다"는 것, 셋째, 통일을 위해서는 "사상과 이념, 제도의 차이를 초월하여 우선 하나의 민족으로서 민족적 대단결을 도모하여야 한다"고 천명하여 자주, 평화, 민족대단결이라는 3원칙은 합의가 되었지만, 그 각론과 해석에 대해서는 남과 북이 상당한 차이를 보였다.

한 예로 북한은 한국이 '자주'를 위해 미군 철수, 유엔과의 관계 청산, 일본과의 국교 단절을 해야 하며, '민족대단결'을 위해 반공법과 국가보안법 폐지, 공산주의 정당 합법화를 해야 한다고 요구했다.* 제①항의 통일원칙 해석에서의 의견 차이는 7개 합의사항 시행 우선순위 결정에서의 대립으로 이어졌다. 북한은 공동성명 제①항의 각 명분을 강조하면서 남한으로부터의 미군 철수(자주), 대한민국의 방위력 강화 반대(평화), 남한에서의 반공정책 포기(민족적 대단결)를 계속 요구한 반면, 한국은 남북 간의 긴장 상태 완화, 신뢰 분위기 조성, 서로 상대방에 대한 중상·비방 중지, 불의의 군사적 충돌 방지, 다방면의 교류 등을 약속한 제②항 이하에 의거하여 긴장 완화와 군사적 대결 상태의 우선적 해소를 강조했던 것이다.

자주, 평화, 민족대단결의 통일 3원칙에는 합의했으나 각론에서 남

* 위의 글, p.351.

과 북의 통일정책의 차이는 1973년 6월 23일 동시에 발표된 남쪽의 '평화통일 외교정책 선언'과 북쪽의 '조국통일 5대 강령'에서도 찾아볼 수 있다.

평화통일 외교정책 선언

① 조국의 평화적 통일은 우리 민족의 지상 과업이다. 우리는 이를 성취하기 위한 모든 노력을 계속 경주한다.

② 한반도의 평화는 반드시 유지되어야 하며, 남북한은 서로 간섭하지 않으며, 침략을 하지 않아야 한다.

③ 우리는 남북공동성명의 정신에 입각한 남북대화의 구체적 성과를 위하여 성실과 인내로써 계속 노력한다.

④ 우리는 긴장 완화와 국제 협조에 도움이 된다면 북한이 우리와 같이 국제기구에 참여하는 것을 반대하지 않는다.

⑤ 국제연합의 다수 회원국의 뜻이라면 통일에 장애가 되지 않는다는 전제하에 우리는 북한과 함께 유엔에서의 한국 문제 토의에 북한측이 같이 초청되는 것을 반대하지 않는다.

⑥ 대한민국은 호혜평등의 원칙하에 모든 국가에게 문호를 개방할 것이며, 우리와 이념과 체제를 달리하는 국가들도 우리에게 문호를 개방할 것을 촉구한다.

⑦ 대한민국의 대외정책은 평화 선린에 그 기본을 두고 있으며 우방들과의 기존 유대 관계는 이를 더욱 공고히 해나갈 것임을 천명한다.

조국통일 5대 강령

① 북과 남 사이의 군사적 대치 상태를 해소하고 긴장 상태를 완화한다. 무력 증강과 군비 경쟁의 중지, 모든 외국 군대의 철거, 군대와 군비의 축소, 외국으로부터의 무기 반입 중지, 남북한 평화협정을 체결한다.

② 정치, 군사, 외교, 경제, 문화 등 여러 분야에 걸쳐 다방면적 합작 교류를 한다.

③ 북과 남의 광범한 각계각층 인민들이 조국통일을 위한 거족적인 애국 사업에 참여할 수 있게 한다. 통일문제를 광범하게 협의하여 해결할 각 정당·사회단체 대표들로 구성되는 대민족회의를 소집한다.

④ 고려연방공화국이라는 단일 국호에 의한 남북연방제를 실시한다.

⑤ 두 개의 조선으로 영구 분단되는 것을 막아야 하며 대외관계 분야에서도 북과 남이 공동보조를 취해야 한다. 유엔 분리 가입 반대, 통일되기 전에 유엔에 가입하려면 단일 국호인 고려연방공화국의 국호를 가지고 하나의 국가로 가입한다.*

남과 북 모두 평화통일을 계속 추진하겠다고 천명하고 있지만, 한국은 남북 유엔 동시 가입, 북한은 단일 국호에 의한 유엔 가입을 주장하는 등 구체적인 방안은 큰 차이를 보인다. 그럼에도 남과 북이 통일의 3원칙에 합의한 남북공동성명 체결 이후 거의 최고조에 이르렀던 남북 간의 군사적 긴장은 최소 그 이후 1년 동안은 상당 부분 해소될 수

* '평양시 군중대회에서 하신 김일성 동지의 연설', 〈로동신문〉, 1973년 6월 24일.

있었다.

7.4남북공동성명이 나온 이후 남과 북은 '남북조절위원회 구성 및 운영에 관한 합의서'에 합의했고, 1972년 11월 30일 정식으로 남북조절위원회가 발족했다. 또한 1972년 11월 11일 0시를 기해, 대남·대북 비방방송 중지, 군사분계선상에서의 확성기에 의한 모략 방송 중지, 상대방 지역에 대한 전단 살포 중지 등에 합의한 사항을 발효시켰다.*

한편 북한은 남북대화를 "민족 내부의 계급투쟁의 한 방식"으로 이해했으며, 이에 따라 남북조절위원회를 적성계급과의 합작 전술에 따른 "상층 통일전선"으로 만들고자 했다. 그리고 이것이 실패할 것을 대비하여 남북의 정당·사회단체 대표와 각계 인사로 구성되는 정치협상회의를 병행하고자 했다. 그러한 인식에서 1972년 8월 19일 조선로동당을 비롯한 북한의 16개 정당·사회단체의 이름으로 연합성명을 발표, 남북 정당·사회단체들의 연석회의를 제안하고 나왔다.

그러나 남북조절위원회를 통한 남북대화는 공동성명 1년여 만에 중단되고 말았다. 1973년 8월 28일 남북조절위원회 북측 공동위원장 김영주의 일방적 성명을 통해, 반공 정책을 포기, 공산주의를 용납해야 하고, 유엔은 외세이기 때문에 어떠한 형태로도 한반도 통일문제에 개입하지 말아야 하며, 주한미군은 즉시 철수해야 하며, 국군의 전력 증강은 물론 군사훈련도 중지되어야 한다고 주장하면서 회담은 무

* 국토통일원, 《남북대화백서》, p.98.

산되고 말았다.* 1973년 12월 5일부터 1975년 3월 14일까지 10회에 걸쳐 판문점에서 남북조절위원회 부위원장 회의를 개최했으나 합의 도출에 실패했고, 결국 1975년 5월 29일 북측이 회의 연기를 통보하면서 남북대화는 완전히 중단되고 말았다.

1948년 남북 단독정부 수립 이후 처음으로 추진된 남북대화가 역사적인 7.4남북공동성명 합의에도 불구하고 3년도 되지 않아 중단되고 만 가장 큰 원인은 남북 정부 모두 남북대화를 정략적으로만 이용했기 때문이었다. 실제로 7.4공동성명이 나온 지 3개월 만인 1972년 10월 17일 박정희 군사정권은 비상조치로 '10월 유신'을 선포했고, 북한은 북한대로 그해 12월 사회주의 헌법을 개정하여 김일성 1인 독재체제 강화로 나아갔던 것이다.

남북협상파 재평가와 장준하의 통일론

정권 유지와 공고화의 하나의 수단으로 추진되었지만, 7.4남북공동성명과 남북조절위원회의 활동은 한국 사회에 1948년 김구와 김규식이 추진했던 남북협상에 대한 재평가가 이루어지는 계기를 마련해 주었다. 1972년 백기완·장준하가 중심이 되어 백범사상연구소를 창설했고, 1948년 남북협상의 비화를 담은 조규하·이경문·강성재의《남북의 대화》(한얼문고, 1972)가 출판되었다.

특히 1945년 11월 백범 김구와 한 비행기로 귀국할 만큼 가까웠으

* 위의 책, p.97.

나 철저한 반공주의의 입장에서 1948년 남북협상에 반대했던 장준하가 남북공동성명의 발표와 함께 민족 문제를 새롭게 이해하고 통일을 민족의 지상명령으로 주창하는 변화를 보였다는 점에 주목할 만하다. 장준하는 〈사상계〉 1960년 12월호 권두언에서, "경륜과 이론을 갖지 못한 학도들은 단편적인 지식과 소박한 애국 정열만 가지고 구국을 외친다"라며 "국가 형태야 어찌 되든지 덮어놓고 통일하고 보자는 일부의 환상적 논리"를 비판하면서 "여하한 형태의 중립주의도 용납될 수 없다"고 함으로써 당혹스러울 정도로 극단적인 반공 이데올로기를 펴기도 했던 사람이다.*

그는 7.4남북공동성명에 대해 "세계사적 조류와 국제적 조건을 주체적으로 극복해서 다시는 외적 조건이 우리를 결정하지 못하게 하고, 전변하는 외적 조건을 우리의 자결의 계기로 삼아야 한다고 생각"했고, 그를 위해서는 "민족의 실체인 남북한의 민중이 민주적 참여가 있어야 함"** 을 강조하는 의미에서 높은 기대를 표명했다. 통일을 이야기하면서 장준하는 1948년 남북협상에 대해서도 재평가를 하게 되는데, 김규식·여운형의 좌우합작운동을 "효과적인 노력"으로, 이후 백범 김구의 통일운동을 "우리 민족이 가야 할 가장 순결하고 애국적인 길"로 높이 평가했다.

반공주의자이자 민족주의자였던 장준하는 1961년 5.16쿠데타 당

* 한홍구, 《유신-오직 한 사람을 위한 시대》(한겨레출판, 2014), p.132.

** 장준하, '박 대통령에게 보내는 공개서한(1975년 1월 8일)', 〈씨알의 소리〉 1975년 1, 2월 합병호, 장준하 선생 10주기 추모문집 간행위원회 편, 《장준하 문집》 1권, p.31.

시 역시 '반공'과 '민족'을 이야기하며 등장한 박정희를 환영하기도 했었다. 그는 "4.19혁명이 입헌 정치와 자유를 쟁취하기 위한 민주주의 혁명이었다면, 5.16혁명은 부패와 무능과 무질서와 공산주의의 책동을 타파하고 국가의 진로를 바로잡으려는 민족주의적 군사혁명"이라고 규정했으며, 5.16이 "과거의 방종, 무질서, 타성, 편의주의의 낡은 껍질에서 자기 탈피하여, 일체의 구악을 뿌리 뽑고 새로운 민족적 활로를 개척할 계기"라고 평가하는 등 5.16을 일종의 '민족혁명'으로 이해했던 것이다.*

이처럼 철저한 민족주의자이자 민족을 절대시했던 장준하이기에 5.16쿠데타로 들어선 박정희 정권이 처음에 기대했던 것과는 달리 진정으로 '민족'을 위한 길이 아니라는 판단이 서자 박정희 정권에 비판적인 입장으로 선회하게 되었다.

장준하는 1973년 발표한 '민족 외교의 나아갈 길'에서 5.16쿠데타 이후 박정희 정권의 정책에 대해, 첫째, 반공체제의 강화, 둘째, 조국의 근대화, 셋째, '분단된 민족의 평화통일'의 세 단계로 구분했다. 이후 조국의 근대화와 관련, "조국의 근대화란 결국 한국 경제를 외국의 자본에 예속시키는 것"이기에 결국 "자주 평화통일 운동의 장애"가 될 수밖에 없다고 주장하기도 했다.

백범 김구가 "철학도 변하고, 정치경제의 학설도 일시적이지만 민족의 혈통은 영원하다"라는 민족을 최우선 하는 신념으로 좌우합작

---

* 장준하, '5.16혁명과 민족의 진로', 〈사상계〉 (1961. 6.)

과 남북협상에 나섰듯, 장준하 역시 "보다 큰 민족적 자유"를 확보하기 위해 정치적 자유를 추구했고, 이 땅의 백성들이 염원하기 때문에 통일을 이야기했다. 장준하는 분단은 "이념과 제도의 차이"만이 아니라 "민족 한 사람의 생활의 분단이자 곧 파괴요, 나 자신의 분열이요 파괴"라고 보았다. 그리고 분단으로 민족적 양심들이 '생명을 잃어가'고 있다고 인식했기에 장준하는 "나의 사상, 주의, 또한 지위, 나의 재산, 나의 명예가 진실로 민족통일에 보탬이 되지 않는 분단체제로부터 누리고 있는 것이라면 우리는 이를 과감하게 희생시키지 않으면 안 된다"* 라고까지 주장했던 것이다.

> 누가 진실로 통일을 원하는가. 돈 있는 사람들인가. 권력 있는 사람들인가. 물론 이러한 사람들이 통일을 원하지 않는다고는 할 수 없겠으나 진실로 통일을 원하는 사람은 통일을 해야만 살 수 있는 이 땅에 백성들, 분단 때문에 생활이 파괴되었고 분단 때문에 생명을 잃어가는 민족적 양심들, 당장 살기가 힘들고 끼니가 어려운 불쌍한 절대다수의 백성들만이 통일을 하루가 여삼추로 기다리고 있다.
>
> 모든 통일은 좋은가? 그렇다. 통일 이상의 지상명령은 없다. 통일로 갈라진 민족이 하나가 되는 것이며, 그것이 민족사의 전진이라면 당연히 모든 가치 있는 것들은 그 속에 실현될 것이다. 공산주의는 물론 민주주의, 평등, 자유, 번영, 복지 이 모든 것에 이르기까지 통일과 대립하는 개념인

* 위의 글, p.58.

동안은 진정한 실체를 획득할 수 없다. 모든 진리, 모든 도덕, 모든 선이 통일과 대립하는 것일 때는 그것은 거짓 명분이지 진실이 아니다. 적어도 우리의 통일은 이런 것이며, 그렇지 않고는 종국적으로 실현되지도 않을 것이다.*

"김구의 통일론은 우리 민족이 가야 할 가장 순결한 애국의 길"

장준하는 "전후 냉전체제에 의한 남북 분단은 적어도 두 가지 의미에 있어서 우리 민족에게 자기부정을 의미하고 있다"라고 보았다. 즉 "분단에 내응한 국내 세력의 움직임이 어떠했든 그 기본적 계기는 외세에 의한 것"이라고 보았으며 "분단된 민족은 역사의 실천 단위로서는 적어도 하나의 주체적 자기 존재를 가지고 있다고 할 수는 없다. 둘로 나누어진 그 한쪽은 어느 쪽도 하나의 주체적 단위가 될 수는 없는 것"이라고 본 것이다.**

장준하는 남과 북의 유엔 동시 가입을 "남과 북이 분단을 유엔을 통해서 합법화하자는 논리로 빠져들어갈 위험"이 있다고 생각했다. 따라서 이것은 "반통일의 논리"이지 "민족통일의 원칙에 입각하여 취해지는 정책이 아니"라고 보았다. 그래서 "조국의 분단을 통일하는 길은 조국의 분단을 국제적으로 보장받는 길을 전적으로 거부하는 데서부터 출발해야 한다"라고 주장했던 것이다.

---

* 장준하, '민족주의자의 길', 〈씨알의 소리〉(1972. 9.)

** 위의 글, p. 53.

> 아마도 국제정세와 주변 열강은 이런 남북의 평화공존을 요구함이 분명할 것이다. 이것은 무력 대결보다는 나은 것이지만 진정 우리가 바라는 통일의 길은 아니다. 만약 이와 같은 주변 열강의 요구에 따라 남북한이 평화공존으로 동결되고 그 이상의 통일을 위한 노력을 실질적으로 포기한다면 그것은 더욱 분단을 항구화하고 통일과는 반대쪽으로 치달리게 된다. (…) 앞으로 만약 주변 열강의 요청이 현상 동결일 때 이와 맞서서 통일에의 길을 진전시킬 수 있을지 그것이 문제다. 과거는 미래를 보는 거울이며, 이 지난날의 거울에 비추어볼 때 어찌 이런 염려를 하지 않을 수 있겠는가? 두 번 실패를 되풀이하는 어리석음은 용납할 수 없기 때문이다.

'외세에 의한 분단 고착화'에 대한 우려는 과거에 대한 반성으로 이어졌다. 장준하는 1945년 해방 당시 "우리 민족이 총단결하여 38선을 강요하는 외세를 배제하였던들 오만한 자세로 세계를 둘로 갈라 먹는 미·소의 정책을 부수고 통일 독립을 얻어낼 수 있었을 것"이나 "이러한 지혜와 슬기를 보여주지 못했기 때문에 뼈아픈 민족 분단의 비극은 오늘날까지 계속되고 있다"라고 성찰했다.* "오늘의 분단 상태는 분단이 강요될 즈음인 해방 직후에 통일을 위한 싸움의 실패에서 연유된 것이며 그 실패의 집적"이라고 보았던 것이다.

그러나 해방 직후 통일을 위한 싸움이 실패했다고 해서 그것이 무

---

* 장준하, '민족 외교의 나아갈 길', p.39.

의미했다고 보는 것은 아니었다. 오히려 장준하는 "그 길만이 우리 민족사의 주체적인 맥락"이며 "민족의 통일운동이 있었기 까닭에 민족이 있었던 것이고, 민족이 있었기 까닭에 그것의 온전한 삶의 몸부림은 통일운동밖에 없었다"라고 말했다.* 다시 말해 '외세에 의한 분단'이 오늘날까지 이어지면서 '민족'에게 남기고 있는 폐해에 대한 인식이 국제적 해빙 분위기에 편승하여 남과 북의 정권이 서로 다른 의도하에 정략적으로 추진한 7.4남북공동성명에 대한 이해와 결합되면서 장준하로 하여금 1948년 김구가 추진한 남북협상을 재평가하고 김구의 노선을 재발견하는 계기가 된 것이다.

1973년 강연 초안인 '민족통일 전략의 현 단계'에서 장준하는 김구의 노선이 "민족 진로의 전형상을 제시"했고 "민족 화해의 실체가 어떠해야 하는가"를 보여주었으며, 사상 최초로 "반냉전, 동서 양극체제에 도전"하여 한국 민족 투쟁의 세계사적 사명을 제시한 통일운동의 긍지라고 평가했다. 나아가 김규식·여운형의 좌우합작운동을 "효과적인 노력"으로, 이후 김구의 통일운동을 "우리 민족이 가야 할 가장 순결하고 애국적인 길"로 정의했다.** 이와 함께 김구 노선의 실패 원인으로 "친일 민족반역자의 타도, 반이승만 운동으로서의 대중적 역량 확대의 실패, 반이승만 운동의 방법, 시기 포착 실패, 분단을 고착화시키려는 미·소의 음모에 대항하는 민족 자주 역량의 한계"를 들었으며, 이 때문에 한반도가 "5,000년 역사상 최초로 한반도에 대한 미국 세

---

* 장준하, '민족통일 전략의 현 단계(초안)', p.44

** 위의 글, p.46.

력과 소련 세력의 득세" 그리고 한반도 역사상 두 번째로 "친일 세력의 득세"로 이어지는 결과를 초래했다고 보았다. 그리고 김구의 암살은 "해방 직후 건국준비위원회가 제시한 항일 세력 통일전선의 마지막 파산"이라고 보았다. 이러한 인식에서 마침내 장준하는 "백범 김구 선생이 민족통일의 혈로를 뚫기 위해 몸을 던질 때, 이제 내가 가는 길은 뒷사람의 이정표가 될 것이라고 말했던 그 길을 이제야 우리는 다시 가야 한다. 지금 우리가 가는 길도 다시 뒷사람의 이정표가 될 것이다. 이 길이 민족적 양심에 살려는 사람이 가는 길이기 때문이다"* 라고 주장하기에 이르렀던 것이다.

그러나 7.4남북공동성명은 유신 체제를 위한 하나의 단계이자 "7.4성명 이후의 통일논의는 곧 하나의 정치권력의 안전을 도모하는 명분으로 이용"되었다. 1972년 10월 17일 10월 유신이 선포되고 11월 21일 비상계엄하에서 진행된 국민투표에서 유신헌법안이 91.9퍼센트의 찬성으로 통과되었으며, 일명 '체육관 선거'로 8대 대통령에 당선된 박정희가 대통령에 취임한 12월 17일에 유신헌법이 공포되었다.

이로써 "통일에의 부푼 국민의 기대는 민주 헌정의 파괴와 일인 독재라는 참담한 결과"로 둔갑해 버렸다. 장준하는 "뒤늦게나마 조국통일에의 의지와 스스로의 자유와 생존을 지키고 키우기 위하여서는 소위 '유신체제'를 폐지하여야 하고, 그 근본 규범인 현행 헌법을 완전히 민주헌법으로 개정하여 민주 헌정질서를 회복하는 길밖에 없음을"**

---

* 장준하, '민족주의자의 길', p.59.

** 장준하, '박 대통령에게 보내는 공개서한(1975년 1월 8일)', 앞의 책, p.32.

깨닫고 1973년 12월 24일 계훈제, 백기완, 함석헌, 김수환 등과 당시 〈동아일보〉 기자였던 이부영, 학생이었던 이신범, 유광언 등과 함께 '개헌 청원 100만인 서명운동'에 나섰다. 서명운동은 국민들로부터 큰 호응을 이끌어내 10여 일 만에 40만여 명이 서명에 동참했으나 이러한 합법적 민의 운동에 대해 박정희 정권은 "'긴급조치'라는 초헌실적이며 초헌법적 권력을 발동하여 민주 개헌을 위한 평화적인 청원운동을 무자비하게 탄압하여 실질적으로 무헌법 사태"를 초래했다. 100만인 개헌 청원 서명운동을 겨냥해 1974년 1월 8일 발표된 긴급조치 1·2호로 이 운동을 주도하던 장준하와 백기완이 구속되었고, 장준하는 이 일로 15년형을 언도받았다.* 그리고 1975년 8월 17일 장준하는 의문의 사망을 맞았다.

---

* 최을영, '장준하: 37년 만에 살아 돌아오다,' 〈인물과 사상〉(2012. 10.), p.74.

극렬 반공주의자에서 통일지상주의자로
장준하의 통일론과 시사점

1974년 12월 3일, 긴급조치 위반으로 징역 15년형을 받고 수감 중이던 장준하가 형집행정지로 풀려나 함석헌과 인사하고 있다.

해방 전후 무렵 장준하의 사상적 경향은 한마디로 '기독교 극우 반공 민족주의자'라고 할 수 있다. 그는 해방 전에는 목사 지망생이었고, 자서전 제목도 〈창세기〉 28장에 나오는 야곱의 돌베개를 인용하여 《돌베개》로 지었다. 이는 일본군에 입대했다가 탈영하여 충칭의 임시정부에 이르기까지 2,300킬로미터나 되는 거리를 걸어간 자신의 '장정'을 비유한 것이다.

장준하는 처음에 김원봉으로부터 그가 이끄는 광복군 편입을 제안받았지만, 김원봉이 공산주의자라는 이유로 거절했다. 또한 해방 후에는 이범석이 '민족지상 국가지상'을 내세우며 조직한 조선민족청년단(족청)에 가담했는데, 훗날 좌익분자가 많이 참여했다는 이유로 탈퇴했다. 반공을 제일로 내세운 5.16쿠데타에 대해서도 처음에는 환영의 뜻을 나타냈다.

또한 장준하는 환국 당시 김구의 비서 자격이었을 정도로 김구의 측근이었지만, 실제 해방 직후 그의 행적은 김구와 차이를 보였다. 특히 그는 김구의 남북협상에 비판적이었으며, 단독정부 수립에도 찬성하는 입장이었다.

그는 이러한 지난날 자신의 모습에 대하여 "낡은 자유주의만 앞세우는 잡지 경영에만 몰두함으로써 사실상 퇴영적 문화주의에 빠져 있었"기 때문으로 "자성"하면서, 7.4남북공동성명 이후 사상 면에서 극적인 변화를 보인다. 그는 유명한 '민족주의자의 길'에서, "모든 통일은 선"이라고 주장하면서 적극적인 민족주의자로 전향했고, 1948년 김구의 통일운동을 "우리 민족이 가야 할 가장 순결하고 애국적인 길"로 재평가하고, 그가 가려던 길을 가야 한다고 선언함으로써 김구의 후계자를 자임했다. 특히 그는 통일이 "감상적 갈망"이기도 하지만, 사실 "우리가 하루하루 사는 생활과 직결된 것"이며, "통일 없이는 가난, 부자유, 이 모든 현실적 고통은 결코 궁극적으로 해결되지 못"한다고 지적했다.

한편 "현재 진전되고 있는 남북 문제는 수많은 문제점을 안고" 있지만, 이것은 "보충하고 염려해야 할 점이지 남북 관계의 진전 자체를 부정해야 할 근거가 못 됨은 변함이 없다"라고 간파한 점은 오늘날에도 시사하는 바가 크다고 할 수 있다.

4

남북협상과 김구에 대한 재평가

김구의 방북, 이용당했다고 볼 수 없어

남북협상의 성격과 평가에 대한 남과 북의 서로 다른 시각은 이 회담을 가리키는 명칭에서부터 살펴볼 수 있다. 1948년 4월 평양에서는 남북조선제정당사회단체대표자연석회의(남북연석회의)와 남북요인회담 등 성격의 차이가 있는 두 종류의 회의가 진행되었는데 남에서는 "김구와 김규식이 통일국가를 수립하기 위한 방안을 협상하러 북에 갔기" 때문에 이 회의가 열리기 전부터 '남북협상' 또는 '남북요인회담' '4김회담' 등으로 불렀다. 반면 북에서는 남의 단선단정을 강력히 반대하는 동시에 미·소 양군이 즉시 철군하고 총선을 실시하자는 '자주정부' 수립 방안을 확인하는 수준이었던 남북연석회의에 중심을 두면서 남북요인회담에 대해서는 연석회의에 뒤이어 4월 30일 '남북조선제정당사회단체지도자들과의 협의회'가 열렸다고 간략하게 기술하는 데 그치고 있다.

남북연석회의가 사실상 막을 내린 4월 23일 레베데프는 스티코프에게 남북연석회의를 "성공적으로" 끝마쳤으니 이를 축하하는 군중대회를 개최하겠다고 건의했다. 레베데프가 '성공적'이라는 표현을 써서 스티코프에게 보고했다는 것은 남북연석회의를 통해 소련의 목적을 달성했음을 뜻한다고 볼 수 있다.* 다시 말해 '전조선제정당사회단체대표자연석회의'라는 공식 명칭으로 진행된 남북협상이 북한의 권력체제에 정통성을 부여하기 위한 통일전선전략의 가장 중요한 계기로, "반공적 입장으로 정평 있는 남한의 저명한 정치 지도자들"이 평양에서 연석회의를 갖는다는 것은 공산주의자들에게 그들의 입장이 "전조선 인민의 전폭적인 지지"를 받고 있다고 선전할 수 있는 황금 같은 기회였고, 그런 차원에서 협상의 내용과 관계없이 회의 개최만으로도 소련에게는 '성공적'인 것이었을 수 있다.

이러한 시각은 김일성이 1948년 7월 9일 북조선인민회의 제5차 회의에서 한 보고 내용에서도 살펴볼 수 있다.

> 이 연석회의에 모인 조선의 대표자들은 자기 대열이 천만여 명의 당원과 맹원을 망라한 정당들과 사회단체들을 대표하였습니다. 이 연석회의에는 좌익 중간파 및 다수 우익정당과 사회단체들의 대표들이 참가하였습니다. 남조선 단독선거를 반대하는 인민들의 강력한 합의의 목소리와

* 이정식, 앞의 책, pp.375~376.

조국의 통일과 독립을 위한 인민들의 완강한 투쟁은 일부 동요하던 우익 지도자들까지도 (비록 그들이 끝까지 남북연석회의 원칙을 고수하리라고 믿기는 어렵지만) 인민들의 요구를 지지하는 정당한 길에 들어서지 않을 수 없게 하였습니다.

남북연석회의는 전체 조선 인민의 의사를 대표하여 남조선 단독선거를 거부하기로 결정하였습니다.

남북연석회의에서 토의된 모든 문제들에 대한 회의 참가자들의 완전한 의견 일치는 전체 인민이 조국의 분열과 남조선의 식민지적 예속을 한결같이 반대한다는 것을 뚜렷이 보여주었습니다. 남북연석회의는 남조선에서 반동세력이 인민 대중 속에 자기의 기반을 가지고 있지 못하며 인민 대중으로부터 고립되어 있다는 것을 보여주었습니다.

이처럼 남북협상의 결정을 들어 북한에 설립된 정권의 정당성을 주장하는 데 남북협상이 이용되었고, 그런 면에서 북한 입장에서는 남북협상이 '성공적'으로 평가된다는 것이다.

이런 인식은 김구·김규식과 남한의 중간파가 "남북한의 공산주의자들에게 일방적으로 이용"당한 것이라는 시각으로 이어진다.* 결론적으로 "1948년 미군정과 단선단정파들이 주장한 대로 남북협상은 비현실적이고, 이상론에 불과하며, 대표권을 결여한 일부 실권자들이 북 공산주의자들에게 이용당한 용공론"이라는 것이다.

* 양동안, '1945~1948년 기간 중도좌파의 정치활동에 관한 연구', p.242.

그러나 남북연석회의가 "남의 단선을 반대하고, 남에 이어 곧 세워질 북의 정부에 정통성을 부여하기 위하여" 열린 측면이 강했다고 하더라도 김구와 김규식이 일방적으로 북에 이용당했다고 볼 수는 없다. 김구와 김규식은 "북의 정부수립에 들러리를 서러 온 것이 아니"라는 점을 명확히 했고, 이렇게 이용될 가능성을 인식하면서도 통일정부 수립을 위한 방략을 마련하기 위하여 남북협상길에 오른 것이었다.

무엇보다도 남북협상을 추진한 이들에게 남북협상은 1948년 4월 14일 나온 문화인 108인의 남북협상 지지 성명의 언급처럼 "가능, 불가능의 문제가 아니라 가위(可爲), 불가위(不可爲)의 당위론"* 에 입각한 것이었다. 남북협상은 "민족분열, 국토분단을 저지시키고 민족적 독립을 쟁취하기 위한 주체적 힘을 집결시키고자 했던 자주적인 민족통일전선운동"이자 "통일독립을 실현할 수 있는 실제적인 정치 조직력 토대를 구축하기 위한 운동"이었고, "애국운동인 동시에 구국운동으로서 민족적인 자주성, 자결권을 확립하기 위한 운동"이자 "우리 민족 앞에 제기된 민족적 과업·염원·요구를 반영시킨 운동"이었다.** 그렇기에 비록 남북협상으로 북한이 "양군 철퇴의 주장과 단선단정 반대의 목소리를 한껏 시위할 수 있었을 뿐만 아니라 이후 추진될 북한 정권 수립의 명분도 상당 정도 획득할 수 있다"고 하더라도, 그리고 이 노력이 당시에는 성공하지 못했다 하더라도 남과 북의 협상 진영이 공

---

* 문화인 108인의 남북협상 지지성명, 1948년 4월 14일.

** 김광운, '광복60주년 특별기획-민족통일 논쟁사 1회1948년 4월 남북협상과 통일론', 〈민족21〉, 2005년 2월호.

유했던 "분단 저지와 평화적인 협상을 통한 통일정부 수립의 염원을 반영"하고 있었다는 점에서 역사적 의미를 찾을 수 있다.

"남북협상은 통일독립운동의 거대한 한걸음"

남북문제 해결을 위해서는 미·소 양국을 움직여야 가능한 일이었는데 남북협상은 그러한 영향력이 없었기 때문에 애초에 한계가 노정된 일이었다는 시각도 있다. 이정식은 이러한 한계를 보여주는 대표적인 일화로 김구와 김일성의 조만식에 대한 대화를 든다. 김구가 남북협상을 마치고 평양을 떠나는 날 김일성에게 이렇게 말했다.

"오늘 조만식 선생을 데리고 가고 싶으니 같이 가게 해주구려."

그러자 김일성은 웃으면서 이렇게 답했다고 한다.

"아, 제 마음이야 얼마든지 같이 가게 해드리고 싶습니다만 어디 제가 무슨 권한이 있나요? 주둔군 당국의 양해가 있어야 됩니다."*

다시 말해 남북협상의 실패의 원인은 "사상 자체의 취약성에 있었다기보다는, 그들의 이상주의와 순수성을 거부한 권력지향적이며 탈민족주의적인 극단 세력들과 냉전이라는 국제환경에 있었다"라고 이야기할 수 있다.

남북협상이 현실 정치에서 온전히 실현되지 못한 이유를 당시의 국제정세뿐만 아니라 남북협상 참가자들의 한계에서 찾는 시각도 있다. 김구와 김규식 등 남북협상 참가자들이 "이승만으로 대표되는 단독선

* '김구 선생 회견기', 〈삼천리〉, 1948년 9월호, p.9.

거 세력과의 연합을 전혀 고려하지 않았다"라는 것이다.* 이들이 "30여 년의 독립운동 기간 동안 뼛속까지 체화된 민족주의"로 분단을 거부했으며 자신들이 단독선거에 참여하는 것 자체가 "분단에 일조하는 것"으로 여겼고, 이 때문에 "현실을 뒤집을 만한 힘"이 존재하지 않았음에도 대의명분을 택했는데 "지독한 민족주의에 근거한 퇴로 없는 선택" 때문에 기정사실화된 단독선거와 단독정부 수립 이후 남북협상의 정신을 이어갈 수 있는 기회가 사라졌다는 시각이다.

이처럼 남북협상파의 단독선거 참여 거부를 큰 과오로 보는 학자들은 "5.10총선거는 단순한 양심과 지조 또는 명분과 위신의 문제는 아니었으며, 그것은 어디까지나 우리 민족의 운명과 직결된 중대한 현실정치적 문제"였다는 점에서 "명분론에 구애됨이 없이 적극적·계획적으로 5.10총선에 대거 참가"하는 것이 옳았다고 주장한다. 그랬다면 이 선거에서 승리하여 과반수의 의석을 차지할 수도 있었으며, 이리하여 만일에 그들이 국회에서 과반수를 지배할 수 있었다면 "이승만 독재 정권의 출현을 방지하는 동시에 보수적·반동적이 아닌 민주적 혁신 정권을 수립할 수도" 있었다는 주장이다. 나아가 6.25전쟁도 일어나지 않고 통일 문제에 대해서도 훨씬 밝은 전망을 가질 수 있었다는 것이다.

그러나 남북협상이 여러 가지 대내외적 한계로 "분단과 전쟁을 향해 줄달음쳐 가던 대세를 돌리는 결정적인 계기"를 만들어 내지는 못

* 이신철, 《북한 민족주의운동 연구》, p.11.

했다고 하더라도 김구 등 남북협상파의 노력은 "자주독립과 통일, 단결을 향한 민족적 의지를 천명"했다는 점에서 분명히 의의를 찾아볼 수 있다.* 1945년 해방부터 1948년 8월과 9월 남과 북에 각각 분단 정부가 들어서기까지 남과 북의 주요 지도자들이 한자리에 모인 유일한 자리였던 남북협상은 "통일독립운동의 거대한 일보"로 역사상 중요한 의미를 갖는다.** "독립운동도 당장에 가능성이 있어서 한 것이 아니었던 것과 마찬가지로" 통일독립운동 역시 "민족의 대단결에 의하여 외세의 간섭을 막고 민족문제를 풀려고 했다는 점"에서 역사적 의의를 찾아야 한다. 서중석의 지적처럼 "이 회의가 없었더라면 한국인은 분단이나 동족상잔의 전쟁을 막기 위해 얼마나 노력했느냐, 무슨 노력을 했느냐는 물음에 대답하기가 쉽지 않을 것"이다.

실제로 김구와 김규식 모두 평양에서 진행된 남북회담이 북측의 짜여진 각본에 의한 것일 수 있다는 경각심을 가지고 있었다. 이 때문에 남북연석회의에 김구는 22일에만 참석해 인사말만 했고 김규식은 아예 참석조차 하지 않는 등 북측의 각본에 '들러리' 역할만 하게 되는 것을 경계했던 것이다. 그러나 이러한 우려에도 불구하고 두 사람은 자신들이 제안한 남북협상을 끝까지 추진함으로써 남과 북의 대화와 협상의 물꼬를 트는 것이 중요하다고 여겼다고 볼 수 있다. 1948년 4월의 회담으로 모든 것이 해결될 것이라는 기대보다는 시도와 시작

---

* 정영훈, '통일지향 민족주의의 정치사상: 해방 후 중도우파 세력의 통일국가 수립 노선을 중심으로', 〈정신문화연구〉. 제27권 제4호(2004), pp.8-9.

** 서중석, 〈남북협상-김규식의 길, 김구의 길〉, pp.47-48.

을 함으로써 가능성을 열고자 했던 것이라 해석할 수 있다. 그러나 이들의 그러한 시도는 단선단정에 더 큰 이해관계를 가지고 있는 세력에 의해 좌절되고 말았다.

김구 재조명과 암살사건 진상규명

김구에 대한 재조명은 1960년 4.19혁명 이후가 되어서야 처음으로 시도되었다.

4.19 직후인 1960년 6월 22일, 김구 선생 11주기 추도식이 열렸다. 사실상 제1회 추도식이었다. 김구 암살 직후 조직되었던 백범김구선생기념사업협회도 비로소 본격적인 활동을 할 수 있게 되었다. "4.19 학생의 피로써 민주혁명이 시작된"* 이 추도행사에서 참석한 사람들의 만장일치로 백범김구선생살해진상규명투쟁위원회가 새롭게 결성되었다. 백범김구선생살해진상규명투쟁위원회에는 신한국독립당, 광복동지회, 광복군정우회, 독립운동자협의회, 국민자주연맹, 혁신당, 사회대중당, 4월혁명유족회 등 40여개에 이르는 단체가 포함되었다.

"공적인 '추모'가 그 배후를 밝히려는 진상규명 '투쟁'으로" 나아갔던 것이다. 진상규명투쟁위원회에서 안두희를 생포하여 경찰에 넘기기까지 했지만 안두희의 구속과 체포는 이루어지지 않았다. 이에 1961년 4월 22일 진상규명투쟁위원회는 '호소문'을 발표하게 된다.

---

* 김학규, '혈루의 고백', 백범김구선생전집편찬위원회, 《백범 김구 전집》12(대한매일신보사, 1999), pp.353-354.

"'이북 동포도 내 동포요, 이남 동포도 내 동포인데 분열하면 민족 상잔의 유혈로 이 강산을 비참하게 만들 것이고 합하면 자유와 행복을 누릴 수 있다'고 하시던 그 말씀이 이제 우리들을 불러일으키고 있다" 라는 이 호소문은 김구의 정신과 이념이 남과 북의 화합과 통합에 있음을 부각시켰다는 점에서 주목된다.*

이상두는 백범 김구 선생의 암살 진상을 꼭 밝혀야 하는 이유를 다음과 같은 다섯 가지로 들었다.

> 첫째 혁명과업의 일환으로 마땅히 이루어져야 하겠다는 것이다. (…) 둘째는 애국자에 대한 대접을 위해서도 해야 한다. 우리나라는 백범 선생 등과 같은 혁명투사들의 희생적 항쟁이 있었기에 해방될 수가 있었다. 하길래 이분들을 정성껏 받드는 것이 우리들의 도리다. (…) 셋째는 민족정기를 바로잡고 정치적 윤리의 정통성 확립을 위해서도 그렇다. 해방 후 오늘에 이르기까지 우리나라의 민족정기는 모든 가치체계는 전도되고 있다. (…) 넷째는 백범 선생의 유지를 살려 조국통일의 광장으로 나가야 하는 이유 때문이다. 백범 선생은 백범일지에서 '우리나라로 하여야 할 최고의 임무는 첫째로 남의 절제도 아니 받고 남에게 의뢰도 아니 하는 완전한 자주독립의 나랄 세우는 것이다'라고 하였다. 백범 선생의 숭고한 뜻을 받들어 민족의 비원인 통일을 완수하기 위해 먼저 백범 선생이 국가의 '방해물'이고 '남북협상론자는 공산당 앞잡이다'라는 그릇된 인상을

---

* 공임순, '1960년과 김구-추모 진상규명 통일론의 다이어그램', 〈한국학연구〉 제35집(2014. 11), p.78.

깨끗이 벗겨야 한다. 다섯째 다시는 이런 비극적인 암살 사건이 일어나지 않게끔 하기 위해서도 해야 한다.*

그러나 1960년 발족된 백범김구선생살해진상규명투쟁위원회의의 진상규명 노력은 이후 35년 뒤인 1995년에야 어느 정도 결실을 맺을 수 있었다. 1992년 안두희의 "단독 범행이 아니라 배후가 있었다"라는 자백 이후 각계의 청원이 이어진 끝에 1996년 비로소 국회에서 진상조사에 나선 끝에 〈백범 김구 선생 암살 진상조사보고서〉가 나왔다.

〈백범 김구 선생 암살 진상조사보고서〉 맺음말에도 이러한 정세 인식이 잘 드러나 있다.

백범 암살 사건은 한국 현대사에서 한 획을 긋는 중요한 사건이었다. 1950년대 이승만 정권 시기에는 암살자 안두희가 정권의 비호 아래 백범 암살의 정당성을 공공연하게 주장하였다. 1960년 4월 학생혁명 이후 민간 차원의 진상규명 과정에서 다양한 증언들이 폭발적으로 나타났고, 국민과 여론은 안두희 체포와 진상규명을 촉구하였다.

그러나 곧이어 5.16쿠데타로 그 진상규명을 위하여 국가 차원의 협조는 기대할 수 없었다. 정부는 진상규명을 위하여 아무런 행동을 보여주지 못했지만, 진실을 파헤치려는 신문기자들, 역사학자들, 백범시해진상규명위원회 등의 희생적인 활동으로 사실은 거의 밝혀졌다고 볼 수 있다.

* 이상두, '흑막을 왜 묻어두려 하는가-백범 김구 선생의 암살 하', 〈민족일보〉, 1961년 4월 29일.

다만 민간 차원의 노력은 다방면에서 있었지만, 그들이 원하는 것은 정부 스스로 왜곡된 역사를 바로잡는 데 앞장서줄 것을 요구해 왔고 그 요구가 이번 국회 조사활동으로 어느 정도 달성되었다고 볼 수 있다. 암살범 안두희의 마지막 증언을 면밀하게 분석하면 백범 암살사건은 안두희에 의한 우발적 단독범행이 아니라 면밀하게 준비 모의되고 조직적으로 역할 분담된 정권적 차원의 범죄였다. 안두희는 그 거대한 조직과 역할에서 암살자에 지나지 않았다. 김지웅은 암살사건 전반을 계획 조율하였으며, 홍종만은 암살 하수인들을 관리하였다. 이들은 모두 정권적 차원의 비호를 받았지만, 그 일차적 배후는 군부 쪽이었다. 장은산은 암살을 명령하였고, 사건 이후 김창룡이 적극 개입하였고, 채병덕 총참모장, 전봉덕 헌병부사령관, 원용덕 재판장, 신성모 국방장관 등이 사후 처리를 주도하였다. 백범 암살에서 가장 큰 쟁점은 역시 이승만과 미국의 관련성이다. 이승만 대통령의 경우 정권적 차원의 범죄라는 차원에서 우선 도덕적 책임이 있다. 또한 사건 뒤처리에서 개입한 것이 확인된다. 다만 암살 사건에 대한 사전 개입과 지시는 불투명한 편이다. 미국의 경우 우선 백범의 정치노선에 대한 거부감을 가지고 있었고, 암살 사건의 내막을 알 수 있었을 것으로 판단된다. 다만 미국 역시 백범 암살에 대한 구체적 지시나 명령을 한 흔적은 보이지 않는다.

암살 사건에서 최고위층의 개입을 구체적인 지시 명령의 대목까지 확인할 수 있는 경우는 극히 드물다. 다만 최고위층 자체가 하나의 상황을 만들기 때문에 도덕적 책임, 상황적 책임을 물을 수 있다. 이제 백범 암살 사건의 전반적 윤곽은 잡혔다고 할 수 있다. 보다 더 정확하고 확실한 진상규명은 역사가들이 할 일이다. 그들의 할 일은 왜곡된 한국 현대사를 하루 빨리 바로잡아 민족정기를 세워야 할 것이다.

4.19혁명 이후 김구와 남북협상의 재평가에 앞장선 단체 중 하나가 민족자주통일중앙협의회였다. 1961년 2월 25일에 "민족자주평화를 기틀로 국토통일과 민족역량의 총집결을 강령"으로 하는 민족자주통일중앙협의회는 혁신 각 정파와 사회단체들의 연합전선협의체였다. 김구의 추도(준비)위원회와 진상규명투쟁위원회의 위원장직을 맡았던 김창숙이 초대 수석의장을 맡았다. 김창숙은 민족자주통일중앙협의회 준비위원장 명의로 발표한 성명서에서 "정부는 중대한 통일 방안에 대해 갈팡질팡함으로써 국민을 현혹"케 하지 말고, "국제 대세는 조국통일을 가능하게 하는 방향으로 성숙해 가고 있으며 그 첫 단계로서 서신 왕래, 경제 교류 등을 위한 남북협상에 나"설 것을 주장했다.* 5.16쿠데타 직전인 5월 13일에는 민족자주통일중앙협의회 주최로 "남북학생회담 환영 및 민족통일촉진궐기대회"에서 "남북이 통일하려면 남북협상이 필요하고 협상하려면 우선 남북 학생들이 판문점에서 회담하여 의견을 교환"하는 남북교류와 협상의 길이 열려야 한다면서 "동포여! 형제여! 군인이여! 경찰관이여! 우리들이 사는 길은 자주적인 통일밖에 없다. 남과 북의 승패론이 아니라 민족으로서 사는 길이 통일밖에 더 있느냐"를 외치며 "모두 통일의 광장으로 나갈" 것을

* '통일 방안 명백히, 김창숙 씨가 성명', 〈경향신문〉, 1961년 1월 6일.

호소했다. 한국 사회의 통일론이 "남북협상론과 중립화 통일론의 대치 국면에서 1961년 5월에 이르러 급속히 남북협상론으로" 기울면서 1948년 김구의 남북협상의 정신이 부활하고 있었다.

그러나 며칠 후 일어난 5.16쿠데타로 단독정부에 반대하고 남북협상을 통한 통일정부를 호소하는 통일론은 다시 탄압에 직면하게 된다. 5월 13일 대회를 개최한 민족자주통일중앙협의회 소속 사회단체와 정당들은 모두 혁명재판의 대상이 되어 유죄 판결을 받았고 남북협상론을 주도한 〈민족일보〉의 조용수와 사회당의 최백근은 1961년 12월 22일 본보기로 사형되었다.

역설적이게도 이렇게 5.16쿠데타로 들어선 박정희 정권에서 본격적으로 김구의 복권을 추진한 것은 남북의 군사적 갈등이 심화되면서부터였다. 북한 김일성은 1966년 10월 조선로동당 대표자회의에서 "전쟁을 두려워하는 것은 부르죠아 평화주의의 표현이며 수정주의적 사상 조류"* 라면서 투쟁적인 대남 정치공세를 전개했고, 1968년에는 제124군 부대의 청와대 기습 사건, 1월 23일의 미함 프에블로호 납북 사건, 4월 15일의 EC-121형의 미 군용기 격추 사건, 10월 30일에 일어난 124군부대 소속 유격대의 삼척, 울진 지역에의 침투 사건 등이 연이어 일어났다.** 이렇게 남북 간 긴장이 절정으로 치닫고 있던 1969년 8월 23일 서울 남산에 김구 동상이 건립되고 백범광장이 조

* 김일성, 앞의 글, p.30.

** 양호민, '남북공동성명의 정치적 의미', 《남북공동성명 발표 6주년 학술세미나 주제논문 및 토의록》(1978), p.345.

성되었다.

이승만을 부정하는 동시에 북한과의 대립관계에서 대한민국 정부의 정통성을 주장해야 하는 두 가지 과제를 가지고 있던 박정희 정권에게 김구와 임시정부는 반드시 필요한 상징이었다. 임시정부와 김구가 "대한민국 정부의 정통성을 주장할 수 있는 거의 유일한 우파 계열 독립운동 세력"으로 보았던 것이다.*

이렇게 반이승만을 표방한 5.16 군정에 의해 김구는 항일 독립투쟁의 위대한 애국선열로 그 어느 때보다 높은 위상을 부여받았지만, 이것은 역으로 4.19혁명의 국면에서 그가 지녔던 반단정 통일론의 역사적 상징성을 지운 대가로 가능한 것이었다.

* 박태균, '서거 60주년에 다시 보는 백범 김구', 〈역사비평〉(2009. 5.), p.206.

통일시대, 김구를 다시 생각한다

해방 후 '민족자주독립통일국가'라는 확대된 목표가 주어져

1945년 8월 15일, 꿈에도 그리던 해방을 맞았다. 그러나 이는 일제 강점으로부터의 해방이었을 뿐, 자주독립국가와는 거리가 멀었다. 일본의 항복으로 전격적으로 이루어진 해방은 수년 동안 준비한 임시정부의 참전 계획도 허사로 만들었다. 전쟁에 참전하지 못한 채 일본이 항복함으로써 임시정부는 연합국의 지위를 획득하지 못했고, 따라서 전후 한국 문제에 대한 발언권이 약화될 수밖에 없는 상황이었다. 완전 민족자주독립국가 실현을 위해 좌우 통일전선 노력을 통해 통일임시정부를 이룩하고 대한민국 건국 강령으로 신국가상을 구상했던 임시정부의 앞에 이제 민족자주독립국가에서 민족자주독립통일국가로 오히려 확대된 목표가 주어진 것이다.

김구는 1945년 9월 3일, 해방 소식을 듣자마자 1단계 임시정부의 정권 접수, 2단계 민족영수회의를 통한 과도정부 수립, 3단계 전국적 보통선거에 의한 정식 정부수립이라는 3단계 계획을 담은 당면과제를 내놓으며 정부로서의 환국을 준비했다. 김구에게 임시정부는 "결코 어느 한 계급 어느 한 정파의 정부가 아니라 전 민족 각 계급 각 당파의 공동한 이해 입장에 입각한 민주 단결의 정부"였고 따라서 임시정부의 유일한 목적은 "오직 전 민족이 총단결하여 일본 제국주의를 타도하고 한국에 진정한 민주공화국을 건설"하는 데 있었다. 그러나 해방 후 임시정부는 법통성을 인정받기는커녕 미군정의 반대 속에 개인 자격으로 초라하게 환국할 수밖에 없었고, 이로 인해 이후 임시정부의 행보에는 상당한 제약이 따르게 되었다. 그럼에도 조만간 통일된 자주독립 민주국가를 이룰 수 있을 것이라는 데는 의심이 없었지만 1945년 12월 환국 한 달여 만에 모스크바 3상회의에서 4개국에 의한 최고 5년간의 공동 신탁통치가 결정되었다.

카이로선언부터 제기되기 시작한 신탁통치안을 저지하기 위해 다각적인 노력을 기울인 임시정부에게 1945년 12월 모스크바 3상회의 결정은 충격일 수밖에 없었다. 김구와 임시정부는 신탁통치 결정에 반대하여 반탁운동을 적극적으로 전개했다. 그러나 임시정부를 정부로 인정하지 않고 다만 이승만, 김구 등 임시정부 요인들을 그저 이용할 수 있는 하나의 카드로 여겼던 미군정은 반탁운동을 계기로 우익 세력의 결집을 꾀하고 과도정부로서 선언하고 나선 임시정부를 '미군정에 대한 쿠데타'로 규정하고 압박을 가했다. 결국 임시정부는 반탁운동이 미군정에 대한 반대는 아니라며 한 발짝 물러설 수밖에 없었다.

그런 가운데 1차 미소공동위원회가 진행되고 미군정의 적극 지원하에 좌우합작운동이 전개되었다. 김구는 미군정의 지원이라는 '외세의 영향'을 우려하여 여운형·김규식이 주도하던 좌우합작위원회에 직접 참여하지는 않았지만, 좌우합작운동을 민족통일운동이라고 규정하면서 지지했다. 1947년 1월 미소공동위원회 재개 가능성이 높아지는 가운데 김구를 비롯한 임시정부와 우파 세력에서는 '미소공동위원회 참여는 곧 찬탁'이라는 논리하에 다시 한 번 반탁운동에 나섰다. 이 과정에서 김구는 반탁운동의 틀 안에서 이승만과 함께하게 된다.

그러나 협의 대상자 문제를 놓고 논쟁을 벌인 끝에 2차 미소공동위원회도 결렬되고 말았고, 미군정은 1947년 9월 17일 한국 문제를 유엔에 상정하기에 이르렀다. 1947년 11월 14일 유엔 총회에서 유엔 감시하 남북한 총선거가 결의되면서 신탁통치를 거치지 않고 남북 총선거에 의한 통일정부 구성에 대한 기대가 생겼다. 그러나 1948년 1월 소련군정은 유엔 한국임시위원단의 북한 지역 입경을 거부했다. 이때부터 이승만과 김구의 노선은 완전히 달라지게 된다. 1948년 1월 26일 이승만은 '5개항 의견서'를 통해 가능지역 총선거론을, 김구는 '6개항 의견서'를 통해 남북협상을 통한 남북 총선거론을 각각 유엔 한국임시위원단에 전달했던 것이다. 이 의견서에서 김구는 신속한 총선거에 의한 통일된 완전 자주적 정부를 수립할 것을 요청했다. 그러나 1948년 2월 26일 유엔 소총회는 한반도 가능 지역 선거 실시를 결정하고 만다.

비현실적임을 알지만 민족의 지상명령이기에 결행한 북행

일본으로부터의 해방을 이끌어준 유엔과 동맹국들에 대한 감사와 함께 미·소가 분할 점령한 상황에서도 남북통일 자주독립국가의 완성이라는 목표에 있어서 유엔에 대한 기대를 버리지 않고 있던 김구는 1948년 2월 유엔 소총회 결의 이후 민족의 힘으로 분단을 막기 위한 최후의 방안으로서 남북협상을 추진하게 되었다.

1947년 무렵부터 단독정부론을 추진했던 이승만은 유엔 소총회 결정 이후 남한 단독선거 준비에 박차를 가하기 시작한 반면, 김구는 "나는 조국을 분할하는 남한의 단선도 북한의 인민공화국도 반대한다. 오직 정의의 깃발을 잡고 절대다수의 애국동포들과 함께 조국의 통일과 완전 자주·독립을 실현하기 위하여만 계속 분투하겠다. 이것을 위하여는 분골쇄신도 부탕도화(赴湯蹈火)도 사피(辭避)하지 아니하겠다"라는 반대성명을 발표했다. 그리고 이때부터 중도파를 중심으로 추진되어온 남북합작 혹은 남북협상 움직임에 김구도 합류했다.

1948년, 김구를 북행길에 오르게 한 것은 '민족'을 최우선 하는 그의 신념이었다. "철학도 변하고, 정치경제의 학설도 일시적이지만 민족의 혈통은 영원하다"라는 신념, "소위 좌우익이란 것도 결국 영원한 혈통의 바다에 일어나는 일시적인 풍파에 불과하다는 것을 잊어서는 아니 된다. 이 모양으로 모든 사상도 가고 신앙도 변한다. 그러나 혈통적인 민족만은 영원히 성쇠흥망의 공동 운명의 인연에 얽힌 한몸으로 이 땅 위에 남는 것이다"*라는 신념으로 남북협상에 뛰어든 것이기에 남북협상의 실현 가능성 여부는 그에게 중요하지 않았다. 그에게 중요한 것은 "현실적이냐 비현실적이냐가 문제가 아니라, 그것이 정도냐 사도냐 하는 것"이었고, 따라서 "비록 구절양장(九折羊腸)일지라도 그것이 정도라면 그것을 택해야 하는 것이요, 진실로 이것만이 인도인 것"**이었다.

1948년 2월 16일 김구와 김규식은 공동명의로 남북연석회의를 요구하는 서한을 북의 김일성과 김두봉에게 보냈다. 그러나 기대와는 달리 북한은 한 달여 만에 보낸 회신에서 분단의 책임을 김구 등에게 떠넘기면서 김구와 김규식이 제안한 남북연석회의 방식이 아닌 남북제정당사회단체대표자회의의 형태로 수정 제안을 보냈다. 이 때문에 김구가 원했던 남북이 함께 통일정부를 구성하기 위한 최후의 수단으로서의 남북협상의 성과는 사실상 기대하기 어렵다는 판단도 있었지만, 이승만 세력과 미군정의 강력한 반대를 무릅쓰고 4월 19일 김구는 북행을 결행했다. 김구 역시 북한과 소련 군정에 이용당할 수도 있다는 의심과 아무런 성과도 얻지 못할 수도 있다는 우려를 했지만, "가장 비현실적임을 알면서도 민족의 지상명령"이기 때문에 30여 년의 망명생활을 했듯이 "외국의 간섭이 없고 분열 없는 자주독립을 전취하는 것이 민족의 지상명령"이기에 복종한 것이다.***

그러나 남북협상은 결국 실패로 끝나고 남과 북에 각각 단독선거

---

* 김구, '나의 소원', 《백범일지》, p.425.

** '혁명운동 재출발의 신결심: 신민일보 사장과 회담기, 1948.3.21.', 엄항섭 편, 《김구 주석 최근 언론집》, p.14.

*** 위의 글, p.14.

에 의한 분단정권이 들어서고 말았다. 남북협상에서 돌아온 후 김구는 1948년 5월 10일 단독선거를 통해 8월 15일 대한민국 정부가 수립되고, 북에서는 1948년 8월 25일 북한 최고인민회의 대의원 선거를 통해 9월 9일 조선민주주의인민공화국이 창립되고 그해 12월 12일 유엔에서 대한민국 정부가 승인되는 상황에서도 지속적으로 1947년 11월 14일 유엔 결의에 의한 전국 총선거 실시를 요구했다. 김구에게 있어서 통일정부 수립을 위한 남북협상은 "가능 불가능의 문제가 아니라 당위 부당위의 당위론"에 입각한 것이었기에 "제1차 협상을 실패라고 규정짓는 것은 조급한 생각"이었으며 "남북의 통일을 위한 협상은 반드시 있을 것"이라는 믿음을 버리지 않았다. 남북협상 1년여 뒤인 1949년 5월 31일에도 김구는 이러한 신념하에 유엔 한국위원회에 1947년 11월 14일 유엔 총회 결의안에 따른 남북한 총선거 실시를 요구하는 의견서를 제출했다. 그러나 1948년 여순사건 등을 중도파와 통일운동 세력 척결의 절호의 기회로 삼은 이승만 정부의 탄압은 거세지기만 했고, 결국 1949년 6월 26일 김구는 안두희에 의해 암살되고 만다.

끊임없이 소환된 김구의 남북협상론

김구는 비록 허무하게 세상을 떠났지만, 그가 추구했던 남북협상의 정신은 이후 제헌국회 소장파 의원들에게로 이어졌다. 1948년 5.10선거에 무소속으로 출마한 조봉암은 좌우 양 진영의 협공을 받았지만 제헌국회에 성공적으로 입성했으며, 바로 무소속구락부를 결성하고 평화적 남북통일의 전취와 균등사회 건설을 추구할 것을 천명했다. 무소속 구락부를 중심으로 하는 제헌국회 소장파 의원들은 평화통일, 균등사회, 외군 철퇴 등에 있어서 남북협상파의 노선을 그대로 따랐다. 그러나 '남북협상'을 전제로 하는 소장파의 통일노선은 북진통일론을 추구하던 이승만정부의 정책에 정면으로 배치되는 것이었다. 1949년 5월 20일 국회 프락치 사건, 6월 6일 경찰의 반민특위 습격 테러, 6월 26일 김구 암살 등의 탄압 속에서 소장파 세력은 결국 몰락하고 말았다.

이후 조봉암은 진보당을 결성하고 '유엔 보장하의 평화통일'을 계속 추진했지만 1958년 1월 12일 진보당의 평화통일론이 국시에 위배되고 북의 간첩과 접선했다는 이유로 조봉암을 비롯한 진보당 핵심 간부들이 모조리 검거되고 진보당의 등록이 취소되는 일이 발생한다. 조봉암은 재심 기각 다음 날인 1959년 7월 31일 처형되었다.

그러나 이듬해인 1960년 4.19혁명으로 이승만이 하야하면서 1948년 남북협상론은 다시 한 번 부활했다. 이승만의 북진통일론이 공식 폐기된 가운데 민족자주통일중앙협의회를 비롯한 혁신 세력은 남북협상을 통한 통일론을 제출했고 1961년 5월 3일 학생들은 남북학생회담을 제기했다. 5월 13일에는 민족자주통일중앙협의회 주최로 '남북학생회담 환영 및 민족통일촉진궐기대회'가 열리고 남북협상의 일환으로서 남북학생회담의 구체적 계획이 제시되기도 했으나 사흘 뒤에 발생한 5.16쿠데타로 좌절되고 말았다. 5월 13일 대회를 개최한 민족자주통일중앙협의회 소속 사회단체와 정당들은 모두 혁명재판의 대상이 되어 유죄 판결을 받았고, 남북협상론을 주도한 〈민족일보〉의 조용수와 사회당의 최백근은 1961년 12월 22일 본보기로 사형되었다. 이렇게 1948년 남북협상 이래로 제헌국회 소장파 세력과 4.19 이후 혁신세력과 학생들의 노력을 통해 부활했던 단독정부 반대 남북협상 통일론은 단절되고 만다.

역설적이게도 5.16쿠데타로 들어선 박정희 정권에서 본격적으로 김구의 복권을 추진한 것은 남북의 군사적 갈등이 심화되면서부터였다. 이승만을 부정하는 동시에 북한과의 대립관계에서 대한민국 정부의 정통성을 주장해야 하는 두 가지 과제를 가지고 있던 박정희 정권에게 김구와 임시정부는 반드시 필요한 상징이었던 것이다. 박정희는 김구를 기려 1962년 건국공로훈장 중장을 수여하고 1969년에는 남산에 백범광장을 조성하는 등 적극적으로 백범 김구를 민족의 영웅으로 만드는 데 앞장섰다. 박정희 정권은 이렇게 이승만 정권과의 차별화를 위해 김구를 항일독립투쟁의 위대한 애국 선열로 칭송하는 한편으로 우익 민족주의 세력을 포함해서 민간 차원에서 해방 이후 좌우합작과 남북협상을 추진했던 과거를 지워버리면서 정부가 남북대화를 주도하고 나섰다. 전 세계적인 냉전 해빙 분위기에 맞추어 이루어진 정부 차원의 남북대화는 1972년 자주, 평화, 민족대단결의 통일 3원칙에 합의하는 7.4남북공동성명이라는 큰 성과를 이루어내기는 했지만, 그 직후인 1972년 10월유신이 선포되는 등 남과 북 정부에서 각각 체제 유지와 강화에 몰두하면서 어렵게 재개된 남북대화는 1975년 다시 단절되고 말았다.

이렇게 국제적 해빙 분위기에 편승하여 남과 북의 정권이 서로 다른 의도하에 정략적으로 추진했다는 한계가 있지만 7.4남북공동성명은 1948년 남과 북에 각각 단독정부가 들어선 이후 처음으로 이루어진 남북 간의 합의라는 점에서 의의가 있을 뿐만 아니라 이를 통해서 1948년 김구가 추진한 남북협상을 재평가하고 김구의 노선을 재발견하는 계기가 마련될 수 있었다. 정부 당국 간 이루어진 남북의 대화가 과거의 대화의 역사를 기억하고, 대화와 협상이 결국 옳은 방향이었다는 성찰을 가져왔던 것이다. 1948년 남북협상의 비화를 담은《남북의 대화》가 출간되고, 7.4남북공동성명 발표 한 달 만인 1972년에 백범사상연구소가 창설된 것은 분단과 통일문제에 대한 관심이 김구의 남북협상 노선에 대한 관심과 연동되어 함께 높아졌음을 대표적으로 보여준다.

특히 김구의 비서로 임시정부와 함께했으나 4.19혁명 직후의 남북협상 통일논의를 "국가 형태야 어찌 되든지 덮어놓고 통일하고 보자는 일부의 환상적 논리"라며 비판하던 장준하가 7.4남북공동성명을 계기로 모든 통일은 옳다면서 통일을 민족의 지상명령이라 부르짖을 만큼 변신했다는 점은 주목할 만하다. 장준하는 김구의 노선이 "민족 진로의 전형상을 제시"했고 "민족 화해의 실체가 어떠해야 하는가"를 보여주었다고 보았으며, 사상 최초로 "반냉전, 동서 양극체제에 도전"하여 한국 민족 투쟁의 세계사적 사명을 제시한 통일운동의 긍지라고 평가했다. 나아가 김규식·여운형의 좌우합작운동을 "효과적인 노력"으로, 이후 백범 김구의 통일운동을 "우리 민족이 가야 할 가장 순결하고 애국적인 길"로 정의했다.*

7.4남북공동성명의 자주·평화·민족대단결의 원칙은 1991년 남북기본합의서, 2000년 6.15남북공동선언, 그리고 2007년 10.4남북공동선언으로 이어졌다. 남북기본합의서 전문은 "7.4남북공동성명에서 천명된 '조국통일 3대 원칙'을 재확인하고, 정치·군사적 대결상태를 해소하여 민족적 화해를 이룩하며, 무력에 의한 침략과 충돌을 막고 긴장 완화와 평화를 보장하며, 다각적인 교류와 협력을 실현하여 민족 공동의 이익과 번영을 도모하며, 쌍방 사이의 관계가 나라와 나라 사이의 관계가 아닌 통일을 지향하는 과정에서 잠정적으로 형성되는 특수관계라는 점을 인정"할 것을 약속했다.

2000년 6.15남북공동선언은 통일문제를 "우리 민족끼리" "자주적"으로 해결해 나가자는 것에서 나아가 "남측의 연합 제안과 북측의 낮은 단계의 연방제안이 서로 공통성이 있다고 인정"하고 이 방향에서 통일을 지향시켜 나가기로 합의했을 뿐만 아니라 경제, 사회, 문화, 체육, 보건, 환경 등 제반 분야의 협력과 교류를 활성화시키자는 데 합의했다. 6.15남북공동선언의 정신은 2007년 10.4남북공동선언으로 계승·발전되었다.

김구, 협상을 통한 통일의 원형을 만들어내

1948년 김구와 김규식이 추진한 남북협상은 여러 가지 대내외적 한계로 "분단과 전쟁을 향해 줄달음쳐가던 대세를 돌리는 결정적인

* 장준하, '민족통일 전략의 현 단계(초안)', p.46.

계기"를 만들어내지는 못한 것은 부정할 수 없는 사실이다. 그러나 김구가 실현 가능성을 보고 1948년 남북협상에 임했던 것이 아니라 그것이 우리 민족이 나아가야 할 '정도'이기 때문에 실패가 예상되었음에도 북행길에 올랐듯, 오늘의 우리도 남북협상이 성공했느냐, 실패했느냐가 아니라 남북협상이 갖는 실천적 함의에 주목해야 한다. 남북협상파가 추구하던 목표가 어떤 것이었는지, 그 운동이 이후 어떻게 계승 발전하였는지를 심층적으로 살펴볼 필요가 있다.

통일의 경우의 수는 세 가지밖에 없다. 하나는 전쟁을 통한 통일이요, 다른 하나는 독일식 흡수통일이요, 마지막 하나는 협상을 통한 통일이다. 그러나 전쟁이나 흡수통일은 우리가 선택할 수도, 선택해서도 안 되는 방법이다. 전쟁은 남과 북의 공멸만 가져올 것이고, 흡수통일은 한국의 경제력이 감당할 수 없다.

우리에게 남은 방법은 협상을 통한 통일뿐이다. 이승만 정부를 제외한 역대 정부 모두 우리가 추구해야 할 통일은 협상을 통한 통일임을 인정했다. 그렇기에 박정희 군사정부에서 1972년 7.4남북공동성명이 나올 수 있었던 것이고, 전두환 정부에서도 1983년 아웅산 테러가 있었음에도 남북협상을 위한 밀사를 파견했던 것이다. 1991년 노태우 정부는 남북기본합의서에서 7.4남북공동성명의 '자주·평화·민족대단결' 통일의 3대 원칙을 재확인했고, 김대중 정부와 노무현 정부는 6.15남북공동선언과 10.4남북공동선언을 통해 남북교류와 대화의 문을 열었으며 금강산관광과 개성공단이라는 남과 북 모두에게 아주 의미 있는 실험이 진행될 수 있었다.

비록 이후 이명박·박근혜 정부를 거치면서 금강산 관광과 개성공단이 중단되는 등 그동안 이루어낸 남북협상과 대화가 많이 후퇴했으며 북핵 문제와 미사일 문제와 같은 중대한 장애물이 우리 앞에 놓여 있기는 하지만, 협상을 통한 통일만이 우리의 미래라는 원칙은 변하지 않는다. 우리가 지향하는 통일은 협상을 통한 통일, 평화적인 통일, 그리고 외세의 간섭을 배격하는 자주통일이 되어야 한다.

백범 김구의 1948년 남북협상은 바로 이 협상을 통한 통일, 평화적인 통일, 외세의 간섭을 배격하는 자주통일 노력의 원형을 만들어낸 것이었다. 그렇기에 역사적으로 분단문제와 통일에 대한 관심이 고조될 때 언제나 김구의 남북협상이 회자되었던 것이고, 지금 눈앞에 놓인 위기를 넘어 향후 남북관계의 발전의 계기가 마련될 때, 협상을 통한 통일의 원형을 만들어냈던 백범 김구에 대한 재조명이 다시 한 번 필요한 것이다.

김구를 현실을 모르는 이상주의자로 보는 시각도 많다. 그러나 일제강점기 독립운동 시기와 해방 후 분단된 땅에서 통일독립국가를 모색하던 시기는 이상주의자를 필요로 하는 시기였다. 김구를 우익과 좌익 사이에서 갈팡질팡한 일관되지 못한 인물로 보는 시각도 있다.

그러나 정치적 목표를 달성하기 위해 끊임없이 대중에게 변화된 방향을 제시해야만 하기 때문에 정치인은 계속해서 변화된 입장을 가질 수밖에 없다.* 김구는 정교한 사상가도, 세련된 정치인도 아니었다. 복

---

* 김대영, '장준하의 정치평론 연구 2: 장준하의 정치평론에 나타난 민주주의', 〈한국정치연구〉 제12집 제2호(2003. 10.), pp.167-168.

잡하게 이해관계를 따지고 행보를 결정하기보다 우직하리만큼 한길을 걸었던 운동가였다. 복잡한 국제정세에 다소 어두워서 잘못된 판단을 하거나 때로는 우유부단함으로, 때로는 외골수적인 고집으로 엇갈린 행보를 보였던 점도 있지만, 일신의 안위나 영달이 아니라 민족의 독립과 평화, 통일을 위한 신념으로 살았던 사람이었다. 민족이 최우선되어야 한다는, 외세의 간섭을 배격하고 협상을 통해 우리 민족의 힘으로 통일을 이루어야 한다는 원칙을 지킨 사람이었다.

> 나는 통일된 조국을 건설하려다가 삼팔선을 베고 쓰러질지언정 일신에 구차한 안일을 취하여 단독정부를 세우는 데는 협력하지 아니하겠다. 나는 내 생전에 38 이북에 가고 싶다. 그쪽 동포들도 제 집을 찾아가는 것을 보고서 죽고 싶다.

1948년 김구가 통일된 조국을 이루고자 "삼팔선을 베고 쓰러질지언정" 강행했던 남북협상은 남북 단선단정에 더 큰 이해관계를 가지고 있는 세력에 의해 좌절되고 말았지만, 통일은 오늘에도 민족의 지상명령이다. 그리고 언젠가 통일의 시기가 올 때 우리가 추구해야 할 통일은 김구가 주창한 협상을 통한 통일, 평화적 통일, 외세의 간섭을 배격하는 자주통일이 되어야 할 것이다.

1973년 장준하는 이렇게 말했다.

"백범 김구 선생이 민족통일의 혈로를 뚫기 위해 몸을 던질 때, 이제 내가 가는 길은 뒷사람의 이정표가 될 것이라고 말했던 그 길을 이제야 우리는 다시 가야 한다. 지금 우리가 가는 길도 다시 뒷사람의 이정표가 될 것이다. 이 길이 민족적 양심에 살려는 사람이 가는 길이기 때문이다."*

민족적 양심에 살려는 우리가 가야 할 길 역시 김구와 장준하가 남긴 이정표를 따라가는 길이다.

* 장준하, "민족주의자의 길," p.59.

부록

1948년 남북협상 70주년의 교훈과 우리의 과제*

1. 머리말

1948년 남북협상부터 4.27남북정상회담까지

2018년 4월 27일 제3차 남북정상회담이 열려 역사적인 판문점선언이 채택되었다. 문재인 대통령과 김정은 국무위원장은 전쟁과 분단의 상징이었던 판문점에서 두 손을 맞잡음으로써 분단체제 해체와 평화의 큰 발걸음을 내디뎠다.

올해는 1948년 남북협상 70주년이 되는 해다. 판문점에서 정상회담이 열리기 꼭 70년 전인 1948년 4월 19일부터 4월 30일까지 평양에서는 남북분단을 막고 통일된 민족국가 수립을 위한 마지막 노력으로 남북협상, 즙 남북제정당사회단체연석회의와 지도자협의회,

* 이 글은 국사편찬위원회 등이 주최하는 남북협상 70주년 기념 남북공동행사 발표를 위해 저자가 집필했다.

그리고 이른바 4김회담(김구·김규식·김일성·김두봉)이 열리고 있었다. 1948년의 남북협상은 결국 분단을 막아내지 못한 채 실패와 좌절로 끝나고 말았지만, 꼭 70년 후에 열린 4.27정상회담과 판문점선언을 통해 그 정신이 되살아나고 있다는 것이 저자의 견해다.

1948년 남북협상과 2018년 판문점선언을 관통하는 몇 가지 정신이 있다. 전쟁과 무력에 반대하는 평화의 정신, 우리 민족끼리 민족 스스로의 운명을 개척하는 정신과 사상·이념을 뛰어넘는 민족대단결의 정신이 그것이다. 또한 통일된 민족국가 수립이라는 1948년 남북협상에서의 염원이 판문점선언에서 현실화되고 있다.

평화가 아닌 전쟁과 무력을 통한 통일, 어느 한쪽이 다른 한쪽을 흡수하는 방식의 통일은 대안이 될 수 없다. 따라서 저자는 통일을 위한 유일한 길은 협상을 통한 통일이라는 전제 하에. 1948년 남북협상이야말로 협상을 통한 통일 노력의 역사적 원형(原形)이라고 주장한다.

이 글에서는 1948년 남북협상의 역사적 의의를 짚어보고, 1948년 남북협상의 정신이 이후 남북관계의 흐름 속에서 남과 북의 협상을 통한 통일 노력에 어떻게 투영되고 계승되었는지를 추적해 보려 한다.

2. 1948년 남북협상의 역사적 의의

지도자협의회와 4김회담

남북협상 중 요인회담은 1948년 4월 26일부터 30일 사이에 수차례에 걸쳐 진행되었다. 4월 26일 김구, 김규식, 김일성, 김두봉의 4김 회담이 열렸고, 27일에는 남북요인 15인 지도자협의회, 28일에는 김규식과 김일성 2인의 개별회담, 그리고 30일에는 제2차 4김회담과 지도자협의회가 열렸다.

지도자협의회에 참여한 15인은 남측의 김구, 김규식, 조소앙, 조완구, 엄항섭, 홍명희, 김붕준, 이극로, 허헌, 박헌영, 백남운 등 11명과, 북측의 김일성, 김두봉, 최용건, 주영하 등 4명이었다. 참여 인사의 소속만 보면 이 회담의 성격은 임시정부 요인과 남북 공산진영 요인 중심이었다고 할 수 있다.* 진영은 다르지만 이들 모두가 민족독립운동의 주역이라는 사실도 남북협상에 정통성과 역사적 정당성을 부여하는 근거가 된다.

증언에 따르면 지도자협의회는 의장 선출과 같은 절차를 따로 두지 않고 남북측의 대변인으로 각각 권태양과 주영하를 임명했으며, 토의 형식은 완전합의제로 했다고 한다. 회의 서두에 김일성 위원장은 회의의 의의를 이렇게 설명했다.

"연석회의의 성과를 더욱 다지고 미·소 양군의 철수 후에 자주적 통일정부를 세우기 위한 방도를 무릎을 맞대고 토의, 합의해야 한다."

지도자협의회에서 양측은 특히 '양군 철수 후에 내란이 일어나서는 안 된다'라는 원칙을 중요하게 확인했으며, 이것이 이후 4월 30일 발표된 공동성명서 제②항으로 구체화되었다. 한편 송남헌의 증언에 따

---

* 양동안, "1945~1948년 기간 중도좌파의 정치활동에 관한 연구," 〈정신문화연구〉 제24권 제3호 (2001), p.243.

르면, 김규식은 자신이 남북협상에 앞서 북측에 요구한 5개 항의 선행 조건, 즉 독재정치 배격, 사유재산제 승인, 총선을 통한 정부 수립, 외국 군사 기지 불허용, 미·소 양군 철수를 거듭 주장했다고 한다. 이 중 앞의 3개항은 정부수립 때 논의될 사안이어서 별 토의 없이 넘어갔고, 미·소 철군은 공동성명서 제①항으로 명문화되었으며 임시정부 수립과 단독선거 반대 문제도 허심탄회하게 논의되었다고 한다.*

4월 28일부터 29일에는 지도자협의회 공동성명 초안 작성이 이루어졌는데, 남측의 홍명희, 엄항섭, 남로당의 박헌영, 허헌, 북측의 주영하와 남측 대변인 권태양으로 구성된 초안 작성자들은 미·소 양군 철퇴 문제 등의 문안을 두고 설전을 벌이기도 했다고 한다.

지도자협의회 공동성명서 '4원칙'의 역사적 의의

4월 30일 전조선정당사회단체지도자협의회 명의의 공동성명이 발표되었다.** 이 공동성명서는 역사적인 '4원칙'을 담고 있다. 그 요지는 다음과 같다.

① 소련이 제의한 외국 군대 즉시 동시 철거는 조선 문제를 해결하는

* 중앙일보 특별취재반, 《비록 조선민주주의인민공화국》 하권, p.354.

** 서중석은 공동성명서의 발표 명의가 북조선로동당 등 42개 정당·사회단체들이 서명한 전조선정당사회단체지도자협의회로 나왔기 때문에 공동성명서 작성과 합의의 주체가 잘못 기록되는 결과로 이어졌다고 지적했다. 그러나 이 공동성명서는 4김회담에서 최종 검토하여 4김이 '조인'을 했고 이어서 남북요인 15인 회담에서 다시 결의, 통과시킴으로써 전체적 합의의 의의와 형식을 갖추었다고 설명한다(서중석, '남북협상과 백범의 민족통일노선', p.159).

가장 정당하고 유일한 방법이다. 미국은 이 정당한 제의를 수락하여야 한다. 일체 애국인사들은 반드시 양군 철병안을 지지하여야 할 것이다. 우리는 우리 문제를 해결할 수 있는 준비된 간부들이 다수 있다.

② 남북 제정당·사회단체 지도자들은 외군 철거 후 내전이 발생할 수 없다는 것을 확인하며, 통일에 대한 조선 인민의 지망(志望)에 배치되는 어떠한 무질서도 용허하지 않을 것이다.

③ 외군 철거 후 하기 제정당들의 공동명의로 전조선정치회의를 소집하여 민주주의임시정부를 즉시 수립할 것이다. 이 정부는 첫 과업으로 일반적 직접적 평등적 비밀투표에 의하여 통일적 조선입법기관 선거를 실시할 것이며, 선거된 입법기관은 조선헌법을 제정하여 통일적 민주정부를 수립할 것이다.

④ 1천만여 명 이상을 망라한 남북제정당사회단체들이 남조선 단독선거를 반대하므로 단독선거가 설사 실시된다 하여도 우리 민족의 의사를 표현하지 못하며 기만에 불과할 뿐이다.*

이 공동성명을 관통하는 기본 정신은 크게 보아 외세로부터의 자주 원칙, 전쟁을 배격하는 평화의 원칙, 분단에 반대하는 민족 대단결의 원칙으로 집약할 수 있다. 도진순 교수는 "남북협상이 비록 여러 한계가 있었지만 민족 분열의 긴박한 정세에 대처해 외세에 의한 분단을 반대하고 민족 자주성을 구현했다는 점에서, 사상-이념의 차이에도

* '남북조선 제정당·사회단체 공동성명서(1948. 4. 30.),' 《남북조선 제정당·사회단체 대표자연석회의 자료》 1948; 국사편찬위원회, 《북한관계사료집》 6(1988), p.62.

불구하고 민족적 단결을 시도했다는 점에서, 분단문제의 평화적 해결을 모색했다는 점에서 역사적 의의를 지닌다"라고 평가했다.*

이 자주·평화·민족대단결의 원칙은 이후 1972년 7.4 남북공동성명에서 '조국통일 3대원칙'으로 정립되었으며, 이후 남과 북의 공동선언과 각종 합의에서 거듭 재확인되었다.

또 한 가지 공동성명의 중요한 내용은, 분단에 반대하는 데 그친 것이 아니라 통일 방안을 마련하려 했다는 점이다. 외국 군대가 철수한 후 남북연석회의에 참가한 모든 정당과 사회단체가 공동명의로 '전조선정치회의'를 소집하여 "조선 인민의 각계각층을 대표하는 민주주의 임시정부"를 즉시 수립하고 "국가의 일체 정권과 정치, 경제, 문화생활의 일체 책임을 가지게 될 것"이라고 명시했으며, 이 민주주의 임시정부의 첫 번째 과업으로 "일반적 직접적 평등적 비밀투표로써 통일적 조선입법기관 선거를 실시할 것"과 "선거된 입법기관은 조선헌법을 제정하여 통일적 민주정부를 수립할 것"이라는 내용이 추가되었다.**

그런데 이 공동성명의 ①, ②, ④항은 상대적으로 남북협상 참여자들이 쉽게 동의할 수 있는 부분이었지만 ③항은 향후 수립될 국가 정체 문제를 포함한 것이었다는 점에서 공동성명에 ③항이 들어간 것은

---

* 도진순, 《한국 민족주의와 남북관계: 이승만·김구 시대의 정치사》(서울대학교 출판부, 1997), p. 289.

** '전조선정당사회단체대표자연석회의 보고문 및 결정서', pp.54-55. 서중석은 김구, 김규식이 4항의 남한 단선 반대는 북의 단선도 반대하는 것으로 해석했다고 주장한다(서중석, '남북정상회담 후 되새겨보는 1948년 남북협상', 《내일을 여는 역사》 3(2000), p.47.

커다란 의미가 있다. 통일적 민주정부 수립 방안을 담은 내용이기 때문이다.

이런 점에서 "서로가 양보하기 힘든 국가 정체와 관련된 문제는 공동성명서의 ③항을 실천하는 과정에서 남북 정치 지도자들이 협의할 수 있는 여지를 남겨두는" 방식으로 합의를 이끌어낸 것으로 "남과 북이 서로의 주장을 명확히 드러내지 않으면서 협상의 여지를 남겨둔 최상의 합의"라고 평가할 수 있다.*

분단 이후 오랫동안 남과 북이 각자의 통일 방안을 주장하며 평행선을 그렸다는 점을 생각하면, 이 ③항의 합의는 향후 남과 북이 합의할 수 있는 통일 방안을 마련하는 데 중요한 지침이 될 것이다. 1948년 남북협상 이후 52년이 지난 2000년 6.15공동선언의 ②항에서 "남과 북은 나라의 통일을 위한 남측의 연합제 안과 북측의 낮은 단계의 연방제 안이 서로 공통성이 있다고 인정하고 앞으로 이 방향에서 통일을 지향시켜 나가기로 하였다"는 합의가 있었음에 주목하며, 올가을 평양에서의 남북정상회담과 그 이후 남북관계의 진전 속에서 통일 방안 논의 과정에서 그 정신이 되살아날 것으로 기대한다.

---

* 이신철, 《북한 민족주의운동 연구》, p.10.

7.4남북공동성명

1950년대와 60년대는 전 세계적인 냉전체제와 6.25전쟁 이후 남북간의 대립과 갈등의 시기였다. 그러나 소련 흐루쇼프의 평화공존론과 1967년 닉슨 독트린이 발표되면서 서서히 해빙 무드를 맞게 된다.

미국과 중국도 1971년 4월의 이른바 핑퐁 외교를 통해 관계 개선과 수교를 이루어 세계적인 데탕트 분위기가 무르익게 된다. 이런 데탕트 분위기는 한반도에도 영향을 미쳐 남북관계 개선의 계기로 작용하게 된다.

1972년 7월 4일, 남북 양측의 비공개 접촉과 상호방문을 거쳐* 분단 이후 최초로 7.4남북공동성명이 서울과 평양에서 동시에 발표되었다. 주요 내용은 다음과 같다.

> ① 조국통일 원칙 첫째, 통일은 외세에 의존하거나 외세의 간섭을 받음이 없이 자주적으로 해결하여야 한다. 둘째, 통일은 서로 상대방을 반대하는 무력 행사에 의거하지 않고 평화적 방법으로 실현하여야 한다. 셋째, 사상과 이념, 제도의 차이를 초월하여 우선 하나의 민족으로서 민족적 대단결을 도모하여야 한다.

---

* 1972년 5월 2일부터 5일까지 이후락 중앙정보부장이 평양을 방문하여 김일성 주석을 면담했으며, 5월 29일부터 6월 1일까지 김영주 조직지도부장을 대신한 박성철 제2부수상이 서울을 방문하여 박정희 대통령을 면담하는 등 극비리에 회담이 준비되었다.

② 남북 사이의 긴장 상태를 완화하고 신뢰의 분위기를 조성하기 위하여 서로 상대방을 중상·비방하지 않으며 무장 도발을 하지 않고 불의의 군사적 충돌사건을 방지하기 위한 적극적인 조치를 취하기로 합의했다.

③ 민족적 연계를 회복하며 서로의 이해를 증진시키고 자주적 평화통일을 촉진시키기 위하여 남북 사이의 다방면적인 제반 교류를 실시한다.

④ 남북적십자회담이 하루빨리 성사되도록 적극 협조한다.

⑤ 돌발적 군사 사고를 방지하고 남북 사이에 제기되는 문제들을 직접 신속, 정확히 처리하기 위하여 서울과 평양 사이에 상설 직통전화를 설치한다.

⑥ 이후락 부장과 김영주 부장을 공동위원장으로 하는 남북조절위원회를 구성 운영한다.

⑦ 합의사항을 성실히 이행할 것을 민족 앞에 엄숙히 약속한다.*

7.4남북공동성명은 6.25전쟁 이후 최초로 남북 사이의 통로를 마련했다는 점에서 중요한 의미를 가진다. 또한 고위급 회담을 통한 합의와 공동성명을 발표했다는 점에서 이후 남북 간 회담과 공동선언의 기본 형식을 제시했다.

그러나 가장 중요한 의미는 자주·평화·민족대단결의 조국통일 3대 원칙에 합의했다는 점이다. 전쟁과 분단으로 냉전체제의 최전선에서 극심한 대립과 갈등을 겪던 남과 북이 외세로부터의 자주, 무력이 아

* 국토통일원, 《남북통일백서》(1985).

닌 평화, 사상과 이념·제도를 뛰어넘는 민족 대단결을 합의한 것은 놀라운 민족사적 진전이 아닐 수 없다. 이는 1948년 남북협상의 합의 정신을 계승했기에 가능한 일이었으며, 이 정신은 이후 남북관계 속에서 지속적으로 되살아나게 된다.

남북고위급회담과 기본합의서 채택

1980년대 후반부터 미국 등 서방 국가의 보호무역주의가 강화되고 사회주의권이 붕괴되면서 국제 정세의 변화가 시작되었다. 이 과정에서 남측은 중국·소련과의 관계 개선 등 사회주의권과의 협력이 필요했으며, 북측 역시 사회주의권 붕괴 이후 국제 정세에 능동적으로 대처할 필요가 있었다. 한·소 수교(1990)와 한·중 수교(1992), 남북한 동시 유엔 가입(1991) 등이 이루어지면서 남북관계 개선을 통한 한반도 평화 증진이 모색되었다.

1990년 9월 4일 남북 총리를 단장으로 한 제1차 고위급회담 개최 이후 1992년 10월까지 8차에 걸쳐 남북고위급회담이 열렸다.

1991년 12월 12일과 13일 서울에서 열린 제5차 고위급회담에서 긴장을 완화하고 교류협력의 기본 방향을 설정하는 역사적인 '남북 사이의 화해와 불가침 및 교류협력에 관한 합의서'가 채택되었다.

남북기본합의서의 전문(前文)은 다음과 같다.

> 남과 북은 분단된 조국의 평화적 통일을 염원하는 온 겨레의 뜻에 따라 7.4남북공동성명에서 천명된 조국통일 3대원칙을 재확인하고 정치·

군사적 대결 상태를 해소하여 민족적 화해를 이룩하고 무력에 의한 침략과 충돌을 막고 긴장 완화와 평화를 보장하며, 다각적인 교류협력을 실현하여 민족공동의 이익과 번영을 도모하며 쌍방 사이의 관계가 나라와 나라 사이의 관계가 아닌 통일을 지향하는 과정에서 잠정적으로 형성되는 특수관계라는 것을 인정하고 평화통일을 성취하기 위한 공동의 노력을 경주할 것을 다짐하면서 다음과 같이 합의하였다.*

총 25개 조항으로 구성된 본문은 제1장 남북 화해, 제2장 남북 불가침, 제3장 남북 교류협력의 3개 범주로 구성되어 있다.

남북 화해와 관련해서는 상호 체제의 인정과 존중, 내정 불간섭, 비방 중지, 상대방에 대한 파괴·전복 행위 금지, 정전 상태의 평화 상태로의 전환 등이 규정되었다.

남북 불가침과 관련해서는 무력 침략 금지, 분쟁의 평화적 해결, 현재의 경계선과 관할구역 존중, 군사 당국자 간의 직통전화 설치 등이 규정되었으며, 교류협력과 관련해서는 경제교류·협력을 비롯한 여러 분야의 교류와 협력 실시, 자유 왕래와 접촉 실현, 이산가족 왕래 실현, 철도와 도로 연결 및 항로 개설, 우편·전기·통신 교류시설 설치, 국제무대에서의 상호협력 등이 규정되었다. 1992년에는 좀 더 구체적이고 실천적인 내용을 담은 부속합의서도 채택되었다.

남북기본합의서는 7.4 남북공동성명의 3대원칙(자주·평화·민족 대단

---

* 통일부, 《통일부 30년사: 평화·화해·협력의 발자취, 1969-1999》(1999).

결)을 재확인하며, 대결 종식과 평화 보장, 교류와 협력, 공동 번영의 원칙을 천명하는 한편 남북관계를 "나라와 나라 사이의 관계가 아닌 통일을 지향하는 과정에서 잠정적으로 형성되는 특수관계"로 규정하여 통일 지향의 의지를 분명히 하였다. 이처럼 남북기본합의서는 7.4남북공동성명을 뛰어넘어 한반도의 평화공존 체제를 실질적으로 제도화하려는 포괄적인 합의를 이뤄냈다는 데 의미가 있다.

6.15남북공동선언

2000년 6월 13일 김대중 대통령 일행이 서해 직항편으로 평양을 방문하면서 분단 이후 첫 남북정상회담이 이루어졌다. 김정일 국방위원장이 예정에 없이 순안공항에서 직접 영접함으로써 양 정상이 손을 맞잡는 장면이 전 세계에 중계되었다. 2박 3일의 회담 결과 역사적인 6.15남북공동선언이 채택되었다. 주요 내용은 다음과 같다.

> 조국의 평화적 통일을 염원하는 온 겨레의 숭고한 뜻에 따라 대한민국 김대중 대통령과 조선민주주의인민공화국 김정일 국방위원장은 2000년 6월 13일부터 6월 15일까지 평양에서 역사적인 상봉을 하였으며 정상회담을 가졌다.
>
> 남북 정상은 분단 역사상 처음으로 열린 이번 상봉과 회담이 서로 이해를 증진시키고 남북관계를 발전시키며 평화통일을 실현하는 데 중대한 의의를 가진다고 평가하고 다음과 같이 선언한다.

① 남과 북은 나라의 통일문제를 그 주인인 우리 민족끼리 서로 힘을 합쳐 자주적으로 해결해 나가기로 하였다.

② 남과 북은 나라의 통일을 위한 남측의 연합제 안과 북측의 낮은 단계의 연방제 안이 서로 공통성이 있다고 인정하고 앞으로 이 방향에서 통일을 지향시켜 나가기로 하였다.

③ 남과 북은 올해 8.15에 즈음하여 흩어진 가족, 친척 방문단을 교환하며, 비전향장기수 문제를 해결하는 등 인도적 문제를 조속히 풀어나가기로 하였다.

④ 남과 북은 경제협력을 통하여 민족 경제를 균형적으로 발전시키고, 사회, 문화, 체육, 보건, 환경 등 제반 분야의 협력과 교류를 활성화하여 서로의 신뢰를 다져 나가기로 하였다.

⑤ 남과 북은 이상과 같은 합의사항을 조속히 실천에 옮기기 위하여 빠른 시일 안에 당국 사이의 대화를 개최하기로 하였다.

김대중 대통령은 김정일 국방위원장이 서울을 방문하도록 정중히 초청하였으며, 김정일 국방위원장은 앞으로 적절한 시기에 서울을 방문하기로 하였다.*

6.15남북정상회담은 분단 이후 최초로 남북의 정상이 직접 만나 협상하고 합의를 이뤄냈다는 점에서, 남북 최고지도자의 협상이라는 1948년 남북협상의 전통을 계승했다는 점에서, 자주·평화·민족대단

---

* 6.15 남북공동선언문 채택 의의·주요 연설·남북관계 주요 어록, 김대중 평화센터 http://kdjpeace.com/home/bbs/board.php?bo_table=b01_01_02

결의 원칙에 기반을 두고 있다는 점에서 역사적 의미가 있다. ①항의 "우리 민족끼리"는 민족 대단결의 정신을 더욱 잘 집약한 표현이다.

또한 앞에서도 지적한 대로 1948년 남북협상에서 통일 방안과 경로에 대한 합의가 있었던 이후 최초로 "남측의 연합제 안과 북측의 낮은 단계의 연방제 안"의 공통성에 입각하여 통일 방안을 모색하기로 했다는 점에서 중요한 진전을 이뤄냈다고 할 수 있다.

10.4남북정상선언

2007년 10월 2일 노무현 대통령은 서해 직항편을 이용한 6.15남북정상회담 때와 달리 도보로 군사분계선을 넘어* 평양-개성고속도로를 통해 평양을 방문했다. 노무현 대통령과 김정일 국방위원장은 제2차 정상회담을 갖고 10.4남북정상선언을 채택했다.

'남북관계 발전과 평화 번영을 위한 선언'(10.4 남북정상선언)의 주요 내용은 다음과 같다.

> ① 남과 북은 6.15공동선언을 고수하고 적극 구현해 나간다.
>
> ② 남과 북은 사상과 제도의 차이를 초월하여 남북관계를 상호존중과 신뢰 관계로 확고히 전환시켜 나가기로 하였다.

---

* 노무현 대통령은 당시 군사분계선 앞에서 "심경이 착잡하다. 보이는 것은 아무것도 없는데 이 군사분계선이 반세기 동안 우리 민족을 갈라놓고 너무 많은 고통을 주었다. 제가 다녀오면 더 많은 사람이 넘나들 것이고, 이 금단의 선도 점차 지워져 장벽은 무너질 것"이라고 소회를 밝혔다. 이 장면에서 우리는 1948년 남북협상을 위해 결연히 38선을 넘던 김구의 모습을 떠올리게 된다.

③ 남과 북은 군사적 적대관계를 종식시키고 한반도에서 긴장 완화와 평화를 보장하기 위해 긴밀히 협력하기로 하였다.

④ 남과 북은 현 정전체제를 종식시키고 항구적인 평화체제를 구축해 나가야 한다는 데 인식을 같이하고 직접 관련된 3자 또는 4자 정상들이 한반도 지역에서 만나 종전을 선언하는 문제를 추진하기 위해 협력해 나가기로 하였다.

⑤ 남과 북은 민족경제의 균형적 발전과 공동의 번영을 위해 경제협력사업을 공리공영과 유무상통의 원칙에서 적극 활성화하고 지속적으로 확대 발전시켜 나가기로 하였다.

⑥ 남과 북은 민족의 유구한 역사와 우수한 문화를 빛내기 위해 역사, 언어, 교육, 과학기술, 문화예술, 체육 등 사회문화 분야의 교류와 협력을 발전시켜 나가기로 하였다.

⑦ 남과 북은 인도주의 협력사업을 적극 추진해 나가기로 하였다.

⑧ 남과 북은 국제무대에서 민족의 이익과 해외동포들의 권리와 이익을 위한 협력을 강화해 나가기로 하였다.*

10.4남북정상선언은 기본적으로 6.15공동선언의 연장선 위에 있는 것으로 평가되지만, ④항의 정전체제 종식과 항구적 평화체제 구축을 위한 종전 선언과, 명시되지는 않았지만. 평화협정 체결까지 합의한 것은 큰 의미가 있다. '평화의 선언'에서 나아가 '평화의 구조화'를 지향한 것인데, 이는 1948년 남북협상에서 합의는 이루었지만 실현하지 못했던 항구적 평화, 또는 1948년 남북협상의 좌절로 겪어야 했던 '분

단→전쟁→정전체제'라는 비극적 역사의 종식을 합의했다는 것은 상당한 역사적 의미가 있다고 하겠다. 10.4남북정상선언은 2018년 판문점선언으로 확대 발전한다.*

4.27남북정상회담과 판문점선언

이명박·박근혜정부 시기 남북관계는 장기간 단절되어 6.15공동선언과 10.4남북정상선언은 제대로 실천되지 못했으며, 북측의 핵·미사일 고도화와 미국 등 국제사회의 강력한 제재로 한반도에는 위기가 감돌았다.

그러나 2018년 1월 1일 김정은 국무위원장의 신년사와 문재인 대통령의 적극적 호응을 계기로 평창올림픽 남북 공동 입장과 특사단·예술단 교환 등을 통해 남북관계가 극적으로 개선되어 마침내 4.27남북정상회담이 판문점에서 개최되었다.

2018년 4월 27일 오전 9시 30분 판문각을 나선 김정은 위원장과 군사분계선 앞에서 기다리고 있던 문재인 대통령의 역사적인 만남이 이루어졌다. 양 정상이 손을 맞잡는 장면과 깜짝 월경(越境)은 생중계를 통해 전 세계의 이목을 집중시켰다. 이 회담을 통해 전쟁과 분단의 상징이었던 판문점은 화해 협력과 평화의 상징으로 부각되었으며, 2000년 6.15공동선언과 2007년 10.4남북정상선언에 이은 판문점선언 발표로 이어졌다.

---

* 통일연구원, 《남북정상회담과 한반도 평화번영: 평가와 전망》(2007).

'한반도의 평화와 번영, 통일을 위한 판문점선언'은 "대한민국 문재인 대통령과 조선민주주의인민공화국 김정은 국무위원장은 평화와 번영, 통일을 염원하는 온 겨레의 한결같은 지향을 담아 한반도에서 역사적인 전환이 일어나고 있는 뜻깊은 시기에 2018년 4월 27일 판문점 평화의 집에서 남북정상회담을 진행"하였음을 천명하고,"한반도에 더 이상 전쟁이 없을 것"이며, "냉전의 산물인 오랜 분단과 대결을 종식"시키고, "남북관계를 보다 적극적으로 개선하고 발전시켜 나가야 한다는 확고한 의지"를 담았다.

선언의 세부 내용을 요약하면 다음과 같다.

1. 남북관계 개선과 발전

① 합의의 철저한 이행 ② 고위급회담을 비롯한 각 분야 협상을 개최하여 정상회담 합의 실천 대책 수립 ③ 개성 남북공동연락사무소 설치 ④ 다양한 협력과 교류 왕래 및 접촉 ⑤ 8월 15일 이산가족 상봉 ⑥ 10.4남북정상선언 합의사항 적극 추진과 동해선 및 경의선 철도와 도로 연결

2. 군사적 긴장 완화와 전쟁 위협 해소

① 모든 적대적 행위 전면 중지 ② 서해 NLL 일대를 평화수역으로 ③ 교류 활성화에 따른 군사적 보장 대책

3. 항구적이며 공고한 한반도 평화체제 구축

① 무력 불사용의 불가침 합의 재확인 ② 군사적 신뢰구축과 단계적 군축 ③ 올해 종전 선언과 평화협정 체결을 위한 3자 또는 4자 회담 개최 ④ 완전한 비핵화를 통한 핵 없는 한반도 실현 등이다.*

또 양 정상은 정기적인 회담과 핫라인을 통해 수시로 협의하기로 하고, 가을에는 문재인 대통령의 평양 방문을 합의했다.

4. 1948년 남북협상 70주년, 우리의 과제

남북협상 당시 지도자들의 절박한 마음을 기억해야

1948년 남북협상 70주년이 되는 시점에 4.27남북정상회담이 개최되어 판문점선언을 채택한 것은 자못 상징적이지만, 이는 앞서 살펴본 대로 결코 저절로 이루어진 일은 아니었다. 1948년 남북협상의 정신을 계승하여 분단체제를 해체하기 위한 남북의 지속적인 노력이 70년에 이르는 고통스러운 굴곡의 역사를 헤치고 마침내 결실을 맺기 시작한 것이다.

이 과정에서 남과 북은 자주·평화·민족 대단결의 원칙을 합의하고, 통일 방안을 모색하기 시작했으며, 종전 선언과 평화협정 체결을 통한

---

* 2018년 5월 26일 문재인 대통령과 김정은 국무위원장은 판문점 북측 통일각에서 두 번째 정상회담을 갖고 판문점회담의 조속한 이행과 항구적 평화체제 구축을 위한 상호협력을 재확인했다.

한반도의 항구적 평화체제 구축에 대한 합의를 목전에 두고 있다.

이 시점에서 남과 북이 함께 힘을 모아 실천해야 할 과제는 무엇일까?

첫째로, 1948년 남북협상의 기본 정신으로 돌아가는 일이다. 어떤 경우에도 외세에 의존하거나 간섭을 받지 않고 민족자주의 관점을 견지하고, 사상과 이념·제도를 넘어서 우리 민족끼리 힘을 합쳐 민족의 앞날을 개척해 나가야 한다는 것이다. 또한 이 모든 과정은 평화적으로 진행되어야 한다는 정신이다.

두 번째로는, 그간 남과 북 사이에 이루어낸 합의를 실천하는 일이다. 지난 시기 정세의 변화 속에서 합의 실천에 단절이 있었지만, 그간 성취한 남북 간 협상과 합의의 결정체라 할 수 있는 판문점선언을 조속하고도 흔들림 없이 이행하는 것이 필요하다.

다양한 사회문화 교류의 활성화를 통해 남북 사이의 신뢰를 높이고, 공리공영과 유무상통의 남북 경제 공동체를 건설하며 이산가족 상봉 등 인도적 문제도 시급히 해결해야 할 것이다.

다양한 사회문화 교류 중에 학술 교류도 중요한데, 이 자리를 빌어 2019년 3.1운동 100주년 기념 남북 공동행사를 제안한다. 통일된 조국의 정통성을 세우고, 이를 남과 북이 함께 공유하는 데 중요한 계기가 될 것이라 생각하기 때문이다.

세 번째로는 판문점선언에서 합의한 대로 평화협정을 체결하여 항구적 평화체제를 구축하는 일이다. 평화체제가 안정적으로 구축되면 6.15남북공동선언에서 합의한 대로 남과 북의 통일 방안이 가진 공통성에 입각하여 본격적으로 통일을 지향해 나가야 할 것이다.

마지막으로 다시 강조하고 싶은 것은 이 모든 과정이 협상을 통해 통일로 나아가는 경로가 되리라는 점이다. 저자는 이미 협상을 통한 통일이야말로 유일한 통일의 길이며, 1948년 남북협상이 바로 그 원형이라고 주장한 바 있다.* 70년 전 남북협상 과정에서 남과 북의 지도자들이 역사의 격랑에 맞섰던 절박한 마음을 언제나 기억할 일이다.

* 유기홍, 《38선 위의 김구》, 미래엔(비매품), PP.8~9.

사진 출처

19p 출처 미상
42p 출처 미상
102p 미국 국립문서기록관리청(National Archives and Records Administration, NARA)
137p 〈위키피디아〉
162p 선우진 지음 · 최기영 엮음,《백범 선생과 함께한 나날들(2009)》, 푸른역사
205p 칼 미이던스(Carl Mydans), 〈Life〉
274p 〈경향신문〉 1974년 12월 4일

* 출처 미상인 사진의 경우 저작권자가 확인되는 대로 별도의 허락을 받도록 하겠습니다.

다시 김구를 부르다

초판 1쇄 인쇄 2018년 6월 21일 | 초판 1쇄 발행 2018년 6월 30일

지은이 유기홍
펴낸이 김영진

사업총괄 나경수 | 본부장 박현미 | 사업실장 백주현
개발팀장 차재호
디자인팀장 박남희 | 디자인 당승근
마케팅팀장 이용복 | 마케팅 우광일, 김선영, 정유, 박세화
해외콘텐츠전략 강선아, 이아람
출판지원팀장 이주연 | 출판지원 이형배, 양동욱, 강보라, 손성아, 전효정

펴낸곳 (주)미래엔 | 등록 1950년 11월 1일(제16-67호)
주소 06532 서울시 서초구 신반포로 321
미래엔 고객센터 1800-8890
팩스 (02)541-8249 | 이메일 bookfolio@mirae-n.com
홈페이지 www.mirae-n.com

ISBN 979-11-6233-577-2 03340

* 와이즈베리는 ㈜미래엔의 성인단행본 브랜드입니다.
* 책값은 뒤표지에 있습니다.
* 파본은 구입처에서 교환해 드리며, 관련 법령에 따라 환불해 드립니다.
다만, 제품 훼손 시 환불이 불가능합니다.

와이즈베리는 참신한 시각, 독창적인 아이디어를 환영합니다.
기획 취지와 개요, 연락처를 bookfolio@mirae-n.com으로 보내주십시오.
와이즈베리와 함께 새로운 문화를 창조할 여러분의 많은 투고를 기다립니다.

「이 도서의 국립중앙도서관 출판시도서목록(CIP)은 서지정보유통지원시스템 홈페이지(http://seoji.nl.go.kr)와
국가자료공동목록시스템(http://www.nl.go.kr/kolisnet)에서 이용하실 수 있습니다.
(CIP제어번호: CIP2018018043)」